사랑하고 찬양하며 따라갑시다!

가스펠 프로젝트

신약 3

십자가와 부활

청장년 인도자용

지은이 · LifeWay Adults
옮긴이 · 정복희
감수 · 김병훈, 류호성, 신대현
초판 발행 · 2018년 10월 8일
2판 1쇄 발행 · 2025년 9월 3일
등록번호 · 제1988-000080호
등록된 곳 · 서울특별시 용산구 서빙고로65길 38
발행처 · 사단법인 두란노서원
영업부 · 02-2078-3352, 3452, 3781, 3752 FAX 080-749-3705
편집부 · 02-2078-3437
디자인 · 땅콩프레스

책값은 뒤표지에 있습니다.
ISBN 978-89-531-4704-1 04230 / 978-89-531-4584-9(세트)

가스펠 프로젝트 홈페이지 · gospelproject.co.kr
두란노몰 · mall.duranno.com

차례

3
Jesus Saves

발간사

두란노서원을 통해 라이프웨이(LifeWay)의 《가스펠 프로젝트》 성경 공부 교재 시리즈를 발간할 수 있도록 인도하신 하나님께 감사드립니다. 험한 소리로 가득한 세상에 이 책을 다릿돌처럼 놓습니다. 우리 삶은 말씀을 만난 소리로 풍성해져야 합니다. 주님을 만난 기쁨의 소리, 진실 앞에서 탄식하는 소리, 죄를 씻는 울음소리, 소망을 품은 기도 소리로 가득해야 합니다.

《가스펠 프로젝트》는 신구약을 관통하는 예수 그리스도의 복음을 발견하고, 그 가르침을 삶에 적용하는 지혜를 얻도록 기획한 성경 공부 교재입니다. 어린아이부터 어른에 이르기까지 생애주기에 따른 복음 메시지를 잘 배울 수 있습니다. 또한 거짓 진리가 미혹하는 이 시대에 건강한 신학과 바른 교리로 말씀을 조명해 성도의 신앙이 좌로나 우로나 치우치지 않도록 돕습니다.

두란노서원은 지금까지 "오직 성경, 복음 중심, 초교파적 관점"을 바탕으로 한국 교회와 성도를 꾸준히 섬겨 왔습니다. 오직 성경의 정신에 입각해 책과 잡지를 출판해 왔으며, 성경에 근거한 복음 중심의 신학을 포기한 적이 없습니다. 그리고 교단과 교파를 초월해 교회와 성도가 하나님의 나라를 바라볼 수 있도록 돕기 위해 노력해 왔습니다. 《가스펠 프로젝트》는 두란노가 지켜온 세 가지 가치를 충실하게 담은 책입니다.

성경은 구원을 위한 책이며, 구원사의 주인공은 예수 그리스도입니다. 창세기부터 요한계시록까지 오직 예수 그리스도의 복음만을 전하는 《가스펠 프로젝트》 성경 공부 교재를 통해 복음의 은혜와 진리를 깊이 경험하고, 복음 중심의 삶이 마음 판에 새겨지기를 바랍니다. 그리고 예수 그리스도 복음에 굳게 선 한 사람의 영향력이 가정과 교회와 사회에 흘러감으로써 거룩한 하나님 나라가 확산되어 가기를 소망합니다.

두란노서원 원장 이 형 기

감수사

두란노가 출간하는《가스펠 프로젝트》는 무엇보다도 전통적으로 교회가 풀어 온 흐름을 충실히 따라 성경을 해설하고 있습니다. 그리고 그 방향은 궁극적으로 예수 그리스도를 향해 나아가고 있습니다. 이것은 예수님이 구약과 신약의 모든 성경이 자신을 가리키고 있다고 하신 말씀에 비추어 매우 타당한 것입니다. 게다가 그리스도 중심적 해설을 무리하게 전개하지 않습니다. 각 본문에서 하나님의 구원 언약과 그것을 실현하시는 하나님을 드러내면서, 그리스도의 예표적 설명이 가능한 사건을 놓치지 않고 풀어내고 있습니다.

성경 공부 교재는 명시적으로 혹은 암시적으로 제시하는 교리적 진술이 교리 체계상 건전해야 합니다.《가스펠 프로젝트》는 99개 조에 이르는 핵심교리들을 일목요연하게 제시해 교리의 건전성을 확인할 수 있도록 도움을 줍니다.《가스펠 프로젝트》의 교리는 교파를 막론하고, 예수 그리스도의 복음에 충실한 복음주의 교회들에게 환영받을 만합니다. 물론 교파마다 약간의 이견을 갖는 부분들이 있을 수 있겠지만 각 교회에서 교재를 활용하는 데는 무리가 없을 것입니다.《가스펠 프로젝트》의 특징은 각 과에서 학습한 내용을 핵심교리와 연결해 주며, 그 결과 그리스도의 복음에 관련한 교리적 이해를 강화시킨다는 데 있습니다.

끝으로《가스펠 프로젝트》는 어떤 성경 주해서나 교리 학습서가 갖지 못하는 훌륭한 장점을 가지고 있습니다. 그것은 학습자를 하나님과 그리스도의 복음 앞으로 나오도록 이끌며 자신의 신앙과 삶을 돌아보도록 하는 적용의 적실성과 훈련의 효과입니다. 아울러 본문과 관련해 교회사적으로 또 주석적으로 중요한 신학자와 목사의 어록과 주석을 제시하고, 심화토론 질문들(인도자용)과 선교적 안목을 열어 주는 적용 질문들을 더해 준 것은《가스펠 프로젝트》에서 얻을 수 있는 큰 유익입니다.

추천할 만한 마땅한 성경 공부 교재를 찾기가 쉽지 않은 현실에서《가스펠 프로젝트》는 성경을 개괄적으로 매주 한 과목씩, 3년의 기간 동안 일목요연하게, 그리고 그리스도 중심적으로 공부하도록 이끌어 준다는 점에서, 한국 교회의 기초를 성경 위에 놓는 일에 큰 공헌을 할 것으로 믿어 의심치 않습니다.

김병훈 _ 합동신학대학원대학교 조직신학 교수

"내 백성이 지식이 없으므로 망하는도다 네가 지식을 버렸으니 나도 너를 버려 내 제사장이 되지 못하게 할 것이요 네가 네 하나님의 율법을 잊었으니 나도 네 자녀들을 잊어버리리라"(호 4:6). 이 예언대로, 하나님의 말씀에 귀 기울이지 않던 이스라엘 백성은 멸망했습니다(렘 29:15~20). 그러나 그 자체에 능력이 있는(눅 1:37) 하나님의 말씀이 임하는 곳이라면 죽은 뼈에 힘줄이 생기고 살이 오르는(겔 37:8) 회복의 역사가 임할 것입니다. 그분의 말씀은 살아 있고 활력이 있기에 예리하게 혼과 영과 및 관절과 골수를 찔러 쪼개기까지 하며 또 마음의 생각과 뜻을 판단할 것입니다(히 4:12). 하나님의 말씀이 왕성하게 흘러넘쳐 온 세상과 우주를 적실 때에 정의와 사랑(렘 9:24) 그리고 제자의 수가 많아지는 놀라운 부흥을(행 6:7) 경험할 것이고, 악한 세력이 모두 물러가며 새 하늘과 새 땅이 다가올 것입니다.

이를 위해 작은 등불의 역할을 할 《가스펠 프로젝트》는 다음과 같은 특징이 있습니다. 첫째는 성경 전체를 '그리스도 중심'으로 바라본 것입니다. 오실 그리스도(구약)와 오신 그리스도 그리고 앞으로 다시 오실 그리스도(신약)의 관점에서 구약성경과 신약성경을 서로 연결했습니다. 그래서 구약성경을 단지 유대 민족의 역사서로 보는 편협함에서 벗어나, 그 속에 담긴 놀라운 하나님의 구원 역사를 보게 합니다. 둘째는 같은 본문으로 교회와 가정 그리고 전 연령층에서 그리스도의 사랑을 배우게 합니다. 이는 특히 가정에서 부모와 자녀가 서로 신앙적으로 소통할 기회를 제공하고 사랑과 정의를 실천하는 성숙한 그리스도인으로 성장하도록 이끌어 줍니다. 셋째는 신학적 주제와 기초 교리를 이해하기 쉽게 설명한 것입니다. 그래서 사이비 이단이 번져가는 상황에서 매우 중요한 영적 분별력을 향상시키는 데 도움을 줍니다. 넷째는 배운 것을 복음의 씨앗을 뿌리는 선교와 연결하며 하나님이 주신 사명을 실천하도록 이끄는 것입니다. 이는 복음의 열정을 회복시켜 줍니다.

그러므로 모든 교단과 교파를 초월해서, 하나님의 섬세한 구원의 손길과 그리스도의 숭고한 십자가의 사랑 그리고 거룩함으로 인도하는 성령님의 인도하심을 배울 수 있을 것입니다. 그래서 《가스펠 프로젝트》를 통해 하나님의 말씀이 한반도에 흘러넘칠 뿐만 아니라, 복음의 열정을 품고 전 세계로 향하는 많은 전도자를 세워 갈 것입니다.

류호성 _ 서울장신대학교 신약학 교수

《가스펠 프로젝트》는 성경 안에 나타난 하나님의 구원 계획-실행-완성이라는 일련의 진행을 잘 요약한 말입니다. 구원의 소식은 예수 그리스도가 오셨을 때 비로소 전해진 것이 아니라 창세 이전에 그리스도 안에서 하나님의 지혜로 계획된 것입니다. 이 복음 계획은 구약 역사가 진행되면서 더 구체적으로 알려졌고, 하나님의 아들 예수 그리스도가 이 땅에 오심으로써 완전히 드러났습니다. 이 복음으로 하나님의 백성이 모두 구원을 받을 것이며, 그제야 세상에 끝이 오고 하나님의 가스펠 프로젝트는 완성될 것입니다.

두란노의 《가스펠 프로젝트》는 이러한 큰 그림을 염두에 두고 시대를 따라 진행되는 하나님의 구원 계획을 체계적으로 다루고 있습니다. 각 세션의 시작과 끝에 두 개의 푯대, 즉 '신학적 주제'와 '그리스도와의 연결'을 제시해 세션이 다루는 내용이 구원 역사의 큰 진행에서 어느 지점에 해당되는지 알려 줍니다. '신학적 주제'는 본문에서 하나님의 가스펠 프로젝트의 어느 지점에 주목해야 하는지 알려 주며, '그리스도와의 연결'은 이 지점이 가스펠 프로젝트 전체와 어떻게 연결되는지 확인해 줍니다. 가스펠 프로젝트의 부분과 전체를 아는 지식을 동시에 배워 가면서 이 시대를 향한 단기 비전과 앞으로 임할 하나님 나라에 대한 장기 비전을 함께 가질 수 있습니다. 《가스펠 프로젝트》는 이 비전들을 구체적으로 가질 수 있도록 매 세션 끝에 '하나님의 계획, 우리의 사명'을 두고 있습니다.

《가스펠 프로젝트》의 또 다른 큰 특징은 교회 안에 여러 세대를 그리스도 안에서 하나님의 말씀으로 연결해 준다는 것입니다. 장년, 청소년, 그리고 어린이들이 매주 동일한 본문 말씀을 배움으로써 그리스도 안에서 하나의 교회 전통을 세워 갈 수 있으며, 교회와 가정에서 동일한 하나님의 말씀으로 소통하며 언어가 같은 하나님 나라 백성의 삶을 체험할 수 있습니다.

《가스펠 프로젝트》는 성경의 한 부분에만 머물러 있는 우리의 생각을 그리스도 안에서 넓혀 주고, 분열된 세대들의 생각을 그리스도 안으로 모아 줍니다. 한국 교회 성도들이 두란노의 《가스펠 프로젝트》를 통해 예수 그리스도를 아는 지식에서 자라 가고 모든 믿음의 세대가 그리스도 안에서 아름다운 신앙의 전통을 이어 가는 일들이 일어나길 소망합니다.

신대현 _《가스펠 프로젝트》 주 강사

추천사

우리 시대의 전 세계적 교회 부흥은 두 가지 샘을 가지고 있습니다. 한 샘은 오순절 부흥 운동의 샘입니다. 이 샘으로 많은 시대의 목마른 영혼들이 목마름을 해갈했습니다. 또 하나의 샘은 성경 연구의 샘입니다. 남침례교 주일학교 운동은 이 샘의 개척자입니다. 이 샘으로 지금도 많은 성도가 목마름을 해갈하고 있습니다. 미 남침례교 라이프웨이 출판사는 이러한 사역을 충실히 감당해 왔습니다. 《가스펠 프로젝트》는 모든 필요를 공급하는 원천이 될 것입니다. 이 체계적인 교재로 이 땅에 새로운 영적 르네상스가 일어나기를 기대합니다.

이동원 _ 지구촌교회 원로 목사, 지구촌 미니스트리 네트워크 대표

성경은 예수 그리스도를 중심으로 하는 하나님의 구원 이야기입니다. 성경을 가르치는 일은 하나님의 구원에 동참하는 하나님의 사람을 만드는 일이며, 하나님의 사람의 탁월한 모델은 바로 예수 그리스도입니다. 《가스펠 프로젝트》는 예수 그리스도를 중심으로 성경을 배웁니다. 성경이 어떻게 그리스도와 연결되어 있는지, 또 성도의 삶이 그리스도를 중심으로 하는 하나님의 구원 계획에 어떻게 연결되어야 하는지 구체적으로 제시합니다. 신앙의 전수가 중요한 시대에 성도와 교회와 가정이 한마음으로 다음 세대를 준비시키기에 적합합니다.

이재훈 _ 온누리교회 담임 목사

《가스펠 프로젝트》는 성경의 핵심 내용을 쉽고 흥미롭게 설명하여 성경을 배우고 삶에 구체적으로 적용하는 데 큰 도움을 줍니다. 무엇보다 성경의 중심이 되는 예수 그리스도를 충실하게 드러내 주어 예수 그리스도를 통해 완성하시는 하나님의 구원 역사를 확실히 알게 해 줍니다. 이 교재를 성실하게 따라가다 보면 하나님 나라가 우리 삶에 한층 가까워질 것입니다. 《가스펠 프로젝트》를 통해 한국 교회와 이민 교회에 거룩한 부흥의 불길이 일어나길 기대합니다.

류응렬 _ 와싱톤중앙장로교회 담임 목사, 고든콘웰신학대학원 객원 교수

《가스펠 프로젝트》는 예수 그리스도 중심, 즉 복음 중심의 제자 양육 교재입니다. 복음은 구원하는 능력뿐만 아니라 삶을 변화시키는 능력입니다. 성도들을 변화와 성숙으로 이끌어 주는 귀한 교재가 조국 교회와 이민 교회에 소중하게 쓰임받기를 바랍니다. 특별히 이민 2세들은 영어 교재 원본을 사용할 수 있는 까닭에 큰 도움이 될 것입니다.

강준민 _ LA 새생명비전교회 담임 목사

하나님의 말씀은 생명을 살리고 힘 있게 하는 능력이 있습니다. 그래서 사역 현장에서는 그것을 효율적으로 전해 주고 가르칠 수 있는 좋은 방법과 교재에 늘 목말라합니다. 그런 점에서 연령대에 맞게 체계적으로 준비되어 사역 현장의 필요를 잘 충족해 줄 교재가 출간되어 기쁩니다. 사역의 현장에서 유용하게 활용되어 복음의 생명력과 역동성을 누리게 되기를 기대하며 추천합니다.

김운용 _ 장로회신학대학교 실천신학 교수

성경은 그 깊이와 너비를 측량하기 어려운 광활한 바다입니다. 이 바다를 무턱 대고 항해하다 보면 장구한 역사의 파도와 다양한 문학 양식이라는 바람에 의해 표류하기 쉽습니다. 그런 점에서 《가스펠 프로젝트》는 참 훌륭한 나침반입니다. 건전한 교리를 바탕으로 성경 어디에서나 그리스도를 발견하도록 돕고, 복음이라는 항구에 이르도록 이끌어 줍니다. 이미 구약 시리즈를 통해 검증되었듯이, 이어지는 신약 시리즈 역시 말씀의 바다를 항해하는 모든 분에게 큰 유익을 줄 것입니다. 기쁜 마음으로 추천합니다.

허요환 _ 안산제일교회 담임 목사

성경은 하나님의 말씀입니다. 말씀 중의 말씀, 복음은 예수 그리스도이십니다. 《가스펠 프로젝트》는 하나님의 말씀으로 우리를 초청해서 예수 그리스도를 만나게 하고 사랑하게 만드는 훌륭한 교재입니다. 《가스펠 프로젝트》의 매력은 하나의 커리큘럼을 가지고 연령대에 적합하게 공부하도록 제공한다는 점입니다. 자녀들이 교회 학교에서, 부모들이 소그룹에서 말씀을 공부한 후 저녁 식탁에 둘러앉아 예수님에 대해 함께 나눌 수 있다는 것은, 상상만 해도 너무나도 멋지고 복된 일입니다.

김지철 _ 전 소망교회 담임 목사

예수님은 친히 요한복음 5장 39절에서, 모든 성경은 예수님 자신에 대한 증거라고 말씀하셨습니다. 그럼에도 불구하고, 성도들은 그 속에서 예수님이라는 보석을 쉽게 찾아 내지 못하고 있습니다. 《가스펠 프로젝트》는 신앙생활을 출발하는 어린이부터 장년까지 이런 눈을 활짝 열어 주는 놀라운 교재입니다. 요람에서부터 무덤까지 각 연령대에 맞게 구성된 본 교재를 통해, 한국 교회와 이민 교회가 잃어버린 예수님을 다시 발견함으로 견고하게 되기를 바랍니다.

최병락 _ 강남중앙침례교회 담임 목사

성경을 공부한다는 것은 성경에 기록된 사실을 배우는 것이 아니라 성경이 가르치는 교리를 배우는 것입니다. 왜냐하면 성경은 독자에게 어떤 새로운 정보를 주기 위해 인간이 쓴 책이 아니라, 죄인인 인간에게 구원을 주기 위해 하나님이 쓰신 말씀이기 때문입니다. 그런데 이 구원의 도리인 교리를 성경 본문을 통해 배우기가 쉽지 않기 때문에 좋은 안내서가 필요합니다. 이번에 출간된 《가스펠 프로젝트》는 이와 같은 역할을 탁월하게 수행하고 있기 때문에 기쁜 마음으로 추천합니다.

이성호 _ 고려신학대학원 역사신학 교수

활용법

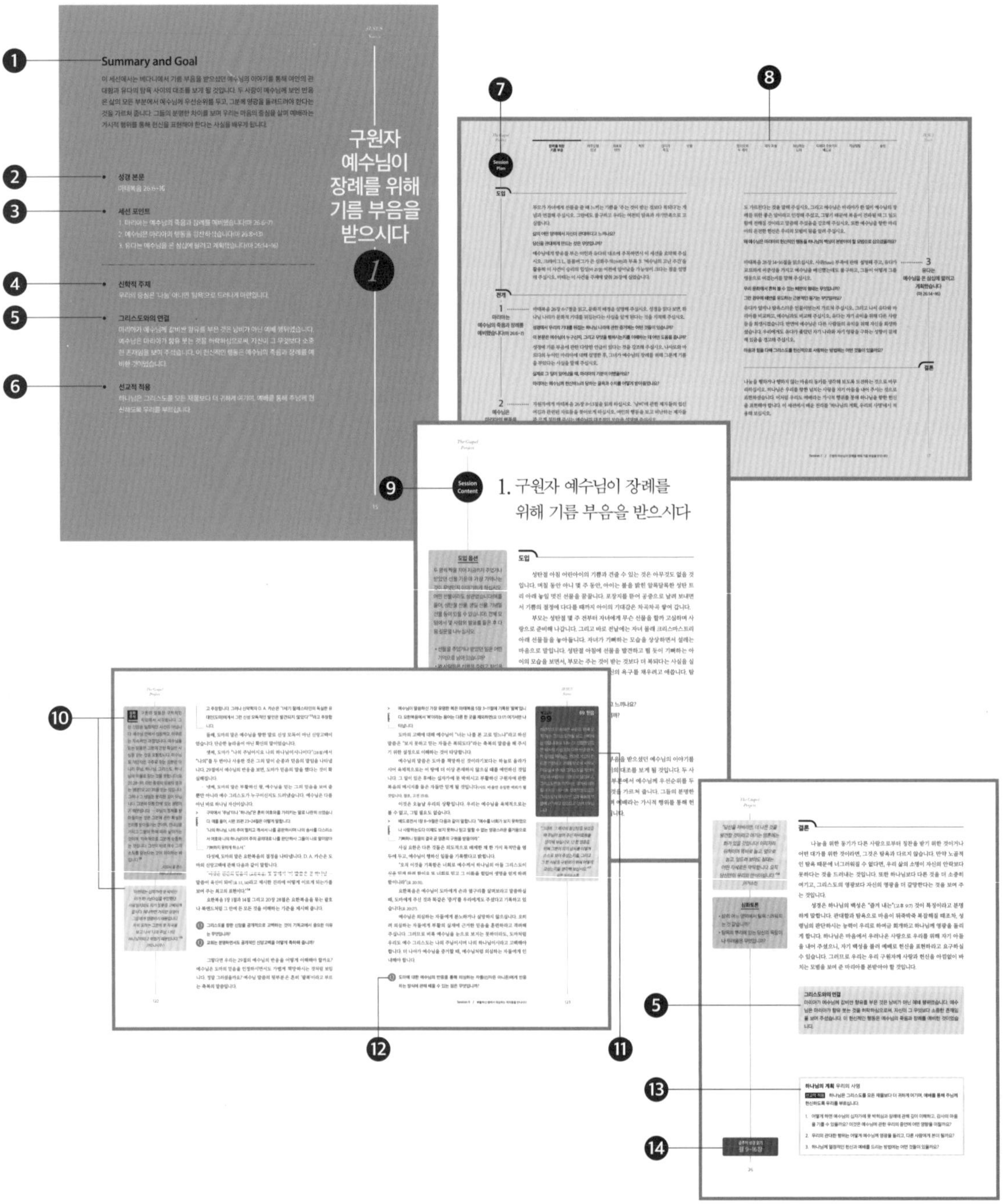
Summary and Goal
구원자 예수님이 장례를 위해 기름 부음을 받으시다
1. 구원자 예수님이 장례를 위해 기름 부음을 받으시다
Session Plan
Session Content
1
2
3
4
5
6
7
8
9
10
11
12
13
14

1. Summary and Goal

각 세션의 핵심 내용을 알려 주는 세션 요약과 강조할 포인트를 정리해 본문의 흐름과 교재의 학습 목표를 놓치지 않도록 돕습니다.

2. 성경 본문

각 세션의 내용과 주제에 해당하는 성경 본문을 제시합니다. 《가스펠 프로젝트》는 연대기 성경 공부 교재로 성경의 큰 흐름에 따라 본문을 구성했습니다.

3. 세션 포인트

각 세션에서 강조할 포인트를 세 가지씩 열거해 인도자가 한눈에 세션의 요점을 개관하도록 합니다.

4. 신학적 주제

하나님이 구속사에서 행하신 일에 초점을 맞춰 본문을 이해하도록 주제를 제시해 본문의 흐름을 놓치지 않도록 돕습니다.

5. 그리스도와의 연결

해당 본문과 주제가 어떻게 예수 그리스도를 가리키며 연결되는지 자세히 살핍니다. 예수님과 각 세션 포인트의 상관성을 발견할 수 있도록 돕습니다.

6. 선교적 적용

각 세션에서 드러난 하나님의 계획을 우리의 사명과 연결해 말씀을 삶에 구체적으로 적용하도록 돕습니다.

7. Session Plan

세션의 개요와 신학적 주제, 그리고 질문을 연결해 각 세션의 주요한 부분을 한눈에 볼 수 있게 함으로써 인도자가 수업을 설계할 수 있도록 돕습니다.

8. 연대표

각 권의 연대적 흐름을 이해할 수 있도록 한눈에 볼 수 있는 연대표를 제공합니다. 각 본문에 해당하는 단계를 표시해 성경을 시간 순으로 이해하도록 돕습니다.

9. Session Content

학습자용에 있는 내용이 모두 들어 있으며, 인도자를 위한 내용이 추가되어 있습니다. 인도자를 위한 내용은 여백에 'Leader'라고 표시되어 있습니다. 상자 안에 있는 명언, 심화주석, 심화토론, 도입 옵션 등도 인도자용에만 들어 있으며, 명언 가운데 일부는 학습자용에도 있습니다.

10. 명언, 심화주석 등

본문과 관련해 교회사적으로 또 주석적으로 중요한 신학자와 목사의 서적이나 기타 아티클을 발췌해 제시함으로써 신학적 이해를 돕습니다.

11. 핵심교리 99

기독교 교리 가운데 핵심이 되는 99개의 내용을 추려 각 세션과 관련 있는 교리를 제시합니다. 성경 본문에 대한 신학적 이해를 넓히는 데 도움을 받을 수 있습니다.

12. 관찰 질문

본문을 구체적으로 이해하도록 돕는 질문을 제공합니다. 이를 통해 생각의 폭을 넓히고 성경의 진리를 실제적으로 받아들이는 데 도움을 받을 수 있습니다.

13. 하나님의 계획, 우리의 사명

각 세션에서 드러난 하나님의 계획을 우리의 사명과 연결해 말씀을 구체적으로 삶에 적용하도록 돕습니다.

14. 금주의 성경 읽기

각 세션의 연대기적 흐름에 맞춰 한 주 동안 읽을 성경 본문을 제공합니다.

*부가 자료

홈페이지 gospelproject.co.kr 자료실에 세션의 맥과 핵심을 짚어주는 강의 '세션 가이드', 세션의 각 질문에 대한 안내를 담은 '질문 가이드', 소그룹을 위한 '활동 자료'와 '가족 성경 읽기표'가 실려 있습니다.

구원자 예수님이 장례를 위해 기름 부음을 받으시다

1

Summary and Goal

이 세션에서는 베다니에서 기름 부음을 받으셨던 예수님의 이야기를 통해 여인의 관대함과 유다의 탐욕 사이의 대조를 보게 될 것입니다. 두 사람이 예수님께 보인 반응은 삶의 모든 부분에서 예수님께 우선순위를 두고, 그분께 영광을 돌려드려야 한다는 것을 가르쳐 줍니다. 그들의 분명한 차이를 보며 우리는 마음의 중심을 살펴 예배라는 가시적 행위를 통해 헌신을 표현해야 한다는 사실을 배우게 됩니다.

- **성경 본문**
  마태복음 26:6~16

- **세션 포인트**
  1. 마리아는 예수님의 죽음과 장례를 예비했습니다(마 26:6~7)
  2. 예수님은 마리아의 행동을 칭찬하셨습니다(마 26:8~13)
  3. 유다는 예수님을 은 삼십에 팔려고 계획했습니다(마 26:14~16)

- **신학적 주제**
  우리의 중심은 '나눔' 아니면 '탐욕'으로 드러나게 마련입니다.

- **그리스도와의 연결**
  마리아가 예수님께 값비싼 향유를 부은 것은 낭비가 아닌 예배 행위였습니다. 예수님은 마리아가 향유 붓는 것을 허락하심으로써, 자신이 그 무엇보다 소중한 존재임을 보여 주셨습니다. 이 헌신적인 행동은 예수님의 죽음과 장례를 예비한 것이었습니다.

- **선교적 적용**
  하나님은 그리스도를 모든 재물보다 더 귀하게 여기며, 예배를 통해 주님께 헌신하도록 우리를 부르십니다.

Session Plan

도입

부모가 자녀에게 선물을 줄 때 느끼는 기쁨을 '주는 것이 받는 것보다 복되다'는 개념과 연결해 주십시오. 그럼에도 불구하고 우리는 여전히 탐욕과 자기만족으로 고심합니다.

삶의 어떤 영역에서 자신이 관대하다고 느끼나요?

당신을 관대하게 만드는 것은 무엇입니까?

예수님에게 향유를 부은 여인과 유다의 대조에 주목하면서 이 세션을 요약해 주십시오. 크레이그 L. 블롬버그가 쓴 심화주석(19쪽)과 부록 3: '예수님의 고난 주간'을 활용해 이 사건이 승리의 입성(마 21장) 이전에 일어났을 가능성이 크다는 점을 설명해 주십시오. 마태는 이 사건을 주제에 맞춰 26장에 실었습니다.

전개

1 마리아는 예수님의 죽음과 장례를 예비했습니다 (마 26:6~7)

마태복음 26장 6~7절을 읽고, 문화적 배경을 설명해 주십시오. 성경을 읽다 보면, 하나님 나라가 문화적 기대를 뒤집는다는 사실을 알게 된다는 것을 지적해 주십시오.

성경에서 우리의 기대를 뒤집는 하나님 나라에 관한 증거에는 어떤 것들이 있습니까?

이 본문은 예수님이 누구신지, 그리고 무엇을 행하시는지를 이해하는 데 어떤 도움을 줍니까?

성경에 기름 부음에 관한 다양한 언급이 있다는 것을 강조해 주십시오. 나사로와 마르다의 누이인 마리아에 대해 설명한 후, 그녀가 예수님의 장례를 위해 그분께 기름을 부었다는 사실을 말해 주십시오.

실제로 그 일이 일어났을 때, 마리아의 기분이 어땠을까요?

마리아는 예수님께 헌신하느라 당하는 굴욕과 수치를 어떻게 받아들였나요?

2 예수님은 마리아의 행동을 칭찬하셨습니다 (마 26:8~13)

자원자에게 마태복음 26장 8~13절을 읽게 하십시오. '낭비'에 관한 제자들의 업신여김과 관련된 자료들을 찾아보게 하십시오. 여인의 행동을 보고 비난하는 제자들과 크게 칭찬해 주시는 예수님의 대조적인 모습을 설명해 주십시오.

당신은 나눔의 가치를 어떻게 매깁니까?

성경은 가난한 자들을 돌봐야 한다고 가르칠 뿐만 아니라, 모든 것에는 때가 있다고도 가르친다는 것을 말해 주십시오. 그리고 예수님은 마리아가 한 일이 예수님의 장례를 위한 좋은 일이라고 인정해 주셨고, 그렇기 때문에 복음이 전파될 때 그 일도 함께 전해질 것이라고 말씀해 주셨음을 강조해 주십시오. 또한 예수님을 향한 마리아의 온전한 헌신은 우리의 모범이 됨을 알려 주십시오.

왜 예수님은 마리아의 이 헌신적인 행동이 예수님의 장례를 위하여 좋은 일이라고 말씀하셨을까요?

3
유다는 예수님을 은 삼십에 팔려고 계획했습니다
(마 26:14~16)

마태복음 26장 14~16절을 읽으십시오. 사위(Sawi) 부족에 관해 설명해 주고, 유다가 교묘하게 이중성을 가지고 예수님을 배신했는데도 불구하고, 그들이 어떻게 그를 영웅으로 여겼는지를 말해 주십시오.

우리 문화에서 흔히 볼 수 있는 배반의 형태는 무엇입니까?

그런 경우에 배반을 유도하는 근본적인 동기는 무엇일까요?

유다가 얼마나 탐욕스러운 인물이었는지 가르쳐 주십시오. 그러고 나서 유다와 마리아를 비교하고, 예수님과도 비교해 주십시오. 유다는 자기 유익을 위해 다른 사람들을 희생시켰습니다. 반면에 예수님은 다른 사람들의 유익을 위해 자신을 희생하셨습니다. 우리에게도 유다가 좇았던 자기 나라와 자기 영광을 구하는 성향이 잠재해 있음을 경고해 주십시오.

마음과 힘을 다해 그리스도를 헌신적으로 사랑하는 방법에는 어떤 것들이 있을까요?

결론

나눔을 행하거나 행하지 않는 마음의 동기를 생각해 보도록 도전하는 것으로 마무리하십시오. 하나님은 우리를 향한 넘치는 사랑을 자기 아들을 내어 주시는 것으로 표현하셨습니다. 이처럼 우리도 예배라는 가시적 행위를 통해 하나님을 향한 헌신을 표현해야 합니다. 이 세션에서 배운 진리를 '하나님의 계획, 우리의 사명'에서 적용해 보십시오.

Session Content

1. 구원자 예수님이 장례를 위해 기름 부음을 받으시다

도입 옵션

두 명씩 짝을 지어 지금까지 주었거나 받았던 선물 가운데 가장 기억나는 것이 무엇인지 이야기하게 하십시오. 어떤 선물이라도 상관없습니다(예를 들어, 성탄절 선물, 생일 선물, 기념일 선물 등이 있을 수 있습니다). 전체 모임에서 몇 사람의 발표를 들은 후 다음 질문을 나누십시오.

- 선물을 주었거나 받았던 일은 어떤 기억으로 남아 있습니까?
- 왜 사람들은 선물을 주려고 최선을 다해 애를 쓸까요?

"진정한 예배에는 늘 순종과 희생이 따릅니다."[1]
_허버트 W. 베이트먼 4세

도입

성탄절 아침 어린아이의 기쁨과 견줄 수 있는 것은 아무것도 없을 것입니다. 며칠 동안 아니 몇 주 동안, 아이는 불을 밝힌 알록달록한 성탄 트리 아래 놓일 멋진 선물을 꿈꿉니다. 포장지를 뜯어 공중으로 날려 보내면서 기쁨의 절정에 다다를 때까지 아이의 기대감은 차곡차곡 쌓여 갑니다.

부모는 성탄절 몇 주 전부터 자녀에게 무슨 선물을 할까 고심하며 사랑으로 준비해 나갑니다. 그리고 바로 전날에는 자녀 몰래 성탄 트리 아래 선물들을 놓아둡니다. 자녀가 기뻐하는 모습을 상상하면서 설레는 마음으로 말입니다. 성탄절 아침에 선물을 발견하고 뛸 듯이 기뻐하는 아이의 모습을 보면서, 부모는 주는 것이 받는 것보다 더 복되다는 사실을 실감합니다. 그런데도 우리는 삶에서 자신의 욕구를 채우려고 애씁니다. 탐욕의 몸부림인 셈입니다.

Q 삶의 어떤 영역에서 자신이 관대하다고 느끼나요?

Q 당신을 관대하게 만드는 것은 무엇입니까?

Session Summary

이 세션에서는 베다니에서 기름 부음을 받으셨던 예수님의 이야기를 통해 여인의 관대함과 유다의 탐욕 사이의 대조를 보게 될 것입니다. 두 사람이 예수님께 보인 반응은 삶의 모든 부분에서 예수님께 우선순위를 두고, 그분께 영광을 돌려드려야 한다는 것을 가르쳐 줍니다. 그들의 분명한 차이를 보며 우리는 마음의 중심을 살펴 예배라는 가시적 행위를 통해 헌신을 표현해야 한다는 사실을 배우게 됩니다.

전개

1. 마리아는 예수님의 죽음과 장례를 예비했습니다(마 26:6~7)

6예수께서 베다니 나병 환자 시몬의 집에 계실 때에 7한 여자가 매우 귀한 향유 한 옥합을 가지고 나아와서 식사하시는 예수의 머리에 부으니

언뜻 보기에 이 장면은 이해하기 어려울 수 있습니다. 누가 몰래 살금살금 내 뒤로 다가와서 존경의 뜻으로 머리 위에 향수를 병째 붓는다면, 존경심은커녕 굴욕감을 느끼게 될 것입니다. 그러나 우리는 당시의 사회적 관습을 고려해야 합니다. 이 장면에 등장한 여인은 남자들의 축제를 방해하고 있는 것입니다. 문화적 맥락에서 볼 때, 그녀의 행동은 혼란을 야기하며 이야깃거리가 될 수 있었습니다.

사회적으로 무엇이 허용되고 안 되는지는 문화가 결정합니다. 그런데 성경을 읽다 보면, 하나님 나라가 그 생각을 뒤집는다는 것을 알 수 있습니다. 심지어 이 장면은 예수님이 '나병 환자'(한센병 환자)의 집에서 식사하시는 것으로 시작하니, 우리의 기대를 뒤집는 예라고 할 수 있습니다(나병 환자에 관한 모세 율법에 대해서는 레위기 13~14장을 참고하십시오).

> Leader

레위기에서 나병과 관련된 율법을 읽어 주십시오.

"나병 환자는 옷을 찢고 머리를 풀며 윗입술을 가리고 외치기를 부정하다 부정하다 할 것이요 병 있는 날 동안은 늘 부정할 것이라 그가 부정한즉 혼자 살되 진영 밖에서 살지니라"(레 13:45~46).

시몬은 그의 집에 방문한 사람들을 환대했습니다. 아마도 나병이 치료되었던 것 같습니다. 그러나 여전히 그는 '나병 환자 시몬'으로 알려졌습니다. 아마도 이웃들에게는 부정한 자로 인식되었기 때문일 것입니다. 그가 정결하건 부정하건 간에 예수님은 '나병 환자'의 집에서 함께 식사하기 위해 식탁에 앉으셨습니다.

Q 성경에서 우리의 기대를 뒤집는 하나님 나라에 관한 증거에는 어떤 것들이 있습니까?

Q 이 본문은 예수님이 누구신지, 그리고 무엇을 행하시는지를 이해하는 데 어떤 도움을 줍니까?

심화 주석 마리아가 예수님께 향유를 부은 이 사건은 '종려주일'(마태복음 21장의 승리의 입성) 전 토요일 밤에 일어났습니다(요 12:1~8). 마태의 시간표는 요한의 시간표와 모순되지 않습니다. 그러나 마태는 이 사건을 예수님의 죽음을 준비하는 일련의 과정의 하나로 자리매김합니다.[2]

_크레이그 L. 블롬버그

심화 주석 예수님의 기름 부음에 관한 이야기는 두 개의 배반 이야기 사이에 위치합니다(참조, 막 14:3~9; 요 12:1~8). 베다니는 감람산 위에 있는 마을로, 예루살렘에서 동쪽으로 2마일도 안 되는 곳에 있었습니다(마 21:17; 요 11:1, 18). 신약성경에서 이곳에만 언급된 나병환자 시몬의 집에서 행해진 식사는, 그것이 유월절 바로 전이었다는 점에서 제의적으로 예수님을 부정하게 만들 수 있었습니다(참조, 마 8:2). 그래서 어떤 학자들은 시몬이 이미 예수님께 치유받았을 것으로 추측하기도 합니다. … 놀랍게도 무명의 여인(요한복음에서는 '마리아'로 언급됨)은 예수님이 식사하시는 동안 그분 머리에 값비싼 향유(참조, 시 133:2; 요세푸스, 《유대고대사》 19.239)를 부었습니다.[3]

_데이비드 L. 터너

> "마태복음 속 무명의 여인은 남녀노소를 그리스도인의 식탁 교제로 부르시는 예수님의 초대를 나타냅니다. … 식탁에는 거룩함의 계층이 없고, 초대에는 혈통이나 학벌이 필요치 않습니다. 유일한 조건은 예수님을 믿는 것입니다. 예수님을 믿는 모든 사람이 식사에 참여할 수 있습니다."[4]
> _더글라스 션 오도넬

> "예수님의 가르침은 종교를 등진 사람들을 항상 끌어들인 반면, 당대의 종교적이고 성경을 믿던 사람들에게는 오히려 걸림돌이 되었습니다. … 그 의미는 하나뿐입니다. 우리의 설교와 행실이 사람들에게 미치는 영향이 예수님과 같지 않다면, 우리가 전하는 메시지가 예수님이 선포하신 메시지와 같지 않은 것입니다."[5]
> _팀 켈러

핵심교리 99 **59. 희생 제물이신 그리스도**

구약성경에는 세상 죄를 지고 희생하신 하나님의 어린양 그리스도를 예고하는 몇 가지 예표와 상징과 구절들이 있습니다. 제물로 죄를 없애지 못하는 구약의 희생 제사와 달리(히 10:4), 십자가에 달리신 그리스도의 희생은 죄를 영원히 '단번에' 없애십니다.

> Leader

배경을 알았으니 이제 예수님의 사역을 위해 준비했던 기름 부음, 다시 말해, 예수님의 죽음과 장례에 관한 이야기에 주목해 봅시다.

'기름 부음'은 성경에서 다양한 목적으로 사용되었습니다. 고대 사람들은 대체로 기름 부음을 이스라엘의 공적인 직무 또는 권위를 확정하기 위한 상징적 기능으로 인식했습니다. 예를 들면, 왕과 마찬가지로(삼상 10:1) 제사장도 기름 부음을 받았습니다(출 29:7). 때로는 선지자들도 기름 부음을 받았습니다(왕상 19:16). 게다가 성막과 그 안에 있는 모든 것에 기름을 부었습니다(출 40:9). 기름 부음은 일반적으로 하나님께 헌신된 사람이나 물건을 구별한다는 의미로 쓰였습니다.

본문과 유사한 사건이 요한복음 12장에도 나오는데, 예수님께 향유를 부은 여인이 나사로와 마르다의 누이인 마리아인 것을 알 수 있습니다. 마리아의 본래 의도는 분명하지 않습니다. 그녀는 예수님이 그리스도, 곧 '하나님의 기름 부음을 받은 자'이심을 믿었기에 그런 행동을 한 것일까요? 혹시 그녀가 복음서에서 죽음을 헤치고 나아가야 하는 메시아의 사명을 진정으로 이해한 첫 번째 인물은 아니었을까요? 그녀가 자신의 행동이 무엇을 의미하는지 알고 했건 모르고 했건 간에 예수님은 그녀의 행동이 현재를 넘어 미래로 뻗어 있음을 분명히 보셨습니다. 마리아는 이 단순하고 장엄한 행동으로 다가오는 예수님의 장례를 준비했던 것입니다(마 26:12).

Q 실제로 그 일이 일어났을 때, 마리아의 기분이 어땠을까요?

Q 마리아는 예수님께 헌신하느라 당하는 굴욕과 수치를 어떻게 받아들였나요?

2. 예수님은 마리아의 행동을 칭찬하셨습니다(마 26:8~13)

*8제자들이 보고 분개하여 이르되 무슨 의도로 이것을 허비하느냐 9이것을 비싼
값에 팔아 가난한 자들에게 줄 수 있었겠도다 하거늘 10예수께서 아시고 그들
에게 이르시되 너희가 어찌하여 이 여자를 괴롭게 하느냐 그가 내게 좋은 일을
하였느니라 11가난한 자들은 항상 너희와 함께 있거니와 나는 항상 함께 있지
아니하리라 12이 여자가 내 몸에 이 향유를 부은 것은 내 장례를 위하여 함이니
라 13내가 진실로 너희에게 이르노니 온 천하에 어디서든지 이 복음이 전파되는
곳에서는 이 여자가 행한 일도 말하여 그를 기억하리라 하시니라*

> Leader

1823년에 미국 독립선언문의 희귀 복사본이 3달러 미만에 팔렸습니다. 그러나 훗날에는 약 50만 달러에 재판매되었습니다. 1000년 된 희귀한 중국 도자기는 3달러 정도에 팔렸는데, 훗날에는 200만 달러 이상의 가격에 경매되었습니다. 또한 5달러 미만에 팔렸던 앤디 워홀의 스케치는 200만 달러 상당의 가치로 평가되기도 했습니다. 이처럼 때때로 우리는 어떤 사람이 가지고 있던 하찮은 물건이 한순간에 보물이 되는 극적인 이야기를 접하고 경탄하곤 합니다. 그리고 쥐꼬리만 한 돈을 받고 행운을 팔아 버린 사람들을 비웃곤 합니다. 그리스도께 향유를 부은 마리아에게 보인 제자들의 반응은 바로 이런 생각에서 비롯되었습니다.

"무슨 의도로 이것을 허비하느냐?"(마 26:8).

이 단순한 물음이 제자들의 관점을 보여 줍니다. 그들이 보기에는 예수님의 머리에 비싼 향유를 병째로 부어야 할 이유가 없었던 것입니다. 그들은 헌신의 행동에 깃든 의미를 놓친 채로 그녀의 선물이 허비되었다고만 믿었습니다. 제자들은 마리아와 그녀의 행동의 가치를 비난함으로써, 의도치 않게 예수님과 장차 있을 그분의 죽음과 부활을 모욕한 셈입니다.

향유는 무척 사치스러운 선물이었습니다. 마태는 그 향유가 '매우 비싼' 것이었다고 말합니다. 마가와 요한은 그것이 300데나리온 정도의 가치가 있는 비싼 향유였다고 말합니다(막 14:3, 5; 요 12:3, 5). 1데나리온이 대략 하루 임금과 맞먹었다는 것을 고려한다면, 거의 1년 치 임금에 해당하는 값입니다. 누군가가 5만 달러를 불에 태운다고 상상해 보십시오. 그러면 제자들이 느꼈을 혼란을 이해할 수 있을 것입니다.

이번에는 누군가가 평생 저축한 것을 그리스도께 바쳤다고 상상해 보십시오. 그러면 마리아의 헌신을 이해할 수 있을 것입니다. 당시에 여자들은 일반적으로 그만한 돈을 버는 직업을 가질 수 없었습니다. 아마도 그 향유는 비쌀 뿐만 아니라 추억이 담긴 집안의 가보였을지도 모릅니다.

> Leader

마가는 마리아가 병을 깨뜨린 의미심장한 행동을 자세히 기록합니다(막 14:3). 그 자체로 쓸모 있던 항아리가 다시는 쓸 수 없게 되었습니다. 항아리와 향유의 희생이 합쳐져서 온전한 선물이 되는 것입니다. 그녀는 주저함이 없었습니다.
평생 저축한 5만 달러를 어떤 일에 투자한다고 상상해 보십시오. 이 투자가 참으로 가치 있는 일이라고 어떻게 확신할 수 있을까요? 마리아의 행동은 그녀의 관대함뿐 아니라 예수님에 대한 그녀의 믿음과 확신을 증명해 줍니다. 그녀는 예수님의 예비하심과 능력을 직접 목격한 바 있습니다(그녀의 오라버니인 나사로를 죽음에서 살리신 사건을 포함해서 말입니다). 그래서 마리아는 망설임 없이 드릴 수 있었습니다.

심화 주석 이상하게도 예수님은 겉으로 보기에는 칭찬할 만한 제자들의 반대를 오히려 꾸짖으십니다. 예수님은 마리아의 행동을 특별한 희생적 사랑의 영원한 본보기로 보십니다(마 26:10~11). 그녀는 그 자리에 있는 모든 사람에게 좋은 본보기를 보여 주었습니다. 예수님은 그녀가 행한 향유 부음이 장례를 위한 준비를 상징하는 것이라고 말씀하십니다(12절). 마리아에게 가난한 자들을 도울 기회는 언제든지 있지만, 예수님이 죽으시기 전에 그분을 섬길 기회는 그것이 마지막이었습니다.[6]

_크레이그 L. 블롬버그

"모든 사람은 행복을 추구합니다. 여기에는 예외가 없습니다. 방법은 달라도 목적은 같습니다. 관점에 따라 어떤 사람은 전쟁에 찬성하고, 또 어떤 사람은 전쟁에 반대하나 두 사람이 가지고 있는 욕망은 같습니다. 인간의 의지는 이 목적을 향해서가 아니면 결코 한 치의 발걸음도 내딛으려고 하지 않습니다. 행복은 모든 사람의, 모든 행위의 동기입니다."[7]

_블레즈 파스칼

> "영원한 것을 얻기 위해 간직할 수 없는 것을 버리는 자는 바보가 아닙니다."[8]
> _짐 엘리어트

그런데 마리아는 헌신의 대가로 제자들로부터 경멸을 받아야 했습니다. 제자들은 분개하며 그녀를 꾸짖으려고 했습니다. 그러나 그들의 분노는 하나님 나라를 위한 사랑보다는 자신들 나라를 위한 사랑에서 나온 것이었습니다. 제자들의 비난과 예수님의 칭찬이 나란히 나타납니다.

"너희가 어찌하여 이 여자를 괴롭게 하느냐 그가 내게 좋은 일을 하였느니라"(마 26:10).

그녀가 행한 '좋은 일'은 예수님이 칭찬하셨던 과부의 헌금을 떠올리게 합니다(막 12:41~44). 두 헌물의 실제 가격은 극과 극입니다. 그럼에도 '진심 어린 헌신'이라는 공통분모가 있습니다. 결국 헌신은 개별 가치가 아닌 동기와 의도로 그 값어치가 매겨진다는 것을 보여 줍니다.

Q 당신은 나눔의 가치를 어떻게 매깁니까?

"가난한 자들은 항상 너희와 함께 있거니와 나는 항상 함께 있지 아니하리라"(마 26:11).

가난한 이들을 도우려는 열정은 아주 귀한 것입니다. 성경은 그렇게 하라고 명하고 있으며, 사도들 역시 그런 열망을 장려했습니다(잠 21:13; 22:9; 갈 2:10; 요일 3:17).

> Leader

"귀를 막고 가난한 자가 부르짖는 소리를 듣지 아니하면 자기가 부르짖을 때에도 들을 자가 없으리라"(잠 21:13).

"선한 눈을 가진 자는 복을 받으리니 이는 양식을 가난한 자에게 줌이니라"(잠 22:9).

"다만 우리에게 가난한 자들을 기억하도록 부탁하였으니 이것은 나도 본래부터 힘써 행하여 왔노라"(갈 2:10).

"누가 이 세상의 재물을 가지고 형제의 궁핍함을 보고도 도와줄 마음을 닫으면 하나님의 사랑이 어찌 그 속에 거하겠느냐"(요일 3:17).

성경 전체에서 하나님의 백성은 나눔의 행위로 특징지어집니다. 다윗왕은 번제를 위해 마땅히 비용을 지불하겠다고 했습니다(삼하 24:24). 아브라함은 사랑하는 아들을 잃을 준비가 되어 있었습니다(창 22장). 마게도냐 교회의 성도들은 유다와 예루살렘의 가난한 형제자매들을 위해 자신들의 수입 이상으로 헌금을 했습니다(고후 8장). 야곱은 라헬을 위해 14년을 희생했지만, 라헬을 향한 사랑에 비하면 아무것도 아니었습니다(창 29:20, 30). 이처럼 하나님의 백성은 사랑 때문에 하나님 나라의 사역에 자기 소유를 바칩니다.

"믿는 무리가 한마음과 한뜻이 되어 모든 물건을 서로 통용하고 자기 재물을 조금이라도 자기 것이라 하는 이가 하나도 없더라 사도들이 큰 권능으로 주 예수의 부활을 증언하니 무리가 큰 은혜를 받아 그중에 가난한 사람이 없으니 이는 밭과 집 있는 자는 팔아 그 판 것의 값을 가져다가 사도들의 발 앞에 두매 그들이 각 사람의 필요를 따라 나누어 줌이라"(행 4:32~35).

하지만 성경은 모든 것에는 때가 있다고도 말합니다(전 3:1~8). 가난한 자들에게 향유를 나누어 주어야 할 때가 있고, 그리스도께 향유를 부어 드려야 할 때가 있습니다.

"온 천하에 어디서든지 이 복음이 전파되는 곳에서는 이 여자가 행한 일도 말하여 그를 기억하리라"(마 26:13).

예수님이 이렇게 말씀하신 이유는 마리아가 "예수님의 장례를 위하여"(12절) "좋은 일"(10절)을 했다고 여기셨기 때문입니다. 그래서 예수님의 십자가 죽음을 통한 죄 사함의 복음이 전파될 때 마리아의 이 일도 함께 전해질 것입니다.

> *"하나님은 여전히 자기 백성과 교제하기를 원하시고, 다른 것을 향하는 그들의 사랑을 떼어다가 자신에게 붙이기 위해 슬픔과 기쁨을 백성에게 보내십니다."*[10]
> _제임스 패커

Q 왜 예수님은 마리아의 이 헌신적인 행동이 예수님의 장례를 위하여 좋은 일이라고 말씀하셨을까요?

3. 유다는 예수님을 은 삼십에 팔려고 계획했습니다(마 26:14~16)

14 그때에 열둘 중의 하나인 가룟 유다라 하는 자가 대제사장들에게 가서 말하되 15 내가 예수를 너희에게 넘겨주리니 얼마나 주려느냐 하니 그들이 은 삼십을 달아 주거늘 16 그가 그때부터 예수를 넘겨줄 기회를 찾더라

뉴기니 선교사 돈 리처드슨은 사위(Sawi) 부족에게 복음을 전하면서 예수님 생애 마지막 날들에 관한 그들의 이해가 다른 문화권의 그리스도인들과는 사뭇 다르다는 것을 알게 되었습니다. 문화적 차이가 극명했기 때문인데, 특히 배반을 권장하는 문화 때문에 왜곡된 이해를 갖게 되었습니다. 그들에게 배반은 찬양할 만한 미덕이었던 것입니다.

리처드슨이 복음을 전할 때 이야기의 갈등과 긴장이 고조되다가 유다의 배반 사건에 이르렀는데, 바로 그 지점에서 사위 부족이 환호하기 시작했습니다. 그들은 유다의 교묘한 이중성과 배반을 만왕의 왕을 배반한 사악한 행동으로 보는 것이 아니라 영웅적 행동으로 보았습니다.[9]

심화 주석 마태복음 26장 69절에서 27장 10절까지에서 보이는 유다와 베드로의 대조처럼, 고대의 이야기꾼들은 때때로 도덕적으로 긍정적인 예와 부정적인 예를 대조하곤 했습니다. 또한 유다는 마태복음 26장 6~13절에서 값비싼 사랑을 보여 주는 여인과도 대조됩니다. 예수님은 계속해서 자기 죽음에 관해 들려주셨는데(마 26:2, 12), 적어도 유다는 그것을 알아차렸습니다. 예수님의 나라가 그에게 실질적인 이익을 주지 않는다는 것을 알게 되었을 때(심지어 그의 생명을 희생시킬 수도 있다는 것을 알게 되었을 때), 유다는 예수님에 대한 오랜 투자에서 자신이 얻을 수 있는 것을 선택했습니다. 그는 노예 한 명 값에 예수님을 팔았습니다(마 26:15). … 유다는 더 나은 물질적 조건을 위해 영적 장자권을 포기했고, 자기 생명을 구하려 했지만 영원히 생명을 잃고 말았습니다(마 16:24~27; 27:1~10). 유다는 '어떻게 하면 예수님을 섬길 수 있는가'가 아니라, '예수님에게서 무엇을 얻을 수 있는가'를 좇는 모든 사람을 대표하는 인물입니다. 결국 그들은 예수님을 섬기는 비용이 투자가치 이상으로 더 들어간다고 결론을 내릴 것입니다.[11]

_크레이그 S. 키너

Q 우리 문화에서 흔히 볼 수 있는 배반의 형태는 무엇입니까?

Q 그런 경우에 배반을 유도하는 근본적인 동기는 무엇일까요?

> Leader

현대의 성경 번역본들은 종종 성경을 단락(페리코프[pericope])으로 나누고 '베다니에서 기름 부음을 받은 예수님', '예수님을 배반한 유다', '제자들과 함께하신 유월절'과 같은 부제를 붙입니다. 이러한 부제의 사용은 확실히 도움이 되기는 하지만, 신학적으로 연결되어 있는 사건들을 분리시킬 뿐만 아니라 구절의 흐름과 느낌을 방해할 수 있습니다.

마태는 마리아가 예수님께 향유를 부은 이야기에서 곧바로 유다의 배반 이야기로 옮겨 갑니다. 마태가 암시했던 내용이 요한복음에서 분명하게 드러납니다. 요한복음 12장을 보면, 여인의 향유 부음을 주도적으로 비난했던 사람이 유다였음을 알 수 있습니다. 사람을 향한 사랑 때문이 아니라 돈에 대한 사랑 때문에 비난했던 것입니다. 유다가 대제사장들에게 가서 대가를 요구했을 때 그의 동기가 드러납니다. 그는 처음부터 종교적이거나 신학적인 확신이 아닌 탐욕에 이끌린 사람이었습니다.

유다와 마리아의 대조가 놀랍습니다. 마리아는 예수님을 위해 자기 재산을 기꺼이 버렸고, 유다는 재산을 얻기 위해 예수님을 서슴없이 버렸습니다. 유다와 예수님의 대조는 더욱 놀랍습니다. 유다는 자기 유익을 위해 다른 사람들을 희생시켰지만, 예수님은 다른 사람들의 유익을 위해 자기 자신을 희생하셨습니다.

유다는 마지막 순간에 발끈해서 돌발적으로 배반한 것이 아닙니다. 그는 제사장들 때문에 입장이 난처해지거나, 고난으로 나약해진 순간 세속적인 욕망에 굴복해서 배반한 것이 아닙니다. 그는 돈을 향한 욕망을 받아줄 자를 찾기 위해 한밤중에 산을 넘고 골짜기를 지나 약 3킬로미터(베다니에서 예루살렘까지의 거리)나 걸어갔습니다.

대제사장들은 꽤 오랫동안 예수님을 해칠 기회를 찾고 있었기 때문에 기꺼이 호의를 나타냈습니다. 유다의 자발적인 방문은 그들이 원하던 돌파구였습니다.

더 나아가 성경은 사탄이 심어 준 욕망 때문에 유다가 그런 행동을 했다고 증언합니다(눅 22:3~6). 그리고 사탄은 '적당한 때'가 오기까지 "얼마 동안"(눅 4:13) 예수님을 떠나 있었다고 말합니다. 대제사장들과 유다와 사탄의 욕망이 '배반'이라는 이 하나의 기회로 응축되었습니다.

> Leader

야고보서는 배반의 동기에 대해 다음과 같이 말합니다.

"너희 중에 싸움이 어디로부터 다툼이 어디로부터 나느냐 너희 지체 중에서 싸우는 정욕으로부터 나는 것이 아니냐 너희는 욕심을 내어도 얻지 못하여 살인하며 시기하여도 능히 취하지 못하므로 다투고 싸우는도다 너희가 얻지 못함은 구하지 아니하기 때문이요 구하여도 받지 못함은 정욕으로 쓰려고 잘못 구하기 때문이라 간음한 여인들아 세상과 벗 된 것이 하나님과 원수 됨을 알지 못하느냐 그런즉 누구든지 세상과 벗이 되고자 하는 자는 스스로 하나님과 원수 되는 것이니라"(약 4:1~4).

야고보서에 따르면, 싸움과 다툼은 욕망에서 비롯됩니다. 유다는 돈을 갈망했고, 대제사장들은 권력과 특권을 갈망했으며, 사탄은 영광을 갈망했습니다.

우리 중에 누구도 사탄이나 대제사장들과 똑같은 동기로 이끌리지는 않을 것입니다. 가장 완고한 이교도조차 그리스도를 십자가에 못 박기 위해 그와 같이 행동하지는 않을 것입니다. 유다와 똑같은 방식으로 예수님을 배반할 수 있는 사람은 아무도 없을 것입니다. 그러나 우리는 모두 욕망에 이끌리는 피조물입니다. 탐욕과 갈망은 사랑과 정욕을 반영합니다. 그리고 성경은 우리 마음이 우리에게 새 마음과 소원을 주시는 성령님의 사역으로부터 멀어져 자기 자신의 나라와 영광을 향해 자연스럽게 기운다고 가르쳐 줍니다.

이 세션을 기회로 삼아 주님 앞에서 자신의 상태를 점검해 보십시오. 유다의 탐욕을 거절하고, 그리스도를 위해 가장 소중한 것을 내어 드린 마리아처럼 되기 위해 힘쓰십시오. 더 나아가 욕망과 정욕의 구속으로부터 우리를 해방시켜 주기 위해 자신을 온전히 그리고 기꺼이 내어 주신 그리스도처럼 되기 위해 힘쓰십시오.

Q **마음과 힘을 다해 그리스도를 헌신적으로 사랑하는 방법에는 어떤 것들이 있을까요?**

"복음서가 약속하고 있는 보상에 관한 엄청난 약속들과 보상의 어마어마한 속성을 고려하면, 주님은 우리의 욕망이 너무 지나친 것이 아니라 너무 약하다고 생각하시는 것 같습니다. 바다에서 하루 휴일을 보내자는 제안이 무슨 의미인지 상상할 수 없기 때문에, 빈민가에서 진흙 파이를 만들겠다고 고집부리는 무지한 아이처럼, 우리는 무한한 즐거움이 우리에게 제공되었어도 마음 내켜하지 않으며 술과 섹스와 야심으로 빈둥거리며 지내는 피조물입니다. 우리는 너무 쉽게 만족하곤 합니다."[12]

_C. S. 루이스

심화 주석 사실 유다에 관한 '왜'라는 질문은 여전히 의문으로 남습니다. 복음서들은 이유를 설명하지 않은 채, 단지 기록하고 있을 뿐입니다. 실제로 마태가 추측하고 관찰한 모든 것은 유다의 죄가 모든 인간 경험의 범주 안에 있음을 보여 줍니다. 그의 행동은 유별난 것이 아니었습니다. … 우리는 유다가 우리와 다르지 않을 수도 있음을 알아야 합니다. 왜냐하면 유다는 때로는 말로, 때로는 행동으로 예수님을 배반했던 마지막 제자가 아니었기 때문입니다.[13]

_C. 맥 로어크
Biblical Illustrator

"당신을 저버리면, 더 나은 것을 발견할 것이라고 여기는 영혼에는 화가 있을 것입니다! 이리저리 뒤척이며 똑바로 눕고, 옆으로 눕고, 엎드려 보아도 침대는 어떤 자세로든 딱딱합니다. 오직 당신만이 우리의 안식이십니다."[14]
_어거스틴

심화토론

- 삶의 어느 영역에서 탐욕스러워지는 것 같습니까?
- 탐욕의 뿌리에 있는 당신의 욕망이나 두려움은 무엇입니까?

결론

나눔을 위한 동기가 다른 사람으로부터 칭찬을 받기 위한 것이거나 어떤 대가를 위한 것이라면, 그것은 탐욕과 다르지 않습니다. 만약 노골적인 탐욕 때문에 너그러워질 수 없다면, 우리 삶의 소명이 자신의 안락보다 못하다는 것을 드러내는 것입니다. 또한 하나님보다 다른 것을 더 소중히 여기고, 그리스도의 영광보다 자신의 영광을 더 갈망한다는 것을 보여 주는 것입니다.

성경은 하나님의 백성은 "즐겨 내는"(고후 9:7) 것이 특징이라고 분명하게 말합니다. 관대함과 탐욕으로 마음이 뒤죽박죽 복잡해질 때조차, 성령님의 판단하시는 능력이 우리로 하여금 회개하고 하나님께 영광을 돌리게 합니다. 하나님은 마음에서 우러나온 사랑으로 우리를 위해 자기 아들을 내어 주셨으니, 자기 백성을 불러 예배로 헌신을 표현하라고 요구하실 수 있습니다. 그러므로 우리는 우리 구원자께 사랑과 헌신을 아낌없이 바치는 모범을 보여 준 마리아를 본받아야 할 것입니다.

그리스도와의 연결
마리아가 예수님께 값비싼 향유를 부은 것은 낭비가 아닌 예배 행위였습니다. 예수님은 마리아가 향유 붓는 것을 허락하심으로써, 자신이 그 무엇보다 소중한 존재임을 보여 주셨습니다. 이 헌신적인 행동은 예수님의 죽음과 장례를 예비한 것이었습니다.

하나님의 계획 우리의 사명

선교적 적용 하나님은 그리스도를 모든 재물보다 더 귀하게 여기며, 예배를 통해 주님께 헌신하도록 우리를 부르십니다.

1. 어떻게 하면 예수님의 십자가에 못 박히심과 장례에 관해 깊이 이해하고, 감사의 마음을 기를 수 있을까요? 이것은 예수님에 관한 우리의 증언에 어떤 영향을 미칠까요?
2. 우리의 관대한 행위는 어떻게 예수님께 영광을 돌리고, 다른 사람에게 본이 될까요?
3. 하나님께 열정적인 헌신과 예배를 드리는 방법에는 어떤 것들이 있을까요?

금주의 성경 읽기
겔 9~16장

구원자 예수님이 예루살렘에 입성하시다

2

Summary and Goal

이 세션에서는 예수님이 십자가에 못 박히시기 전 예루살렘에 입성하시던 날에 일어났던 세 가지 장면을 살펴볼 것입니다(마 21장). 첫째, 예수님은 자신을 낮추어 나귀를 타고 예루살렘에 입성하셔서 열렬한 환영을 받으셨습니다. 둘째, 예수님은 예배자들에게서 이익을 취하는 자들을 성전에서 몰아내고 성전을 깨끗하게 하셨습니다. 셋째, 다윗의 진정한 자손이신 예수님은 아이들의 찬양을 허락하고 받으셨습니다. 이 사건들을 통해 예수님은 자기 백성을 구속하시고, 참된 예배를 회복하시며, 모든 찬양을 받으시는 메시아를 소망하던 구약의 기대와 열망을 성취하셨습니다.

- **성경 본문**
  마태복음 21:1~17

- **세션 포인트**
  1. 예수님은 자기 백성을 구속하기 위해 오신 구원자이십니다(마 21:1~11)
  2. 예수님은 참된 예배를 회복하기 위해 오신 구원자이십니다(마 21:12~13)
  3. 예수님은 모든 찬양을 받기 위해 오신 구원자이십니다(마 21:14~17)

- **신학적 주제**
  예수님은 성전을 깨끗하게 하시고, 하나님 앞으로 나아갈 수 없는 자들을 환영하신 메시아이십니다.

- **그리스도와의 연결**
  예수님은 나귀를 타고 예루살렘에 입성하심으로써 오실 메시아에 관한 구약의 예언을 성취하셨습니다. 또한 예수님은 탐욕으로 성전을 더럽힌 자들을 향해 심판을 선포하셨습니다. 그리고 예수님은 하나님의 백성의 죄를 씻어 주기 위해 파괴되고 다시 일으켜질 성전으로서의 자기 몸을 내어 주셨습니다.

- **선교적 적용**
  하나님은 우리에게 위선적인 공허한 예배를 버리고, 세상을 구원하신 예수님을 높이라고 말씀하십니다.

Session Plan

도입

'이스터에그'(Easter Egg)가 어떻게 해서 문화적 용어가 되었는지 설명해 주십시오. 성경에서 이스터에그로 설정된 구절들을 인용해 주십시오.

지금까지의 성경 공부를 토대로 생각해 볼 때, 예수님은 구약의 말씀을 어떤 방식으로 성취해 가실까요?

성경 속의 성취는 하나님의 말씀을 굳게 믿는 데 어떤 도움이 됩니까?

예수님이 메시아에 관한 기대와 갈망을 어떻게 성취하셨는지 알 수 있도록 이 세션의 내용을 요약해 주십시오.

전개

1 예수님은 자기 백성을 구속하기 위해 오신 구원자이십니다 (마 21:1~11)

마태복음 21장 1~11절을 읽으십시오. 예수님이 예루살렘성으로 들어가셨을 때, 무리가 보인 반응에 관해 이야기해 주십시오. 이 사건이 스가랴 9장 9~10절을 어떻게 성취하는지 설명해 주십시오. 부록 2: '예수님의 고난 주간'을 참고하십시오.

구약의 성취에 관한 마태의 강조는 구약을 어떤 방식으로 읽고 이해하게 합니까?

구약에 관한 공부는 그리스도께서 이 땅에 오신 것을 이해하는 데 어떤 도움이 됩니까?

예수님이 어린 나귀를 타고 예루살렘에 당당하게 입성하시는 모습과 승리한 왕들이 자기 성으로 개선 행진해 들어가는 모습을 비교해 주십시오.

하나님의 아들은 왜 겸손한 모습으로 예루살렘에 들어가셨을까요?

'호산나'의 성경적 의미를 언급한 후, 사람들이 축하한 이유를 설명해 주십시오. 그러고 나서 본문에 '승리의 입성'이라는 제목을 붙이는 것이 왜 부적절한지 토론하게 하십시오.

'구속'(redemption)이라는 단어를 들으면 무엇이 떠오릅니까?

예수님이 오신 목적을 아는 것이 왜 중요할까요?

2
예수님은 참된 예배를 회복하기 위해 오신 구원자이십니다
(마 21:12~13)

마태복음 21장 12~13절을 읽으십시오. 성경 속 예수님의 모습과 세상 문화에서 묘사하는 예수님의 모습이 어떻게 다른지 비교해 주십시오. 예수님은 분노와 좌절이 뒤섞인 상태에서 행동하신 것이 분명합니다. 이기적인 욕망 때문이 아니라 하나님 아버지의 뜻을 행하지 않는 모습에 분노하신 것입니다.

하나님의 영광을 위해 분노한 적이 있습니까?

3
예수님은 모든 찬양을 받기 위해 오신 구원자이십니다
(마 21:14~17)

자원자에게 마태복음 21장 14~17절을 읽게 하십시오. 마침내 예수님이 더 이상 무리를 조용히 시키지 않으시는 때가 왔음을 설명해 주십시오. 주님은 그 순간을 받아들이고 즐기셨습니다. 왜냐하면 그 시기와 찬양이 적절했기 때문입니다. 대제사장들과 서기관들이 무리의 환호를 혐오와 경멸의 눈으로 바라봤음을 말해 주십시오. 오직 예수님만이 예배받으시기에 합당하신 유일한 분이라는 사실을 빼면, 그들이 옳았을 수 있습니다.

왜 예수님은 계속 피해 오셨던 찬양을 이 순간에는 기꺼이 받으셨을까요?

예수님을 찬양하고 예배하기 위해 당신의 삶에서 더 포기해야 하는 것은 무엇입니까?

결론

끝으로 '호산나'의 복음은 그리스도께서 우리를 구원하러 오셨다는 것임을 가르쳐 주십시오. 우리가 설령 부족하고 부적절한 예배를 드릴지라도 우리는 오늘 이야기에 나오는 사람들과 같이 믿음으로 시편 118편의 말씀, 곧 "우리를 구원하소서"라고 외치면, 그리스도께서 구원해 주십니다. 이 세션에서 배운 진리를 '하나님의 계획, 우리의 사명'에서 적용해 보십시오.

Session Content

2. 구원자 예수님이 예루살렘에 입성하시다

"'호산나'는 유대인들이 마지막 때에 예루살렘으로 오시는 메시아를 환영하기 위해 종려나무 가지를 흔들며 외쳤던 옛 히브리말로 '이제 우리를 구원하소서'라는 뜻입니다. 하나님 나라에서는 도움을 청하는 외침이 찬양 소리와 동일합니다."[1]
_앤드류 피터슨

도입

지난 10여 년 동안 '이스터에그'(Easter egg)라는 말은 문화적 어휘가 되어 책이나 영화 속에 열성 팬들을 위해 의도적으로 숨겨 놓은 은밀한 농담이나 보너스를 언급할 때 사용되었습니다.

> Leader 디즈니월드에는 '숨은 미키'를 찾는 책들이 있습니다. 또한 인터넷에는 인기 있는 TV 프로그램 속 이스터에그, 즉 숨은 정보를 찾는 웹사이트들이 있습니다.

저는 수년간 성경 공부를 해 오고 있지만, 아직도 성경 속에서 이스터에그를 찾고 있습니다. 좋으신 아버지 하나님이 우리의 기쁨을 위해 일부러 숨겨 두신 보물(예를 들어, 예수님이 구약의 희망과 열망과 기대를 어떻게 성취하시는지와 같은 내용 말입니다)을 찾는 것입니다. 신약성경에는 바로 이런 보물이 많이 있습니다.

> Leader 예수님이 부활하신 후 엠마오로 가는 길에서 제자들에게 말씀하시는 장면을 성경은 다음과 같이 묘사합니다.
>
> "이에 모세와 모든 선지자의 글로 시작하여 모든 성경에 쓴 바 자기에 관한 것을 자세히 설명하시니라"(눅 24:27; 참조, 24:44~47).
>
> 요한복음 5장에서 예수님은 바리새인들과 이야기하실 때, "너희가 성경에서 영생을 얻는 줄 생각하고 성경을 연구하거니와 이 성경이 곧 내게 대하여 증언하는 것이니라"(요 5:39)라고 말씀하셨고, "모세를 믿었더라면 또 나를 믿었으리니 이는 그가 내게 대하여 기록하였음이라"(요 5:46)라고도 말씀하셨습니다.
>
> 신약을 공부하면서 우리는 왕이신 예수님을 가리키는 성경의 모든 내용을 그리스도 자신과 제자들이 어떻게 바라보았는지를 보게 될 것입니다(참조, 롬 1:1~4; 고전 15:3~4; 고후 1:20; 딤후 3:14~15).

Q 지금까지의 성경 공부를 토대로 생각해 볼 때, 예수님은 구약의 말씀을 어떤

방식으로 성취해 가실까요?

Q 성경 속의 성취는 하나님의 말씀을 굳게 믿는 데 어떤 도움이 됩니까?

심화 주석 앞서 가는 무리와 뒤따르는 무리가 … "호산나 다윗의 자손이여"(마 21:9) 하고 외쳤습니다. 호산나는 '우리를 구원하소서'(시 118:25)라는 뜻의 히브리어지만, 신약 시대에는 단순히 기쁨을 나타내는 찬양 소리였습니다. "주의 이름으로 오시는 이"(마 21:9)란 메시아를 가리키는 말일 수 있습니다. "주의 이름으로" 온다는 것은 하나님의 사자로 온다는 것을 의미합니다. "가장 높은 곳에서 호산나"(9절)는 '하늘의 가장 높은 곳에 있는 천사들도 찬송할지어다'와 같은 의미입니다.[2]

_로버트 C. 마운스

Session Summary

이 세션에서는 예수님이 십자가에 못 박히시기 전 예루살렘에 입성하시던 날에 일어났던 세 가지 장면을 살펴볼 것입니다(마 21장). 첫째, 예수님은 자신을 낮추어 나귀를 타고 예루살렘에 입성하셔서 열렬한 환영을 받으셨습니다. 둘째, 예수님은 예배자들에게서 이익을 취하는 자들을 성전에서 몰아내고 성전을 깨끗하게 하셨습니다. 셋째, 다윗의 진정한 자손이신 예수님은 아이들의 찬양을 허락하고 받으셨습니다. 이 사건들을 통해 예수님은 자기 백성을 구속하시고, 참된 예배를 회복하시며, 모든 찬양을 받으시는 메시아를 소망하던 구약의 기대와 열망을 성취하셨습니다.

전개

1. 예수님은 자기 백성을 구속하기 위해 오신 구원자이십니다

(마 21:1~11)

*1그들이 예루살렘에 가까이 가서 감람산 벳바게에 이르렀을 때에 예수께서 두
제자를 보내시며 2이르시되 너희는 맞은편 마을로 가라 그리하면 곧 매인 나귀
와 나귀 새끼가 함께 있는 것을 보리니 풀어 내게로 끌고 오라 3만일 누가 무슨
말을 하거든 주가 쓰시겠다 하라 그리하면 즉시 보내리라 하시니 4이는 선지자
를 통하여 하신 말씀을 이루려 하심이라 일렀으되 5시온 딸에게 이르기를 네 왕
이 네게 임하나니 그는 겸손하여 나귀, 곧 멍에 메는 짐승의 새끼를 탔도다 하라
하였느니라 6제자들이 가서 예수께서 명하신 대로 하여 7나귀와 나귀 새끼를
끌고 와서 자기들의 겉옷을 그 위에 얹으매 예수께서 그 위에 타시니 8무리의 대
다수는 그들의 겉옷을 길에 펴고 다른 이들은 나뭇가지를 베어 길에 펴고 9앞에
서 가고 뒤에서 따르는 무리가 소리 높여 이르되 호산나 다윗의 자손이여 찬송
하리로다 주의 이름으로 오시는 이여 가장 높은 곳에서 호산나 하더라 10예수
께서 예루살렘에 들어가시니 온 성이 소동하여 이르되 이는 누구냐 하거늘 11무
리가 이르되 갈릴리 나사렛에서 나온 선지자 예수라 하니라*

심화 주석 에스겔의 예언에 비추어 보면, 예수님과 제자들이 동쪽에서 입성했다는 것은 예언적인 의미가 있습니다. 에스겔 10장에서 주님의 영광이 성전을 떠나서 산들을 지나 동쪽으로 갑니다. 그러다가 43장에서 환상 중에 주님의 영광이 동쪽에서부터 다시 돌아옵니다.
예수님이 바로 동쪽에서부터 예루살렘으로 들어오십니다. 그리고 예수님은 성전으로 곧장 들어가십니다. 수백 년 동안 기다리며 갈망했던 일이 절정에 달한 것처럼 보입니다. 주님의 영광이 성전으로 돌아와 왕국을 회복하실 때가 된 것입니다. 그런데 예수님은 성전에 들어가시자마자 급히 떠나십니다. 성전으로 되돌아오는 하나님 영광의 완전한 성취가 이루어지지 않았습니다. 그러나 하나님의 영광인 그리스도 안에서 그 성취가 이루어질 것입니다(고후 4:5~6).

예수님이 제자들이 끌고 온 나귀를 타시자 무리는 그들의 겉옷과 나뭇가지를 베어 길에 펴며, "호산나 다윗의 자손이여 찬송하리로다 주의 이름으로 오시는 이여 가장 높은 곳에서 호산나"(9절) 하고 외쳤습니다. 그들은 기다리던 왕, 메시아가 이루어 주실 회복에 대한 희망으로 가득 차서 찬양했습니다. 예수님이 예루살렘성에 들어가시자 엄청난 소란이 벌어졌습니다. 예루살렘성 사람들은 예수님이 누구이신지 무척 궁금해했습니다.

> Leader

공관복음(마태복음, 마가복음, 누가복음)은 기대의 강도를 점차 높여 가며 예수님의 사역을 소개합니다. 예수님과 제자들이 예루살렘 외곽에 이를 때까지의 이야기는 빠르게 진행하다가, 예수님이 십자가에 못 박히시게 되는 고난 주간의 이야기는 느리게 진행합니다. 예루살렘으로 향하는 예수님의 마지막 행보는 십자가의 죽음 바로 며칠 전에 이루어졌습니다.

예수님의 예루살렘 입성 이야기는 사복음서 모두에서 찾아볼 수 있습니다. 그런데 마태복음만 두 동물을 언급합니다. 예수님은 어린 나귀를 타셨는데, 아마도 어미 나귀도 함께 데려가셨을 것입니다. 환호하는 군중 사이를 지나갈 때, 어린 나귀가 겁먹지 않게 하기 위해서였을 것입니다. 마태는 왜 다른 복음서 저자들처럼 어린 나귀만 다루지 않고, 어미 나귀까지 언급했을까요? 분명하지는 않지만, 아마도 마태는 이 장면을 창세기 본문과 관련 있게 본 것 같습니다.

"규가 유다를 떠나지 아니하며 통치자의 지팡이가 그 발 사이에서 떠나지 아니하기를 실로가 오시기까지 이르리니 그에게 모든 백성이 복종하리로다 그의 나귀를 포도나무에 매며 그의 암나귀 새끼를 아름다운 포도나무에 맬 것이며 또 그 옷을 포도주에 빨며 그의 복장을 포도즙에 빨리로다"(창 49:10~11).

여기서 구약의 나귀와 나귀 새끼에 관한 언급을 찾아볼 수 있습니다. 더 나아가 창세기는 두 나귀가 묶여 있거나 매여 있었다고 말합니다. 마태복음에서 예수님이 나귀를 풀어 끌고 오라고 하신 것에서 알 수 있듯이, 세부적인 부분들이 일치합니다.

창세기를 참조한 것이라고 볼 때, 이 구절이 나타내는 것은 무엇일까요? 그저 겉보기에 유사한 구절들을 마구잡이로 끌어다 붙인 것일까요? 그렇지 않습니다. 창세기 49장은 이스라엘이 그의 자손을 축복하는 이야기입니다. 10~11절은 메시아의 약속을 성취할 이로 유다의 자손을 가리키고 있습니다.

마태는 마태복음 21장 4절에서 그의 복음서 전체에 흩어져 있는 구약의 유형과 예언서들의 성취를 나타내는 10개의 인용 문구 중 9번째 인용을 제시합니다. 마태는 성령의 영감으로 예수님이 어린 나귀를 타고 오신 사건을 스가랴 9장 9~10절의 예언의 성취로 보았습니다.

> Leader
“시온의 딸아 크게 기뻐할지어다 예루살렘의 딸아 즐거이 부를지어다 보라 네 왕이 네게 임하시나니 그는 공의로우시며 구원을 베푸시며 겸손하여서 나귀를 타시나니 나귀의 작은 것 곧 나귀 새끼니라 내가 에브라임의 병거와 예루살렘의 말을 끊겠고 전쟁하는 활도 끊으리니 그가 이방 사람에게 화평을 전할 것이요 그의 통치는 바다에서 바다까지 이르고 유브라데강에서 땅끝까지 이르리라”(슥 9:9~10).

스가랴는 메시아이신 예루살렘의 왕께서 나귀를 타고 오실 날을 예언했습니다. 그분이 오시면 어떻게 될까요? 그분이 평화의 통치를 시작하실 것입니다. 평화의 도시 예루살렘은 그 이름이 의미하는 것처럼, 땅끝까지 넘치는 평화, 샬롬, 온전함 그리고 안전의 중심이 될 것입니다.

심화 주석 요한복음 12장 13절에 따르면, 마태복음 21장 8절에 등장한 나뭇가지는 종려나무 가지입니다. 종려나무는 중간기 문학에서 승리의 상징이었습니다. 무리는 나뭇가지뿐 아니라 겉옷도 벗어서 예수님 앞에 펴기 시작했습니다. 이것은 구약에서 예후가 북이스라엘의 왕으로 선포될 때, 이스라엘 백성들이 그의 발아래 옷을 깔았던 일(왕하 9:13)을 떠올리게 합니다.

Q 구약의 성취에 관한 마태의 강조는 구약을 어떤 방식으로 읽고 이해하게 합니까?

Q 구약에 관한 공부는 그리스도께서 이 땅에 오신 것을 이해하는 데 어떤 도움이 됩니까?

“하나님의 구속하심과 전능하심과 삶을 바꿔 주시는 은혜만이 죄를 탐닉하는 우리 마음을 죽은 자 가운데서 살리시고, 우리에게 영생을 주시며, 복의 희망이신 예수님을 바라볼 수 있게 합니다.”[3]
_글로리아 퍼먼

매년 수천 명의 순례자가 유월절 축제를 위해 예루살렘을 찾습니다. 그들을 맞이하는 사람들은 겉옷을 벗어 길 위에 펴고, 종려나무 가지를 깝니다. 이 행위는 입성하는 승리의 왕을 위한 최고의 대우입니다. 일반적으로 정복자들은 눈부신 전차나 군마를 타고 거창한 행진의 선두에 서서 입성합니다. 그러나 예수님은 겸손하게 어린 나귀를 탄 채로 당당히 입성하셨습니다.

> Leader
예수님이 어린 나귀를 타고 예루살렘으로 입성하신 것은 매우 이례적인 일이었습니다. 그러나 처음 있는 일은 아니었습니다. 유대의 왕이 노새를 타고 예루살렘에 들어간 적이 있습니다. 다윗의 아들 솔로몬이 온 이스라엘의 왕으로 기름 부음을 받기 위해 노새를 타고 예루살렘으로 들어갔습니다(왕상 1:32~35). 한편 위대하신 다윗의 자손 예수님은 어린 나귀를 타고 예루살렘으로 들어가셨는데, 메시아를 향한 기대감의 환호성이 귀가 먹먹할 정도로 대단했습니다.

무리는 예수님을 왕처럼 대하면서도, 그분을 선지자라고 불렀습니다(마 21:11). 아마도 ‘선지자’ 앞에 붙은 정관사(헬라어 원어 성경, 정관사 ‘호’ - 역주)에 특별한 의미가 있었을 것입니다. 1세기 유대인들은 신명기 18장 18~19절에서 말하는 모세와 같은 선지자에 대한 기대감을 가지고 있었습니다. 그들은 예수님을 선지자로 부를 뿐만 아니라, 예수님이 갈릴리에서 오셨다는 것을 알고 있었습니다(마 21:11). 갈릴리는 이방인의 영향력이 강한 지역이어서 일반적으로 업신여겨졌음

> "주의 이름으로 그분이 오심을 열렬한 애정으로 즐거이 환호하십시오. 우리를 위로하기 위해, 그분의 영광을 위해 오시기 때문입니다. 우리는 그분 안에서 복을 받았으니, 그분을 복되다고 말할 수 있을 것입니다. 우리를 은총으로 만나 주시니, 우리도 받은 복으로 그분을 따라갈 수 있을 것입니다."[4]
> _매튜 헨리

> "예수님이 그들 앞에서 이것들을 행하신 것은 거창한 행렬을 보여 주기 위해서가 아니라, 앞에서 말했던 것처럼 예언을 성취하시고, 자기부인을 가르치시고, 예수님의 죽음을 슬퍼하게 될 제자들을 위로하시기 위해서였습니다. 주님은 자기가 당할 모든 고난을 기꺼이 겪으시리라는 것을 그들에게 보여 주셨습니다. 마가는 이 모든 것을 예견한 다윗의 시편과 스가랴의 예언을 비롯한 선지자들의 예언이 얼마나 정확한지를 잘 나타냈습니다."[5]
> _요한 크리소스톰

에도 불구하고 예언적인 의미가 있는 곳이었습니다(사 9:1~2). 그들의 의도와 상관없이, 예수님은 단순한 선지자가 아니라 구약 예언의 성취자이십니다.

Q 하나님의 아들은 왜 겸손한 모습으로 예루살렘에 들어가셨을까요?

사람들은 예수님을 향해 "호산나", 즉 "우리를 구원하소서" 하고 외쳤습니다. 이 외침은 시편 118편 25~26절을 떠올리게 합니다.

"여호와여 구하옵나니 이제 구원하소서 여호와여 우리가 구하옵나니 이제 형통하게 하소서 여호와의 이름으로 오는 자가 복이 있음이여 우리가 여호와의 집에서 너희를 축복하였도다."

사람들은 왜 예수님을 환호했을까요? 당시 사람들은 메시아를 유대교를 정결하게 하고, 불의한 자들을 벌하며, 이스라엘의 대적을 심판하는 이로 알고 있었습니다. 그들은 수백 년간 이날만을 기다려 왔던 것입니다. 한마디로 가뭄이 끝났으니 기근도 끝났다고 여기고 환호한 것입니다. 마침내 왕이 오고 계셨습니다.

물론 그들의 기대대로 예수님은 유대교를 정결하게 하고, 불의한 자들을 벌하며, 이스라엘의 대적을 심판하실 것입니다. 그러나 이날 주님이 오신 이유는 이것 때문이 아닙니다. 언젠가 예수님은 만왕의 왕으로서 군마를 타실 테지만, 이날은 고난받는 종으로서 나귀를 타고 오셨습니다.

> Leader

예수님은 그들의 환호를 온전히 받아들이셨습니다. 그러나 그들의 환호는 긴장감이 고조되는 원인이 되기도 했습니다. 이전과 달리 예수님은 더 이상 정면 대결을 피하지 않으셨습니다. 예수님은 단호한 결의로 무모하게 보일 만큼 당당하게 안으로 걸어 들어가셨습니다.

성경의 이 대목은 '승리의 입성'으로 불립니다. 그러나 이것은 잘못 붙여진 이름입니다. 정복자가 아닌(적어도 아직은 아닙니다) 고난받는 종의 입성이기 때문입니다. 진짜 승리의 입성은 늦은 오후 산에서가 아니라, 오후 즈음의 공개적인 십자가 처형과 이른 아침의 무덤에서 이루어질 것입니다.

Q '구속'(redemption)이라는 단어를 들으면 무엇이 떠오릅니까?

Q 예수님이 오신 목적을 아는 것이 왜 중요할까요?

2. 예수님은 참된 예배를 회복하기 위해 오신 구원자이십니다

(마 21:12~13)

12 예수께서 성전에 들어가사 성전 안에서 매매하는 모든 사람들을 내쫓으시며 돈 바꾸는 사람들의 상과 비둘기 파는 사람들의 의자를 둘러엎으시고 13 그들에게 이르시되 기록된 바 내 집은 기도하는 집이라 일컬음을 받으리라 하였거늘 너희는 강도의 소굴을 만드는도다 하시니라

> Leader: 세상 문화에서 예수님의 모습은 희화화되어 있습니다. 흘러내리는 머리카락과 푸른 눈을 가진 백인으로 그려집니다. 아이들 옆에 무릎을 꿇고 있거나, 양 한 마리를 품에 안고 있거나, 아니면 낯선 사람을 안아 주는 모습으로 그려집니다. 예수님은 항상 웃는 모습으로 행복해 보입니다. 예수님을 '행복한 히피'로 여기는 관점에서 보면, 예수님이 화를 내시거나 슬퍼하시는 모습은 복음서와 어울리지 않고 불경스러워 보이기까지 합니다.

예수님을 '행복한 히피'로 그리는 세상 문화와 달리, 성경은 고난과 겸손의 예수님을 보여 줍니다. 주님은 완전한 인간이시기에 인간의 모든 감정을 경험하셨습니다.

> Leader: "그러므로 그가 범사에 형제들과 같이 되심이 마땅하도다 이는 하나님의 일에 자비하고 신실한 대제사장이 되어 백성의 죄를 속량하려 하심이라 그가 시험을 받아 고난을 당하셨은즉 시험받는 자들을 능히 도우실 수 있느니라"(히 2:17~18).

예수님은 사람들을 불쌍히 여기시고(막 8:2), 사람들에게 놀라기도 하셨습니다(마 8:10). 슬픔(마 26:38)과 비애(요 11:33~35. 참조, 히 5:7)도 경험하셨습니다.

성경이 성전에서 예수님이 보이신 행동의 감정적인 동기를 명확히 드러내지는 않지만, 분노와 좌절이 뒤섞인 상태에서 행동하신 것만은 분명합니다. 스포츠 경기의 패배나 카드 청구서 때문에 분노하고 좌절하는 것과는 다릅니다. 예수님의 분노는 거룩함에서 나온 것입니다. 이기적인 욕망 때문이 아니라, 사람들이 하나님 아버지의 뜻대로 행하지 않는 모습을 보고 분노하신 것입니다.

심화 주석 그들은 '도둑질하고, 살인하고, 간음하고, 거짓 맹세하고, 바알에게 예배하기 위해' 밖으로 나갔고, 오로지 안전을 위해 성전("내 이름으로 일컬어지는 나의 집")으로 돌아왔습니다. 그들은 성전을 악당들이 범죄를 저지르고 나서 쉬는 "강도의 소굴"로 만들었습니다. 예수님이 이렇게 표현하신 것은 예레미야 시대의 사람들과 똑같은 죄를(강도를 포함하여) 저지른 유대인들을 비난하기 위해서가 아니었습니다. 이전에 있었던 성전의 명백한 오용과 비교하면서, 하나님의 집에 관한 그들의 경외심이 부족함을 강조하고자 하신 것입니다. 예수님의 말씀을 들은 사람들은 예레미야의 설교가 성전의 파괴를 예언했고(렘 7:12~15), 그 예언이 곧 성취되었다는 사실을 떠올렸을 것입니다. 예수님이 곧 같은 예언을 하실 것입니다(막 13:2).[6]

_R. T. 프란스

핵심교리 99 **80. 성령의 전**

성령님은 성도 개인 그리고 교회 공동체 안에 거하십니다(고전 3:16~17, 12:13). '성령의 전'인 우리는 이전과는 다른 삶을 살며, 내주하시는 성령님의 역사로만 열리는 고결한 열매들을 맺습니다(갈 5:22~23). 성령님이 내주하시며 행하시는 이러한 역사는 교회의 개개 구성원들에게 직분 수행에 필요한 은사들을 갖추게 해 줍니다(고전 12:11).

심화 주석 마태복음 21장 14절은 그리스도께서 방금 비난하신 상행위와 현저히 대조되는 하나님의 집에 합당한 사역을 묘사합니다. 마태가 호세아 6장 6절을 쉽게 인용했을 수도 있습니다. 예수님은 제사보다 자비가 우선임을 보여 주십니다. 또한 율법적으로 부정한 자들이 성전에 들어가는 것을 막는 율법을 거부하셨습니다. … 예수님의 말씀을 알아들어야 했음에도 불구하고 오히려 계속 분개했던 종교 지도자들과 달리 아이들은 좋은 본보기를 보여 주었습니다. 예수님께 던진 그들의 질문에는 앞서 무리가 예수님을 찬양하며 외친 것(마 21:9)을 아이들이 따라한 것을 꾸짖었어야 했다는 뜻이 담겨 있었습니다. 그들은 그런 환호가 부적절하다고 생각했던 것입니다. … 아이들이 여호와를 찬양하자, 예수님은 하나님만을 위해 예비된 예배를 다시금 받으십니다. 진실로, 성전보다 더 크신 이가 여기 계십니다(마 12:6).[7]

_크레이그 L. 블롬버그

예수님은 하나님 아버지께서 참된 예배자의 참된 예배를 찾으신다고 말씀하십니다(요 4:23~24). 예수님은 성전에서 아버지의 얼굴을 구하는 자들을 찾으셨습니다. 그런데 성전에 들어서자, 전혀 다른 풍경이 펼쳐졌습니다. 그곳은 만민이 기도하기 위해 모이는 곳이라기보다는 반짝거리는 동전과 구구거리는 비둘기가 거래되는 곳이었습니다. 성전은 하나님의 영광과는 거리가 먼, 사람의 헛된 영광으로 희미하게 빛나는 곳이 되었습니다.

> Leader

성전에서 장사꾼들을 몰아내실 때, 예수님은 공정 무역에 대해 비판하시거나 경제 정책에 관한 의견을 개진하신 것이 아니었습니다. 예수님은 성전은 장사하는 곳이 아니라는 것을 선포하셨습니다. 옷장을 정리하려면 서랍에서 옷을 다 꺼내야 하듯이, 예수님은 정화의 표시로 성전을 뒤집으셨습니다.

Q 하나님의 영광을 위해 분노한 적이 있습니까?

3. 예수님은 모든 찬양을 받기 위해 오신 구원자이십니다

(마 21:14~17)

14맹인과 저는 자들이 성전에서 예수께 나아오매 고쳐주시니 15대제사장들과
서기관들이 예수께서 하시는 이상한 일과 또 성전에서 소리 질러 호산나 다윗
의 자손이여 하는 어린이들을 보고 노하여 16예수께 말하되 그들이 하는 말을
듣느냐 예수께서 이르시되 그렇다 어린 아기와 젖먹이들의 입에서 나오는 찬미
를 온전하게 하셨나이다 함을 너희가 읽어 본 일이 없느냐 하시고 17그들을 떠
나 성 밖으로 베다니에 가서 거기서 유하시니라

우리는 세상이 나를 중심으로 돌아가는 듯이 살아가지만, 내 뜻대로 완전히 이루어지리라는 기대를 하는 날은 사실 손에 꼽을 정도로 적습니다. 생일이나 결혼식 날과 같은 경우를 제외하고는 내 마음대로 될 것이라는 기대를 갖기 어렵습니다.

예수님의 생애는 대부분 베일에 싸여 있습니다. 갈릴리 촌구석에서 평범한 목수로 사셨으니, 시간과 역사가 예수님 위주로 흘러간다는 의혹이 불거질 일은 없습니다. 심지어 예수님은 무리를 향해 사역하실 때도, 마치 사명을 은밀히 숨겨야 하는 것처럼 신중하고도 주의 깊게 명하곤 하셨습니다(특히 마가복음에서 '메시아의 비밀'로 알려진 부분을 살펴보십시오. 참조, 막 1:34,

43~45; 3:12; 7:24, 36; 8:30; 9:9).

그러나 이제 예수님이 무리를 더 이상 침묵시키시지 않는 때가 온 것입니다. 주님은 기뻐하는 무리를 꾸중하시기보다는 그들의 찬양을 받으시며 그들을 지지해 주셨습니다. 그 시기와 찬양이 적절했기 때문입니다. 성전은 아이들이 떠드는 소리로 소란스러워졌습니다.

> Leader
>
> 장사꾼들과 동물들이 성전에서 쫓겨나고, 상처받은 자들과 버림받은 자들과 상한 자들이 성전에 들어오기 시작했습니다. 눈먼 자들과 다리 저는 자들과 아이들이 예수님의 말씀을 듣고, 예수님을 보고 만지기 위해 다가왔습니다. 예수님은 그들을 모두 치유해 주셨습니다. 성전은 아이들이 떠드는 소리로 소란스러워졌습니다.

이때 그 모습을 지켜보는 이들이 있었습니다. 그들은 자신들의 권위와 영광이 예수님의 발밑에서 부서져 흩어지기라도 한 듯이 경멸의 눈빛으로 지켜봤습니다. 대제사장들과 서기관들의 목소리가 아이들의 목소리와 합쳐졌지만, 분위기는 확실히 달랐습니다.

그 광경을 비판적으로 바라보던 그들의 입에서 혐오감이 뚝뚝 떨어졌습니다. '오직 주님의 영광을 위해 지어진 성전에서 이 사내가 찬양과 영광을 받고 있다니!' 성전에서 찬양과 영광을 받는 이가 예수님이 아니라 다른 사람이었다면, 대제사장들과 서기관들의 분별력과 용기는 칭찬받아 마땅했을 것입니다. 그러나 예수님은 사기꾼이나 위선자가 아닙니다. 예수님은 신실함 그 자체이십니다. 예수님은 자기 백성을 구속하러 오신 왕이요, 참된 예배를 회복하고 모든 찬양을 받기 위해 오신 왕이십니다. 홀로 예배를 받으시기에 합당하신 분입니다.

Q **왜 예수님은 계속 피해 오셨던 찬양을 이 순간에는 기꺼이 받으셨을까요?**

Q **예수님을 찬양하고 예배하기 위해 당신의 삶에서 더 포기해야 하는 것은 무엇입니까?**

"예수(JESUS)! 천국의 악기로 연주될 이름이여. 예수! 우리의 모든 기쁨의 생명이시며, 다른 어떤 이름보다도 더 매력적이며 소중한 이름이로다. 우리 찬송의 씨실과 날실로 짜인 이름이요, 그 이름으로 시작하고, 그 이름으로 끝나지 않는 찬송은 아무것도 없나이다. 모든 즐거움을 합해 놓은 이름이로다. 천국의 종으로 울리는 음악이요, 한마디의 노래요, 한 방울로도 바다를 이해할 줄 아는 이름이요, 두 음절로 된 비길 데 없는 오라토리오요, 다섯 글자에 담긴 영원한 할렐루야의 요약이여."[8]

_찰스 스펄전

결론

> Leader

로마서 12장에서 사도 바울은 그리스도인들에게 자신을 거룩한 산 제물로 드리라고 권면합니다. 이것은 자신의 모든 존재로 하나님께 예배를 드려야 한다는 뜻입니다. 이런 의미에서 예배는 일주일에 한 번 교회에서 모이는 시간이 아닙니다. 예배에는 주중에 각자 흩어져 살 때의 모습도 포함됩니다. 예배자로서 산다는 것은 하나님께 영광을 돌리며 사는 것을 의미합니다. 그러나 주지하다시피 우리는 종종 세상이 우리를 중심으로 돌아가고 있는 듯이 살아갑니다.

'호산나'의 복음은 그리스도께서 우리를 구원하기 위해 오셨다는 것입니다. 우리가 설령 부족하고 부적절한 예배를 드릴지라도 우리는 오늘 이야기에 나오는 사람들과 같이 믿음으로 시편 118편 말씀, 곧 "우리를 구원하소서"라고 외치면, 그리스도께서 구원하십니다. 우리가 부족하고 부적절한 예배를 드려도 용서받을 수 있는 것은 오직 예수님 때문입니다. 이전에는 하나님의 임재 앞에 설 수 없었던 자들이 예수님을 통해서 예배를 드릴 수 있게 되었습니다. 그리스도 안에서 하나님의 임재 속으로 들어갈 수 있게 되었습니다. 그러므로 위선적이고 공허한 예배를 버리고, 예수님을 높여 드립시다.

그리스도와의 연결
예수님은 나귀를 타고 예루살렘에 입성하심으로써 오실 메시아에 관한 구약의 예언을 성취하셨습니다. 또한 예수님은 탐욕으로 성전을 더럽힌 자들을 향해 심판을 선포하셨습니다. 그리고 예수님은 하나님의 백성의 죄를 씻어 주기 위해 파괴되고 다시 일으켜질 성전으로서의 자기 몸을 내어 주셨습니다.

하나님의 계획 우리의 사명

선교적 적용 하나님은 우리에게 위선적인 공허한 예배를 버리고, 세상을 구원하신 예수님을 높이라고 말씀하십니다.

1. 복음 사역을 할 때, 예수님이 예루살렘으로의 승리의 입성에서 보여 주신 행동과 태도를 어떻게 반영해야 할까요?
2. 참 예배를 위한 예수님의 열정에 비추어 볼 때, 우리의 예배 태도는 어떻게 평가되고 수정되어야 할까요?
3. 어떻게 하면 구원자 예수님께 모든 찬양을 드리도록 서로 격려할 수 있을까요?

금주의 성경 읽기
겔 17~24장

Summary and Goal

천 년이 넘는 시간 동안 유월절 식사는 자기 백성을 애굽에서 구하신 하나님의 구원을 축하하는 것이었습니다. 동시에 앞으로의 더 큰 희생과 하나님의 사역을 가리키는 것이었습니다. 예수님은 세상 죄를 위해 장차 십자가에 달리실 일과 자신의 정체성에 비추어 유월절 식사를 재해석하셨습니다. 새 언약의 희생을 돌아보고, 동시에 장차 다가올 나라에 대한 거룩한 기대를 암시하는 셀 수 없이 많은 성찬의 원형을 권위와 겸손으로 보여 주신 것입니다.

구원자 예수님이 최후의 만찬을 베푸시다

3

- **성경 본문**
  마태복음 26:26~30; 요한복음 13:1~15

- **세션 포인트**
  1. 최후의 만찬은 섬김의 만찬입니다(요 13:1~15)
  2. 최후의 만찬은 새 언약의 만찬입니다(마 26:26~28)
  3. 최후의 만찬은 하나님 나라를 기대하는 만찬입니다(마 26:29~30)

- **신학적 주제**
  최후의 만찬은 그리스도의 죽으심의 희생적 본질을 상징합니다.

- **그리스도와의 연결**
  예수님이 오시기 수백 년 전에 하나님은 이스라엘과 언약을 맺으셨고, 희생 제물로 그 언약을 봉인하셨습니다. 하나님의 백성이 그 언약을 깨고 거짓 신들을 숭배했을 때, 하나님은 자기 백성의 죄를 용서하시고 그들 마음에 하나님의 율법을 기록할 새 언약을 제정할 것을 약속하셨습니다. 최후의 만찬에서 예수님은 자신의 희생적인 죽음이 새 언약을 세우고, 죄 사함을 가져다줄 것이라고 설명하셨습니다.

- **선교적 적용**
  하나님은 우리에게 그리스도께서 이루신 일을 되돌아보고, 그리스도의 다시 오심을 고대하게 하는 주의 만찬에 참여하라고 말씀하십니다.

Session Plan

도입

레오나르도 다빈치의 〈최후의 만찬〉의 상징성을 묘사하고, 이 그림이 어떻게 집단적 문화 의식에 뿌리내리게 되었는지 설명해 주십시오. 이 그림을 전시하거나 돌려볼 수 있도록 준비해 주십시오.

레오나르도 다빈치의 〈최후의 만찬〉이 유명해진 이유는 무엇입니까?

성경이 이야기해 주는 최후의 만찬에서 가장 눈에 띄는 것은 무엇입니까?

예수님이 다가올 자신의 희생과 자신의 정체성에 비추어 유월절 식사를 재해석하셨다는 것을 설명하면서 이 세션을 요약해 주십시오.

전개

1 최후의 만찬은 섬김의 만찬입니다 (요 13:1~15)

요한복음 13장 1~15절을 읽으십시오. 예수님이 평생 섬기며 사신 것의 의미를 이해할 수 있도록 〈언더커버 보스〉 이야기를 들려주십시오.

'섬김'이라는 단어를 어떻게 정의할 수 있습니까?

하나님이 자기 백성을 '섬기신' 다른 예에는 어떤 것들이 있습니까?

예수님을 전형적인 세속 군주들과 대조해 주십시오. '섬김'이란 하나님이 자기 백성을 섬기시는 것에 준해야 한다는 것을 지적해 주십시오. 그러고 나서 섬김에 관한 예수님의 동기는 겸손이었음을 설명해 주십시오.

삶의 어떤 영역에서 다른 사람들을 섬기고 있습니까?

삶의 어떤 영역에서 섬김 받기를 기대합니까?

가정, 직장, 교회 등에서 겸손한 섬김의 마음을 키울 수 있는 효과적인 방법에는 어떤 것들이 있을까요?

2 최후의 만찬은 새 언약의 만찬입니다 (마 26:26~28)

자원자에게 마태복음 26장 26~28절을 읽게 하십시오. 오늘날 현대인들에게 희생 제물의 향이 얼마나 낯선 것인지 말해 주십시오. 성경에서 제물의 향과 관련된 배경 이야기를 들려주십시오.

특별한 기억을 불러일으키는 맛이나 냄새가 있나요?

희생의 목적과 의미를 어떻게 설명할 수 있습니까?

하나님의 백성의 역사에서 제물이 드려진 장소에 관해 이야기하고, 이들 제물이 예수님의 궁극적인 희생과 다가올 새롭고 더 나은 언약을 기대하는 것임을 가르쳐 주십시오(부록 3: '예수님의 고난'을 참고해 예수님의 고난과 죽으심을 그림 〈최후의 만찬〉과 연결해 주십시오). 예수님이 떡을 떼고 잔을 들어 올리실 때, 하나의 새로운 실재를 그림으로 그리셨다는 사실을 설명해 주십시오.

어떻게 하면 교회의 성찬이 의미 없는 의식이 아니라, 의미 있는 경험이 될 수 있을까요?

3 최후의 만찬은 하나님 나라를 기대하는 만찬입니다 (마 26:29~30)

마태복음 26장 29~30절을 읽으십시오. 기다림과 기대는 기독교 신앙의 핵심임을 강조해 주십시오.

최근에 기대감에 부풀어 기다렸던 일이 있었나요? 그 일을 왜 그렇게 기다렸나요?

이미 성취된 성경의 기다림과 기대의 예에는 어떤 것들이 있습니까?

예수님이 즉흥적으로 말씀하신 것처럼 보이지만, 실제로는 하나님 나라를 열망하는 그리스도인들의 마음에 주신 아름다운 약속이었음에 주목하게 해 주십시오. 언젠가 함께하게 될 식사를 약속하신 것입니다.

하나님 나라의 완성을 갈망하는 그리스도인은 어떤 모습일까요?

하나님 나라를 생각할 때, 가장 기대되는 것은 무엇입니까?

결론

성경에서 우리가 발견하는 가장 위대한 명령 가운데 하나는 "기억하라!"임을 강조해 주십시오. 이 명령이 어떻게 주의 만찬을 기억하게 하고, 그리스도의 새 언약의 희생을 기억하고 재림을 고대하게 하는지를 연결해 주십시오. 이 세션에서 배운 진리를 '하나님의 계획, 우리의 사명'에서 적용해 보십시오.

Session Content

3. 구원자 예수님이 최후의 만찬을 베푸시다

> *"왜 유월절에 성례전을 하기로 하셨을까요? 주님이 율법을 제정하시고, 율법이 그분 안에서 성취되었음을 나타내는 것인지도 모릅니다. 구약은 장차 있을 일들을 나타내는 하나의 유형이었습니다. 예수님은 그것들의 진리이십니다."*[1]
> _요한 크리소스톰

도입

15세기 후반에 레오나르도 다빈치가 그린 〈최후의 만찬〉은 세계에서 가장 상징적인 작품 가운데 하나입니다.

> Leader
>
> 이 그림은 〈모나리자〉와 시스티나 성당의 천장화를 비롯한 몇몇 작품들과 더불어 숨겨진 의미에 대한 이론과 증언으로 유명한 세계적인 그림입니다.
>
> 밀라노의 개조된 수도원 벽 위에 걸린 이 그림에서 우리는 식탁 중앙에 앉으신 예수님이 배반을 예언하시는 바로 그 순간에 제자들에게 둘러싸여 계심을 볼 수 있습니다. 신비롭고 장엄한 분위기의 이 벽화는 수년에 걸쳐 문화적으로 희화화되어 왔습니다. 예수님과 제자들 대신 세계 지도자들이나 제임스 딘 같은 대중문화의 아이콘들이 식탁에 둘러앉아 있는 모습이 그려지곤 했습니다.

이 그림은 실제 최후의 만찬의 역사적 상황을 정확하게 묘사하고 있지는 않지만, 강렬한 아름다움과 '마지막 만찬'이라는 가슴 저미는 관점으로 우리의 집단적 문화 의식 속에 깊이 남아 있습니다. 그날 밤의 운명적인 사건을 상상하며, 그 장면을 바라보게 하는 불길함과 불안함이 작품 속에 담겨 있습니다.

Q 레오나르도 다빈치의 〈최후의 만찬〉이 유명해진 이유는 무엇입니까?

Q 성경이 이야기해 주는 최후의 만찬에서 가장 눈에 띄는 것은 무엇입니까?

Session Summary

천 년이 넘는 시간 동안 유월절 식사는 자기 백성을 애굽에서 구하신 하나님의 구원을 축하하는 것이었습니다. 동시에 앞으로의 더 큰 희생과 하나님의 사역을 가리키는 것이었습니다. 예수님은 세상 죄를 위해 장차 십자가에 달리실 일과 자신의 정체성에 비추어 유월절 식사를 재해석하셨습니다. 새 언약의 희생을 돌아보고, 동시에 장차 다가올 나라에 대한 거룩한 기대를 암시하는 셀 수 없이 많은 성찬의 원형을 권위와 겸손으로 보여 주신 것입니다.

전개

1. 최후의 만찬은 섬김의 만찬입니다(요 13:1~15)

1유월절 전에 예수께서 자기가 세상을 떠나 아버지께로 돌아가실 때가 이른 줄
아시고 세상에 있는 자기 사람들을 사랑하시되 끝까지 사랑하시니라 2마귀가
벌써 시몬의 아들 가룟 유다의 마음에 예수를 팔려는 생각을 넣었더라 3저녁 먹
는 중 예수는 아버지께서 모든 것을 자기 손에 맡기신 것과 또 자기가 하나님께
로부터 오셨다가 하나님께로 돌아가실 것을 아시고 4저녁 잡수시던 자리에서 일
어나 겉옷을 벗고 수건을 가져다가 허리에 두르시고 5이에 대야에 물을 떠서 제
자들의 발을 씻으시고 그 두르신 수건으로 닦기를 시작하여 6시몬 베드로에게
이르시니 베드로가 이르되 주여 주께서 내 발을 씻으시나이까 7예수께서 대답
하여 이르시되 내가 하는 것을 네가 지금은 알지 못하나 이후에는 알리라 8베드
로가 이르되 내 발을 절대로 씻지 못하시리이다 예수께서 대답하시되 내가 너를
씻어 주지 아니하면 네가 나와 상관이 없느니라 9시몬 베드로가 이르되 주여 내
발뿐 아니라 손과 머리도 씻어 주옵소서 10예수께서 이르시되 이미 목욕한 자는
발밖에 씻을 필요가 없느니라 온몸이 깨끗하니라 너희가 깨끗하나 다는 아니니
라 하시니 11이는 자기를 팔 자가 누구인지 아심이라 그러므로 다는 깨끗하지 아
니하다 하시니라 12그들의 발을 씻으신 후에 옷을 입으시고 다시 앉아 그들에게
이르시되 내가 너희에게 행한 것을 너희가 아느냐 13너희가 나를 선생이라 또는
주라 하니 너희 말이 옳도다 내가 그러하다 14내가 주와 또는 선생이 되어 너희
발을 씻었으니 너희도 서로 발을 씻어 주는 것이 옳으니라 15내가 너희에게 행한
것같이 너희도 행하게 하려 하여 본을 보였노라

〈언더커버 보스〉는 회사 경영주나 고위 임원이 신분을 속인 채 자사에 입사해 근무 환경을 직접 경험하고 평가하는 과정을 보여 주는 TV 프로그램입니다.

심화 주석 예수님은 운명의 시간이 다 가왔다는 사실을 아셨을 때, 제자들에게 자신의 깊은 사랑을 보여 주시기 위해 주권자의 권위가 무엇을 의미하는지, 왜 자기 생명을 버리셔야 하는지를 그들이 이해할 수 있도록 상징적인 행위를 통해 보여 주셨습니다(요 13:4~5). 우리는 이것이 주권자의 행위이며, 진정한 리더십의 핵심임을 이해해야 합니다. 즉 예수님은 그들에게 본을 보여 주시며, 그들의 권위는 종으로 섬기는 것이어야 함을 가르쳐 주셨습니다. … 다른 사람의 발을 씻기는 것의 의미를 이해하려면, 세례 요한이 한 말을 기억해야 합니다. "나는 그의 신발 끈을 풀기도 감당하지 못하겠노라 하더라"(요 1:27). 손님의 발은 종만이 씻길 수 있었습니다. 어떤 유대인들은 유대인 종이 아닌 이방인 종이 발을 씻겨야 한다고 생각했습니다. 왜냐하면 발을 씻기는 일은 너무나 천한 일이었기 때문입니다. 그래도 아내는 남편의 발을, 아이들은 부모의 발을, 제자들은 스승의 발을 씻기곤 했습니다. 예수님이 "겉옷을 벗고 수건을 가져다가 허리에 두르시고 이에 대야에 물을" 뜨셨을 때, 제자들은 경악했습니다. 예수님이 사회 질서를 역행하고 계셨기 때문입니다.[2]

_그랜트 R. 오스본

"겸손은 모든 미덕의 근본입니다. 그것은 인간에게서 어떤 대치나 분열이나 불화를 제거하고, 평화와 사랑을 심는 것입니다. 겸손은 사랑을 통해 자라고 깊어집니다."[3]
_몹수에스티아의 테오도르

"교회 역사에서 다른 사람의 발을 씻기라는 이 명령은 서로 섬기려면 아무리 하찮은 일이라도 해야 한다는 뜻으로 이해되어 왔습니다. 세족의 공동체가 되기 위해서는 '내가 도울 일이 있을까요?'라는 질문과 함께 살아야 한다는 것입니다."[4]
_H. B. 찰스 Jr.

> Leader

〈언더커버 보스〉는 1~2주 동안 회사의 임원들이 위장 근무하는 모습을 보여 줍니다. 그들은 필연적으로 어느 정도 곤경에 처하게 되고, 회사의 다양한 직원을 알아가게 됩니다.

매회 이야기의 절정은 임원이 자기 정체를 드러내고, 그와 함께 일했던 하위급 직원이 본사나 다른 주요 부서로 옮기게 되는 순간입니다. 직원들은 자기 일을 어떻게 해냈는가에 따라 보상을 받거나 징계를 받습니다.

예수님은 평생 섬기며 사셨습니다. 기도할 때나 하나님 아버지와 교제하기 위해 잠깐 쉴 때를 제외하고는, 줄곧 무리와 제자들을 섬기셨습니다. 어떤 사람은 이 마지막 만찬이 예수님의 위대한 계시의 순간이 되기를 바랐을지도 모릅니다. 종의 모습으로 오신 왕이 마침내 종의 옷을 벗고 예복을 입고 왕좌에 앉아 사람들의 경배를 받는 것 말입니다. 우리에게는 이런 기대가 있습니다. 그러나 예수님은 겉옷을 벗고 수건을 허리에 두르시고 제자들의 발을 씻으심으로 제자들을 충격에 빠뜨리셨습니다.

Q '섬김'이라는 단어를 어떻게 정의할 수 있습니까?

Q 하나님이 자기 백성을 '섬기신' 다른 예에는 어떤 것들이 있습니까?

> Leader

세상의 왕들은 일반적으로 섬기는 인물로 알려져 있지 않습니다. 대관식에서 섬김에 관해 언급할 수는 있지만, 그것은 우리가 일반적으로 생각하는 섬김과는 다릅니다. 아마 영국의 찰스 왕세자가 이웃을 위해 빨래를 하거나 벽에 페인트칠을 한다면, 인터넷이 마비될 것입니다.

예수님이 그날 밤 배반을 당하시기 전까지 수백 년간 유월절 축제는 자기 백성을 섬기시는 하나님을 계시해 왔습니다. 하나님은 표적과 기사로 애굽에서 자기 백성을 구출해 광야를 거쳐 약속하신 땅으로 그들을 인도하셨습니다. 그로부터 천년이 넘는 세월 동안, 하나님은 예비하심과 번영과 예언적 징계로 자기 백성을 섬겨 오셨습니다.

하나님이 섬김을 받으시기보다 오히려 자기 백성을 섬기신다는 것은 기독교의 특징적 요소 가운데 하나입니다. 이러한 관점이 구속사에 포함되어 있음에도 불구하고, 베드로는 주님이 섬기려고 하자 난색을 표했습니다. 베드로는 자신이 그리스도의 발을 씻겨 드려야 마땅하다고 생각했습니다. 그러나 하나님은 섬김을 받으시기보다 오히려 자기 백성을 섬기시는 분입니다.

"또 무엇이 부족한 것처럼 사람의 손으로 섬김을 받으시는 것이 아니니 이는 만민에게 생명과 호흡과 만물을 친히 주시는 이심이라"(행 17:25).

그러므로 예수님이 무릎을 꿇고, 제자들의 발을 씻기신 것은 놀라운 일이 아닙니다. 아들은 아버지의 거울이요, 예수님은 항상 아버지의 일을 하시기 때문입니다(요 5:19). 예수님은 제자들을 섬기심으로써, 하나님 아버지께서 자기 백성을 섬겨 오신 일을 계속하신 것입니다.

제자들의 발을 씻기신 예수님의 행동은 놀라운 것이었습니다. 그러나 다시 언급하지만, 예수님은 평생 섬기며 사셨습니다. 사실 그분이 오신 이유는 바로 이것 때문입니다. 섬김은 예수님의 삶과 사역에서 부수적인 것이 아니라, 예수님이 누구시며 무엇을 하셨는가를 나타내는 핵심인 것입니다. 마가복음의 심오한 말씀을 묵상해 보십시오.

"예수께서 불러다가 이르시되 이방인의 집권자들이 그들을 임의로 주관하고 그 고관들이 그들에게 권세를 부리는 줄을 너희가 알거니와 너희 중에는 그렇지 않을지니 너희 중에 누구든지 크고자 하는 자는 너희를 섬기는 자가 되고 너희 중에 누구든지 으뜸이 되고자 하는 자는 모든 사람의 종이 되어야 하리라 인자가 온 것은 섬김을 받으려 함이 아니라 도리어 섬기려 하고 자기 목숨을 많은 사람의 대속물로 주려 함이니라"(막 10:42~45).

이러한 섬김의 동기는 무엇일까요? 자신이 가진 특권을 내려놓고, 다른 사람들에게 마음을 기울이는 것은 어떤 마음에서 비롯된 것일까요? 한마디로 '겸손'입니다. 그리스도의 섬김은 인색하거나 이기적이지 않습니다. 오히려 사심 없이 희생적입니다. 예수님은 자기 백성의 필요를 보셨고, 그것에 응답하셨습니다. 이 얼마나 멋진 겸손한 섬김의 모습입니까. 실제로 바울은 그리스도인의 삶에서 겸손한 섬김을 위한 패러다임으로 예수님의 선재와 성육신과 높임을 말합니다(빌 2:1~8).

예수님은 제자들의 흙먼지 묻은 발을 씻기신 후, 다시 식탁에 앉아 도전하며 명령하셨습니다.

"내가 너희에게 행한 것같이 너희도 행하게 하려 하여 본을 보였노라"(요 13:15).

만왕의 왕께서 자기 백성을 섬기시니, 그 종들은 얼마나 서로를 섬겨야 하겠습니까.

"우리는 늘 더 큰 것을 붙잡으려고 합니다. 인생의 공허한 명예가 더 영광스러운 자리로 도약하라고 우리의 약한 마음을 늘 부추깁니다. 그러므로 이 질병으로부터 우리를 구하고 그런 나쁜 열망으로부터 최후 안식을 얻기 위해서는, 제자들의 발을 씻기시고 우리에게도 다른 사람의 발을 씻기라고 가르쳐 주신 만왕의 왕 그리스도를 가슴 깊이 기억하며 새겨야 합니다. 그러면 교만해지려는 모든 경향이 억제되고, 모든 형태의 세상 자랑이 우리 가운데서 떠날 것입니다."[5]
_알렉산드리아의 키릴로스

심화 주석 '언약'이란 동등한 둘 사이의 동의가 아닌 후원자와 수혜자 사이의 계약을 의미합니다. 은혜로우신 하나님은 은혜를 받을 만한 가치가 없는 이들에게 은혜를 선물로 주셨습니다. 예수님은 구약의 희생 제도에 함축된 의미를 성취하시기 위해 자기 피로 새 언약을 세우셨습니다. 예수님이 피를 쏟으심으로써 사람이 죄 용서를 받게 되었습니다. 성찬에서 기념하는 이 희생의 행위는 하나님 나라에서 기념하게 될, 그리스도께서 다시 오시는 그날을 고대하는 것입니다(마 26:29).[6]

_조지 엘든 래드

핵심교리 99 **93. 성만찬**

성만찬은 성도들이 떡과 포도주를 나눔으로써 구주의 죽음을 기억하고, 구주의 다시 오심을 고대하는 순종의 상징적 행위입니다(고전 11:26).

삶의 어떤 영역에서 다른 사람들을 섬기고 있습니까?	삶의 어떤 영역에서 섬김 받기를 기대합니까?

가정, 직장, 교회 등에서 겸손한 섬김의 마음을 키울 수 있는 효과적인 방법에는 어떤 것들이 있을까요?

2. 최후의 만찬은 새 언약의 만찬입니다(마 26:26~28)

[26]그들이 먹을 때에 예수께서 떡을 가
지사 축복하시고 떼어 제자들에게 주
시며 이르시되 받아서 먹으라 이것은
내 몸이니라 하시고 [27]또 잔을 가지사
감사 기도 하시고 그들에게 주시며 이
르시되 너희가 다 이것을 마시라 [28]이
것은 죄 사함을 얻게 하려고 많은 사
람을 위하여 흘리는 바 나의 피 곧 언
약의 피니라

냄새로 가득한 빵 가게나 레스토랑에서 일해 본 적이 있습니까? 갓 구운 빵 냄새가 퍼지고, 바비큐 주위로 훈제 고기 향이 퍼집니다. 매일매일 새로운 냄새가 식욕을 불러일으키고, 가족, 친구들과 함께했던 식사를 떠올리게 합니다.

희생 제물의 향은 오늘날 현대인들에게는 낯선 것이지만, 조상들에게는 거듭되는 실재였습니다. 예루살렘에는 희생 제물이 풍기는 냄새가 가득했습니다. 희생 제물의 살과 피의 불쾌한 냄새가 사람들에게 죄의 고통을 끊임없이 상기시켰습니다(레 17:11; 히 9:22).

> **Leader**
> "육체의 생명은 피에 있음이라 내가 이 피를 너희에게 주어 제단에 뿌려 너희의 생명을 위하여 속죄하게 하였나니 생명이 피에 있으므로 피가 죄를 속하느니라"(레 17:11).
> "율법을 따라 거의 모든 물건이 피로써 정결하게 되나니 피 흘림이 없은즉 사함이 없느니라"(히 9:22).

하나님의 제단 위에서 불타는 제물의 냄새가 하나님의 공급하심을 날마다 떠올리게 했습니다(레 4:31).

> **Leader**
> "그 모든 기름을 화목제물의 기름을 떼어낸 것같이 떼어내 제단 위에서 불살라 여호와께 향기롭게 할지니 제사장이 그를 위하여 속죄한즉 그가 사함을 받으리라"(레 4:31).

Q 특별한 기억을 불러일으키는 맛이나 냄새가 있나요?

Q 희생의 목적과 의미를 어떻게 설명할 수 있습니까?

> **Leader**
> 전 세계 교회에서 정기적으로 성찬식이 거행됩니다. 목회자는 성찬을 위한 떡과 잔을 나눌 때 마태복음 26장, 마가복음 14장, 누가복음 22장, 고린도전서 11장에 있는 예수님의 말씀을 낭독합니다. 일반적으로 각자 잠시 묵상하게 하고, 이어서 떡과 잔으로 교회의 몸에 참여하도록 권합니다. 오늘날 우리는 목회자가 낭독하기 시작하면, 언제 어디쯤에서 끝날지 알 수 있습니다. 그러나 당시 그리스도의 제자들은 매번 새로운 계시의 말씀에 의지해야 했습니다.

수천 년 동안 하나님은 자기 백성에게 희생 제물을 요구해 오셨습니다. 아담에서부터 노아와 아브라함과 다윗에 이르기까지 하나님의 백성은 희생 제물을 드려왔습니다. 그러나 하나님은 섬김을 받기보다는 섬기기를 원하시는 분입니다. 그래서 하나님은 자기 백성을 위해 궁극적으로 희생하실 준비가 늘 되어 있으셨습니다. 예수님은 섬김을 받기 위해서가 아니라 섬기러 오셨는데, 즉 "자기 목숨을 많은 사람의 대속물로"(막 10:45) 주려고 오신 것입니다.

몇 세기 동안 하나님은 새로우면서도 더 나은 언약을 약속해 오셨습니다. 예레미야와 에스겔은 둘 다 굳은 마음이 부드럽게 되는 날, 하나님의 백성이 자기 죄를 씻고 하나님의 영으로 채워지는 날, 모든 하나님의 백성이 참된 백성이 되는 날을 예언했습니다(렘 31:31~34; 겔 11:19~20; 36:26~36).

예수님이 최후의 만찬에서 자신의 살과 피에 관해 말씀하셨을 때, 그분은 이것의 성취를 말씀하신 것입니다. 하나님의 백성은 더 이상 자기 죄

"서로 평화롭게 살아가는 교회 공동체의 이상은 지역 회중을 위한 복음 증거에 기초하고 있습 니다. 주의 만찬은 단지 종교 의식이 아니라 하나님 백성 가운데 있을 일에 관한 선포입니다. 이 식사에는 그리스도께서 누구시며, 그분이 교회를 위해 무엇을 하셨는가에 관한 메시지뿐 아니라 복음 이야기와 그리스도의 영광의 유익에 관한 것도 담겨 있습니다. 이것은 소속감에 관한 이야기이며, 그들이 가난하건 연약하건 소외되었건 간에 하나님은 모든 믿는 자를 자기 백성으로 삼으신다는 놀라운 메시지입니다."[7]

_조지 앨런 손버리

때문에 염소나 소를 제물로 드리지 않아도 됩니다. 하나님이 자신을 희생 제물로 내어 주실 것이기 때문입니다.

> Leader
자유의 여신상과 전쟁기념관과 국기는 어떤 것을 상징한다는 공통점이 있습니다. 희망이나 희생이나 애국심을 상징하고, 목적과 의미에 관한 비전을 전달합니다. 모든 문화는 그들의 집단의식에 내재된 이런 형태의 상징들을 가지고 있습니다. 이를 통해 확실한 이상을 불러일으킬 수도 있고, 어떤 경우에는 잘못된 기대를 불러일으킬 수도 있습니다.

예수님은 떡을 떼고 잔을 들어 올리실 때, 하나의 새로운 실재를 그려주셨습니다. 땅과 하늘 사이에 몸이 매달리고, 상처에서 피가 흘러나오는 사건을 시각적으로 정교하게 묘사하셨습니다.

> Leader
미국인들은 때로 노르망디 해변(프랑스 북서부에 있는 해변. 제2차 세계대전 당시 연합군이 노르망디 상륙작전을 통해 프랑스를 탈환했습니다. -역주)에 서서 십자가를 바라보거나, 이오지마섬(일본 남동쪽에 있는 섬. 제2차 세계대전 당시 일본과 미국의 최대 격전지 중 하나로 이곳에서 단일 전투로는 미군의 피해가 가장 컸던 전투가 벌어졌습니다. -역주)의 그림을 응시하면서 성찬식을 거행합니다. 희생과 자유와 희망의 약속을 기억하는 것입니다. 목회자의 낭독에 따라 떡을 먹고 잔을 들 때, 우리는 하나님이 나무 제단 위에 자신을 바치기 위해 그리스도 안에서 살과 피로 취하신 새로운 언약의 실재를 의식으로 시연하는 셈입니다.

심화 주석 예수님이 말씀하신 죽음은 완전히 새로운 신성한 세상을 열 것입니다. 그 세상에 관한 중요한 것들 가운데 하나는 예수님이 제자들과 함께 나누셨던 식탁 교제를 마칠 때가 오고 있다는 사실입니다. 예수님은 지상에서 다시는 그들과 식탁에 앉아 마시지 않으실 것입니다. 왜냐하면 곧 죽음에 직면하게 되실 것이기 때문입니다. … 이 말씀은 예수님이 지상에서 사역하시는 동안 그들이 가졌던 친밀한 교제에 엄숙한 작별을 고해야 한다는 것을 나타냅니다. 그뿐만 아니라, 미래의 정해지지 않은 때에 교제가 새롭게 되리라는 확실한 증거이기도 합니다.[8]

_레온 모리스

Q 어떻게 하면 교회의 성찬이 의미 없는 의식이 아니라, 의미 있는 경험이 될 수 있을까요?

3. 최후의 만찬은 하나님 나라를 기대하는 만찬입니다

(마 26:29~30)

*29 그러나 너희에게 이르노니 내가 포도나무에서 난 것을 이제부터 내 아버지
의 나라에서 새것으로 너희와 함께 마시는 날까지 마시지 아니하리라 하시니
라 30 이에 그들이 찬미하고 감람산으로 나아가니라*

인내는 자연스럽게 오는 것이 아니라 학습해야 하는 미덕입니다.

> Leader
기술은 사람들로 하여금 기다림의 시간을 인내하며 즐기지 못하도록 만들었습니다. 신용카드만 있으면 당장 뭐든 살 수 있는데, 왜 저축을 합니까? 전화로 음식

을 주문하거나 냉동식품을 전자레인지에 돌리면 음식을 쉽게 먹을 수 있는데, 왜 장을 보고 정성스레 식사를 준비합니까? 핸드폰으로 전화를 하거나 문자를 보내면 바로 연락할 수 있는데, 왜 시간을 들여 편지를 쓰고 우편물을 기다립니까?

기독교 신앙에는 내재된 기다림과 기대에 관한 무언가가 있습니다.

Q 최근에 기대감에 부풀어 기다렸던 일이 있었나요? 그 일을 왜 그렇게 기다렸나요?

Q 이미 성취된 성경의 기다림과 기대의 예에는 어떤 것들이 있습니까?

> Leader 유명한 히브리서의 '믿음 장'을 마무리하는 단어들을 생각해 보십시오. "이 사람들은 다 믿음으로 말미암아 증거를 받았으나 약속된 것을 받지 못하였으니 이는 하나님이 우리를 위하여 더 좋은 것을 예비하셨은즉 우리가 아니면 그들로 온전함을 이루지 못하게 하려 하심이라"(히 11:39~40).

작은 다락방에서 예수님이 제자들과 마지막 유월절 식사를 하시며 말씀하셨습니다. 거기서 말씀하신 것은 참으로 아름다운 약속이었습니다. 예수님은 이제 포도나무에서 난 것을 마시지 못하실 테지만, 제자들과 함께 아버지 나라에 들어가 그들과 함께 다시 마시게 되실 것입니다. 수천 년간 이스라엘은 그 나라를 기다려 왔습니다. 예수님은 그 나라가 오는 것에 관해 말씀하시고, 사랑하는 제자들이 그 기쁨에 참여하게 될 것이라고 약속하셨습니다(유다는 이미 그의 악한 사명을 위해 떠났습니다).

장차 임할 하나님 나라의 메시지는 희망과 즐거움과 성취의 메시지이며, 그리스도인들이 전심으로 열망하는 것입니다.

> Leader 우리는 "아버지의 나라가 오게 하시며"(새번역, 참조, 마 6:10)라고 기도합니다. 전쟁과 폭력이 그치고, 평화가 다스릴 날을 갈망합니다. 죄가 주장하지 못하고, 사망 자체가 죽는 날을 사모합니다. 우리는 하나님 나라에 주리고 목마릅니다. 왜냐하면 의의 왕에 주리고 목말랐기 때문입니다. 우리는 그때 그분과 함께 그곳에 있을 것입니다.

이후 예수님과 제자들은 노래를 부르며 어둠을 향해 나아갔습니다. 장차 임할 하나님 나라를 위한 믿음과 열망의 축연에 힘입어 우리도 구세주를 찬양하는 마음으로 세상의 어둠을 헤쳐 나갑시다.

Q 하나님 나라의 완성을 갈망하는 그리스도인은 어떤 모습일까요?

Q 하나님 나라를 생각할 때, 가장 기대되는 것은 무엇입니까?

"최후의 만찬은 하나님의 과거 약속의 성취와 예수님의 현재 임박한 죽음을 보여 줄 뿐만 아니라, 미래에 다가올 하나님 나라에서 열릴 위대한 식사를 보증합니다."[9]
_조나단 T. 페닝턴

"우리는 돌아갈 곳도 없고, 사랑해 주고 돌봐주는 이도 없는 아프고 메마른 영혼들에게 하나님의 긍휼하신 사랑을 부어 줌으로써 하나님 아버지의 사역을 해야 합니다. 그들에게 우리 안에 계신 예수님을 보여 주십시오. 그것이 바로 살아 있는 간증입니다."[10]
_빌리 그레이엄

심화토론

- 오늘날 많은 그리스도인이 주의 만찬에 참여할 때, 하나님 나라를 고대하는 마음은 거의 없이 십자가만 회상하는 이유는 무엇일까요?

결론

성경에서 우리가 발견하는 가장 위대한 명령 가운데 하나는 "기억하라!"입니다. 기억한다는 것은 우리가 어디에서 왔으며, 무엇을 겪었는지에 관한 정체성을 재정립하는 것입니다. 기억한다는 것은 과거를 들여다보면서 정체성을 굳건히 하는 것일 뿐만 아니라 미래를 향한 사명을 강화하는 것입니다. 이스라엘 백성은 유월절 식사를 통해 그들을 섬기고, 구속하고, 인도하신 그들의 하나님을 기념했습니다.

마찬가지로 그리스도인들은 주의 만찬에 참여합니다. 주의 만찬에서 하나님의 계획과 자기 백성의 유익을 위해 목숨을 희생하여 섬기신 그리스도를 기억합니다. 승천하여 하늘에 계신 그리스도께서는 성찬의 떡과 포도주에 영적으로 임재하십니다. 그러므로 성찬에 참여하여 그리스도를 기억하는 자들은 그리스도의 죽음과 부활에 참여합니다. 이에 우리를 향한 예수님의 겸손한 섬김과 우리의 유익을 위한 그분의 새로운 언약의 희생으로 인해 그분의 다시 오심을 고대하면서 예수님의 이름으로 다른 사람들을 겸손히 섬기는 삶을 살 수 있습니다.

그리스도와의 연결

예수님이 오시기 수백 년 전에 하나님은 이스라엘과 언약을 맺으셨고, 희생 제물로 그 언약을 봉인하셨습니다. 하나님의 백성이 그 언약을 깨고 거짓 신들을 숭배했을 때, 하나님은 자기 백성의 죄를 용서하시고 그들 마음에 하나님의 율법을 기록할 새 언약을 제정할 것을 약속하셨습니다. 최후의 만찬에서 예수님은 자신의 희생적인 죽음이 새 언약을 세우고, 죄 사함을 가져다줄 것이라고 설명하셨습니다.

하나님의 계획 우리의 사명

선교적 적용 하나님은 우리에게 그리스도께서 이루신 일을 되돌아보고, 그리스도의 다시 오심을 고대하게 하는 주의 만찬에 참여하라고 말씀하십니다.

1. 어떻게 하면 예수님을 본받아 다른 사람들을 겸손하게 섬길 수 있을까요?
2. 예수님의 새 희생 언약을 기념하는 주님의 성찬에 참여할 때, 우리는 어떤 자세로 임해야 할까요?
3. 예수님의 재림은 예수님이 우리를 위해 희생 제물이 되셨다는 복음을 전하는 사명에 어떤 영향을 미칩니까?

금주의 성경 읽기
겔 25~32장

구원자 예수님이 붙잡히시다

4

Summary and Goal

하나님의 아들이자 인자이신 예수님은 믿는 자들에게 영생을 주기 위해 하나님 아버지께 순종하셔서 고난과 진노의 잔을 마시기로 결정하셨습니다. 예수님은 배반당하시고, 거짓 고발과 조롱과 학대와 죽음을 견디셔야 함에도 불구하고 하나님 아버지께서 예언하신 계획을 받아들이셨고, 약속된 메시아, 세상의 구원자로서의 사명을 성취하셨습니다.

- **성경 본문**

  마태복음 26:36~68

- **세션 포인트**

  1. 예수님은 고난과 진노의 잔을 마시기로 결정하셨습니다(마 26:36~46)
  2. 예수님은 성경에 예언된 하나님 아버지의 계획을 따르셨습니다 (마 26:47~56)
  3. 예수님은 자신이 메시아임을 확증하셨습니다(마 26:57~68)

- **신학적 주제**

  하나님은 하나님의 아들이자 인자이신 예수님을 보내시어 우리의 죄를 심판받게 하셨습니다.

- **그리스도와의 연결**

  에덴동산에서 아담은 뱀에게 저항하지 못한 채 하나님의 뜻을 따르는 대신 자기 뜻대로 했습니다. 겟세마네 동산에서 두 번째 아담이신 예수님은 하나님 아버지의 목적과 계획에 온전히 복종하셨습니다. 십자가의 죽음에 기꺼이 복종하셨습니다. 예수님은 배반당해 체포되어 재판받으실 때, 말씀으로나 행동으로나 하나님의 아들로서의 정체성을 나타내 보이셨습니다.

- **선교적 적용**

  하나님은 우리에게 잃어버린 자를 찾아 구하시는 예수님의 구원의 발자취를 따름으로써 고난을 기꺼이 받아들이라고 명령하십니다.

Session Plan

도입

유명인의 체포를 언급하는 것으로 시작하십시오. 유명인의 체포는 보통 사람들의 체포보다 더 충격적이라는 사실을 강조해 주십시오. 그러나 아마도 예수님의 체포만큼 충격적인 일은 없을 것입니다.

신뢰했던 사람이 실망시키거나 기대가 충족되지 않았을 때, 우리는 어떤 식으로 반응하곤 합니까?

자신이 하지 않은 일 때문에 비난받거나 처벌받은 적이 있습니까? 그때 당신은 어떻게 반응했습니까?

믿는 자들에게 영생을 주기 위해 하나님 아버지께 순종하신 예수님에 관해 간략하게 말해 주십시오. 부록 2: '예수님의 고난 주간'을 참고해 이 세션을 세션 3과 연결해 주십시오. '최후의 만찬' 후에 예수님과 제자들은 찬양을 부르며 겟세마네 동산으로 향했습니다.

전개

1 예수님은 고난과 진노의 잔을 마시기로 결정하셨습니다 (마 26:36~46)

자원자에게 마태복음 26장 36~46절을 읽게 하십시오. 마태복음 26장에서 강조하는 것은 문자적인 의미의 잔이 아니라 하나님의 진노라는 것을 설명해 주십시오.

사람들이 성배의 전설에 집착하는 이유는 무엇일까요?

예수 그리스도의 참 복음은 이런 집착에 어떻게 답하고, 그들의 기대를 어떻게 넘어섭니까?

겟세마네 이야기에서는 다양한 씨름이 벌어지고 있음을 강조해 주십시오. 그리고 나서 예수님이 자기 앞에 놓인 '잔'을 피하기 위해 기도하셨던 것에 관해 토론하게 하십시오. '잔'은 구약에서 심판과 진노를 상징하는 것으로 여겨져 왔다는 사실을 알려 주십시오. 예수님은 자신을 기다리고 있는 운명을 위해 세 번이나 기도하셨지만, 역설적이게도 그 운명은 주님의 통제 아래 있었다는 것을 기억하게 해 주십시오.

본문에서 예수님에 관해 무엇을 배울 수 있습니까?

마태복음 26장 47~56절을 읽으십시오. 구약의 예언들이 그리스도의 오심에 관해 얼마나 깊이 있는 의미를 담고 있는지 설명해 주십시오.

2

예수님은 성경에 예언된 하나님 아버지의 계획을 따르셨습니다 (마 26:47~56)

이스라엘을 위해 오실 메시아를 언급한 구약의 예언에는 어떤 것들이 있습니까?

구약이 예수님의 탄생, 삶, 죽음, 부활 등 많은 사건을 예언했다는 것이 왜 중요할까요?

체포되는 상황에서 보여 주신 예수님의 자제력에 주목하게 해 주십시오. 예수님은 성경의 예언을 따르기로 굳게 결심하셨습니다. 부록 3: '예수님의 고난'을 통해 배반과 포기에 관한 예수님의 고난에 집중하게 해 주십시오.

왜 제자들은 그날 밤의 사건과 임박한 배반과 예수님의 죽음에 관한 예언을 연결시키지 못했을까요?

믿음 때문에 부당한 대우를 받을 때, 예수님의 본을 따라 자제력을 보인 적이 있습니까?

마태복음 26장 57~68절을 읽으십시오. 메시아로서의 정체성에 관해 질문을 받으셨을 때, 예수님이 침묵하신 것에 주목하게 해 주십시오. 예수님의 신성 모독에 관한 혐의의 근거를 설명해 주십시오.

3

예수님은 자신이 메시아임을 확증하셨습니다 (마 26:57~68)

교회를 향한 세상의 비난에는 어떤 것들이 있습니까? 그중에 우리가 거부하거나 포용해야 할 것은 무엇이며, 그 이유는 무엇입니까?

예수님이 그들의 질문에 대답하심으로써 자기 운명을 어떻게 결정지으셨는지 말해 주십시오.

신성 모독에 관한 고소는 거룩하신 하나님 앞에서 우리의 죄인 됨과 어떤 관련이 있습니까?

결론

예수님은 하나님의 진노의 잔을 온전히 마심으로써 버림받으시고, 죄와 슬픔과 죽음을 경험하셨습니다. 이로 인해 우리는 이러한 고통을 영원히 겪지 않게 되었습니다. 이 세션에서 배운 진리를 '하나님의 계획, 우리의 사명'에서 적용해 보십시오.

Session Content

4. 구원자 예수님이 붙잡히시다

> "예수님은 '만일 할 만하시거든 이 잔을 내게서 지나가게 하옵소서'라고 기도하심으로써 인간적인 면을 보여 주셨습니다. 그럼에도 불구하고 예수님은 '그러나 나의 원대로 마시옵고 아버지의 원대로 하옵소서'라고 말씀하심으로써 자신의 덕과 자제력을 보여 주셨습니다. 이것은 본능적으로 물러서게 될 때조차 하나님을 따라야 한다는 것을 우리에게 가르쳐 줍니다."[1]
> _요한 크리소스톰

도입

타블로이드 잡지나 웹사이트들은 유명인의 체포를 뒤쫓는 것으로 많은 돈을 벌고 있습니다. 어떤 것들은 그렇게 충격적이지 않지만, 또 어떤 것들은 다소 놀랍습니다.

> Leader
신문, 잡지, 포털사이트 등에 영화배우나 TV 연기자가 체포되었다는 충격적인 머리기사가 종종 실리곤 합니다. 사람들은 종종 배우와 극 중 역할을 동일시해 이런 기사에 충격을 더 크게 받습니다.

아마도 지금까지 예수님의 체포만큼 충격적인 사건은 없었을 것입니다. 수년 동안 예수님의 제자들은 예루살렘 입성이 곧 왕좌에 오르는 길이 될 것이라고 짐작해 왔습니다. 자신의 체포와 고난에 관한 예수님의 반복된 예언이 제자들의 흥분을 조금은 누그러뜨렸을 수 있지만, 그들의 기대와 희망을 막지는 못했습니다. 하지만 성전을 정화하건 로마를 전복시키건 간에 예수님은 제자들이 생각했던 것처럼 사람들을 포로나 죽음으로 이끌기 위해서가 아니라, 자유와 생명으로 이끌기 위해 그곳에 계셨습니다. 게다가 지금까지 존재한 사람들 가운데 그분만이 유일하게 죄가 없는 분이셨습니다.

Q 신뢰했던 사람이 실망시키거나 기대가 충족되지 않았을 때, 우리는 어떤 식으로 반응하곤 합니까?

Q 자신이 하지 않은 일 때문에 비난받거나 처벌받은 적이 있습니까? 그때 당신은 어떻게 반응했습니까?

Session Summary

하나님의 아들이자 인자이신 예수님은 믿는 자들에게 영생을 주기 위해 하나님 아버지께 순종하셔서 고난과 진노의 잔을 마시기로 결정하셨습니다. 예수님은 배반당하시고, 거짓 고발과 조롱과 학대와 죽음을 견디셔야 함에도 불구하고 하나님 아버지께서 예언하신 계획을 받아들이셨고, 약속된 메시아, 세상의 구원자로서의 사명을 성취하셨습니다.

전개

1. 예수님은 고난과 진노의 잔을 마시기로 결정하셨습니다

(마 26:36~46)

36이에 예수께서 제자들과 함께 겟세
마네라 하는 곳에 이르러 제자들에게
이르시되 내가 저기 가서 기도할 동안
에 너희는 여기 앉아 있으라 하시고
37베드로와 세베대의 두 아들을 데리
고 가실새 고민하고 슬퍼하사 38이에
말씀하시되 내 마음이 매우 고민하여
죽게 되었으니 너희는 여기 머물러 나
와 함께 깨어 있으라 하시고 39조금 나아가사 얼굴을 땅에 대시고 엎드려 기도
하여 이르시되 내 아버지여 만일 할 만하시거든 이 잔을 내게서 지나가게 하옵
소서 그러나 나의 원대로 마시옵고 아버지의 원대로 하옵소서 하시고 40제자들
에게 오사 그 자는 것을 보시고 베드로에게 말씀하시되 너희가 나와 함께 한 시
간도 이렇게 깨어 있을 수 없더냐 41시험에 들지 않게 깨어 기도하라 마음에는
원이로되 육신이 약하도다 하시고 42다시 두 번째 나아가 기도하여 이르시되 내
아버지여 만일 내가 마시지 않고는 이 잔이 내게서 지나갈 수 없거든 아버지의
원대로 되기를 원하나이다 하시고 43다시 오사 보신즉 그들이 자니 이는 그들의
눈이 피곤함일러라 44또 그들을 두시고 나아가 세 번째 같은 말씀으로 기도하
신 후 45이에 제자들에게 오사 이르시되 이제는 자고 쉬라 보라 때가 가까이 왔
으니 인자가 죄인의 손에 팔리느니라 46일어나라 함께 가자 보라 나를 파는 자
가 가까이 왔느니라

심화 주석 예수님은 외로이 홀로 기도하시며 아버지의 뜻 아래 자신을 두셨습니다. 자신 앞에 놓인 고난(참조, 마 27:46)을 예견하시고 그것을 피할 수 있기를 바라셨지만, 하나님 아버지의 계획에 순종하기로 하셨습니다. 이것이 예수님이 제자들에게 가르쳐 주신 기도(마 6:10)의 모범입니다. 또한 예수님의 기도는 늘 깨어 있으라는 권고와 육신의 나약함에 대한 인정을 보여 주었습니다(마 26:41). 예수님은 사탄에게 유혹받을 때 보여 주셨던 하나님 중심의 사고방식(마 4:1~11)을 다시금 보여 주셨습니다. 예수님은 떡이 있든 없든 하나님의 말씀에 따라 사실 것입니다. 하나님을 시험하지 않고, 오직 하나님만 예배하실 것입니다. 고난과 죽음의 길을 가야 할지라도 하나님의 뜻을 열망하며 그 뜻대로 행하실 것입니다.[2]

_데이비드 L. 터너

"가장 거룩하신 탄원자께서 겟세마네에서 그 잔이 자기에게서 지나가기를 세 번이나 기도하셨습니다. 그러나 그렇게 되지 않았습니다."[3]

_C. S. 루이스

핵심교리 99

60. 속죄 제물이신 그리스도

하나님은 의롭고 거룩한 분이시기에 사람이 하나님과 화해하기 위해서는 죄를 반드시 속죄받아야 합니다. 속죄 제물이신 그리스도의 죽음은 죄에 대한 하나님의 진노를 가라앉히고, 만족시킵니다. 우리 죄를 위한 그리스도의 속죄는 죄인을 향한 하나님의 크신 사랑(요일 4:19)과 죄에 대한 형벌로 반드시 치러야만 할 대가(롬 3:25)를 동시에 보여 줍니다.

"경계하지 않고 기도하지 않으면서 게으른 사람은 심각한 유혹의 순간을 견딜 수 없을 것입니다. 기도하지 않는 것은 하나님의 말씀에 불순종하는 것입니다. 기도하지 않는 것은 저주나 욕설을 퍼붓는 것처럼 하나님께 죄를 짓는 것입니다."[4]

_H. A. 아이언사이드

심화토론

- 사람들이 분노하시는 하나님을 상상하고 받아들이기 어려워하는 이유는 무엇일까요?
- 하나님의 진노는 변덕스럽고 불공평한 것이 아니라, 정당하며 공평하다는 사실을 알리기 위해 어떻게 해야 할까요?

성배의 전설은 수 세기 동안 서구 세계 사람들의 마음을 사로잡았습니다.

> Leader 전설에 따르면, 예수님이 최후의 만찬에서 드셨던 잔에 십자가에서 쏟으신 예수님의 피를 담았다고 합니다. 이 이야기는 소설과 시에 영감을 불어넣었고, 심지어 영화의 줄거리로도 발전했습니다. 이 신성한 잔이 영생을 가져다준다는 전설 때문에 아서왕이나 인디아나 존스 같은 사람들이 성배를 찾기 위해 원정을 떠나기도 했습니다.

예수님은 최후의 만찬에서 문자 그대로 잔으로 포도주를 드셨는데, 마태복음 26장은 구약의 예언 문학에서처럼 그 잔이 하나님의 진노의 잔이라고 은유적으로 강조합니다. 예수님은 하나님의 진노가 가득한 잔을 비우심으로써 믿는 자들에게 영생을 선사하셨습니다. 그러므로 우리는 영생을 얻기 위해 성배를 찾을 필요가 없습니다. 우리는 단지 그리스도를 깊이 신뢰하면 됩니다.

Q 사람들이 성배의 전설에 집착하는 이유는 무엇일까요?

Q 예수 그리스도의 참 복음은 이런 집착에 어떻게 답하고, 그들의 기대를 어떻게 넘어섭니까?

> Leader 겟세마네는 예수님의 제자들에게는 친숙한 모임 장소였습니다(눅 22:39; 요 18:2). 겟세마네는 감람산의 서쪽 경사면에 있던 작은 올리브 과수원으로, '기름 짜는 틀'이라는 뜻을 가지고 있었습니다. 아마도 올리브 나무에서 기름을 압착해 내는 틀이 그곳에 있었기 때문일 것입니다.

겟세마네 동산의 밤에 관한 이야기에서는 다양한 씨름이 벌어집니다. 제자들은 깨어 있기 위해 씨름하고, 예수님은 깨어 있지 못하는 제자들과 씨름하십니다. 훗날 베드로는 경비병들과 씨름하고, 모든 제자가 이 모든 일을 이해하기 위해 투쟁할 것입니다. 그러나 지금 가장 큰 싸움은 예수님 자신과의 씨름일 것입니다. 야곱이 밤새도록 하나님과 씨름했던 것처럼, 예수님은 자신의 묵직한 정체성, 사명과 투쟁하십니다.

예수님은 평소처럼 홀로 그날 밤을 맞이하셨습니다(막 1:35; 6:46; 눅 5:16). 그러나 그날의 기도는 평소와 같지 않았습니다. 하나님의 아들이신 예수님은 자신 앞에 놓인 '잔'을 마주하고, 슬픔에 잠기셨습니다.

'잔'은 구약에서 심판과 진노를 나타내는 친숙한 상징이었습니다(참조, 시 11:6; 사 51:17; 겔 23:33). 죽음은 가장 용감한 자들조차 냉정을 잃게 만듭니다. 고문과 십자가형의 위협은 임박한 실재였습니다. 그런데 예수님은 더 심각한 문제에 직면하셨습니다. 거룩하신 하나님의 진노와 심판이 가득한 잔이 그분 앞에 놓여 있었기 때문입니다. 그것을 다 들이키면, 예수님은 버림받으시고 죄와 슬픔과 죽음을 온전히 짊어지게 되실 것입니다.

예수님은 세 차례에 걸쳐 기도하셨는데, 그때마다 자신을 기다리는 운명을 감당하리라 다짐하셨습니다. 그 운명은 역설적이게도 그분의 통제 아래 있었습니다(요 10:17~18). 기도하고 나서 제자들에게 돌아오실 때마다 그들은 잠들어 있었습니다. 곧 하나님 아버지께 버림받게 되실 텐데, 먼저 제자들에게서 버림받는 씁쓸함을 맛보셨습니다. 그분은 홀로 그 잔을 받으실 것입니다.

> Leader
> 세 번의 기도를 드리신 예수님은 검과 창을 든 갑옷 입은 사람들이 그 밤의 침묵을 깨고 다가오는 소리에 일어나셨습니다. 그분을 감싸고 있는 어둠 속에서 불빛이 깜빡이며 춤을 추었습니다. 완전히 마음을 굳히신 예수님이 그 잔을 다시금 받아들이셨습니다.

Q 본문에서 예수님에 관해 무엇을 배울 수 있습니까?

2. 예수님은 성경에 예언된 하나님 아버지의 계획을 따르셨습니다(마 26:47~56)

47말씀하실 때에 열둘 중의 하나인 유다가 왔는데 대제사장들과 백성의 장로들
에게서 파송된 큰 무리가 칼과 몽치를 가지고 그와 함께하였더라 48예수를 파
는 자가 그들에게 군호를 짜 이르되 내가 입 맞추는 자가 그이니 그를 잡으라 한
지라 49곧 예수께 나아와 랍비여 안녕하시옵니까 하고 입을 맞추니 50예수께서
이르시되 친구여 네가 무엇을 하려고 왔는지 행하라 하신대 이에 그들이 나아
와 예수께 손을 대어 잡는지라 51예수와 함께 있던 자 중의 하나가 손을 펴 칼을
빼어 대제사장의 종을 쳐 그 귀를 떨어뜨리니 52이에 예수께서 이르시되 네 칼
을 도로 칼집에 꽂으라 칼을 가지는 자는 다 칼로 망하느니라 53너는 내가 내 아
버지께 구하여 지금 열두 군단 더 되는 천사를 보내시게 할 수 없는 줄로 아느냐
54내가 만일 그렇게 하면 이런 일이 있으리라 한 성경이 어떻게 이루어지겠느냐
하시더라 55그때에 예수께서 무리에게 말씀하시되 너희가 강도를 잡는 것같이
칼과 몽치를 가지고 나를 잡으러 나왔느냐 내가 날마다 성전에 앉아 가르쳤으

심화 주석 마태는 독자들에게 예수님이 체포 상황을 주도하고 계심을 보여 줍니다. 예수님은 지금 일어나고 있는 일을 이미 제자들에게 말씀해 주셨습니다. 주님은 먼저 유다를 책망하시고, 검으로 대제사장의 종을 다치게 한 제자와 자신을 체포하기 위해 온 큰 무리를 책망하십니다. 이것은 두려워 도망치는 자의 태도가 아니라, 침착하게 하나님의 뜻을 행하는 주권자의 행위입니다.[5]

_레온 모리스

심화 주석 유다의 배반의 입맞춤(마 26:49)은 잠언 27장 6절의 상황을 보여 줍니다. … 열두 군단 더 되는 천사를 청하실 수 있다는 예수님의 말씀은(마 26:53) 열왕기하 6장 17절에서 엘리사가 왕에게 그들을 둘러싼 불말과 불병거가 산에 가득한 것을 보라고 말한 것과 비교되며 대조를 이룹니다. 마태복음 26장 56절에서 예수님이 "선지자들의 글을 이루려 함"이라고 하신 말씀은 마태복음 2장 23절과 같은 몇몇 예언들에서 볼 수 있는 일반적인 주제를 염두에 두고 하신 말씀입니다. 가장 직접적으로는 이사야서에 묘사된 종의 고난에서 절정에 이르는, 다양한 종의 노래를 떠올릴 수 있습니다(사 53:13~53:12).[6]

_크레이그 L. 블롬버그

> "하나님의 언약인 신약과 구약은 하나님의 섭리에 관한 장면들을 수없이 묘사합니다. … 이 멋진 책을 통해 생명과 불멸(영생)이 점차 드러나듯이 우리와 함께하시는 임마누엘의 하나님과 온 세상을 다스리시는 그분의 나라도 그러합니다."[7]
> _존 웨슬리

심화 주석 예수님은 자신이 직면한 현실을 등에 지고 겟세마네로 가셨습니다. 배반과 시련과 육체적·영적 고통이 연달아 그분의 마음을 짓눌렀습니다. 주님은 하나님 백성의 역사가 감람산과 관련 있다는 사실을 기억하셨던 모양입니다. 주님은 기드론 시냇가의 선지자들과 농부들의 무덤을 보시고 죽음의 현실을 상기하셨습니다. 아마도 감람산에서 있을 마지막 심판에 관한 예언을 기억하셨을 것입니다(슥 14:4). 바로 그 산 위에서 예수님은 장차 있을 신자들의 박해에 관해 설교하신 바 있습니다(막 13:3~37). 이제 주님은 자신이 당할 박해와 죽음을 몇 시간 앞둔 채, 겟세마네에서 기도하며 고뇌하십니다.[8]

_대릴 우드
Biblical Illustrator

되 너희가 나를 잡지 아니하였도다 [56]그러나 이렇게 된 것은 다 선지자들의 글을 이루려 함이니라 하시더라 이에 제자들이 다 예수를 버리고 도망하니라

> Leader: 크리스토퍼 놀란 감독의 〈인셉션〉은 꿈의 개념을 이용해 삶과 현실의 의미를 시험하는 황홀한 영화입니다. 행동의 대부분이 꿈속에서 일어나기 때문에 각 인물은 저마다 독특한 상징물을 하나씩 가지고 있는데, 이것이 실제 세계와 그들을 연결해 줍니다. 그 상징물은 꿈에서 한 가지 방식으로 기능하고, 실제 세계에서는 또 다른 방식으로 기능합니다. 그래서 상징물을 보면, 자신이 꿈을 꾸고 있는지 아닌지를 분명히 알 수 있습니다.

구약의 예언들은 장차 오실 메시아를 나타내기 위해 소망 가운데 쓰였습니다.

> Leader: 그 예언들은 꿈을 계시했다기보다는 오히려 장차 오실 메시아를 가리키는 개개인의 소망을 나타내는 상징물로 생각해 볼 수 있습니다. 상징물은 그것과 관련된 사람이 아닌 다른 사람에게는 쓸모없는 물건이 되는 법입니다.

이 예언서들은 '오실 그리스도'의 관점에서 봐야만 심오한 뜻과 의미가 있습니다.

Q 이스라엘을 위해 오실 메시아를 언급한 구약의 예언에는 어떤 것들이 있습니까?

Q 구약이 예수님의 탄생, 삶, 죽음, 부활 등 많은 사건을 예언했다는 것이 왜 중요할까요?

> Leader: 우리는 앞서 최후의 만찬을 둘러싼 사건들에 나타난 유다의 동기를 살펴본 바 있습니다. 다락방에서 혼자 나갔던 유다가 저항이 발생하면 진압하려고 무기를 든 자들과 함께 돌아왔습니다. 대제사장들과 장로들은 수년 간의 반대가 절정에 달하는 동안 아무런 기회를 잡지 못했습니다. 그날 밤이 기회일 수 있었습니다. 이 밤에 그들은 이 '그리스도'를 짓밟을 수 있었습니다.

배우자와의 입맞춤은 친밀감과 즐거움을 나타냅니다. 부모의 입맞춤은 자녀에게 보호와 기쁨을 전달합니다. 반려견의 입맞춤은 충성의 표시입니다. 그런데 본문 속 입맞춤은 기만과 배반을 의미합니다. 유다는 "랍비여 안녕하시옵니까"(49절)라고 말했지만, 이는 반역과 배반의 말이었습니다. 그는 낯선 이가 아닌 친구였습니다. A. B. 브루스의 말대로, 유다를 "열 둘 중의 하나"(47절)로 부른 사실이 "반복되고 있는 것은 정보를 위해서가 아니라, 그와 같은 일이 일어날 수 있었던 사도적 교회의 참상을 문학적으로 반영한 것입니다."[9]

> Leader

경비병들이 예수님을 붙잡자, 예수님의 제자들 가운데 한 명이 칼을 빼 가장 가까운 사람을 베었고, 대제사장의 종 가운데 한 사람의 귀가 떨어져 나갔습니다. 공관복음(마태복음, 마가복음, 누가복음)은 누가 그 검을 사용했는지 분명하게 언급하지 않습니다. 아마도 당시에 당사자가 살아 있었고, 그에게 복음 전파 사역에 대한 배반죄에 살인 미수까지 더할 필요가 없었기 때문일 것입니다. 하지만 요한이 복음서를 기록할 때는 베드로가 이미 순교한 뒤였을 것이기에 그 이름을 자유롭게 말할 수 있었던 것 같습니다(요 18:10). 예수님은 원수를 위해서도 죽으실 분이기에(롬 5:8) 부상당한 적에게 연민을 보이신 것은 그리 놀라운 일이 아닙니다. 예수님은 귀가 잘린 사람을 만져 고쳐 주심으로써 놀라운 긍휼을 베풀어 주셨습니다.

"예수께서 일러 이르시되 이것까지 참으라 하시고 그 귀를 만져 낫게 하시더라" (눅 22:51).

경비병들이 예수님을 붙잡았습니다. 하지만 누구도 예수님의 생명을 빼앗아 갈 수는 없었습니다. 주님은 이전에 이미 그것을 분명히 말씀하셨습니다(요 10:18). 만약 빠져나가길 원하셨다면, 무리 가운데로 지나가실 수 있었습니다(눅 4:30). 싸우길 원하셨다면, 열두 군단도 더 되는 천사들을 불러오실 수 있었습니다. 폭풍을 잠재우실 수 있고, 물 위로 걸으실 수 있으며, 사탄을 잠잠케 하실 수 있는 분이니 무리도 통제하실 수 있었습니다. 그러나 예수님은 번개나 불로 다스리시기보다는 자제력을 발휘하셨습니다.

이 위기의 순간에 어떤 후퇴나 반란이나 구조도 없을 것입니다. 예수님은 성경이 예언했던 것을 받아들이기로 굳게 결심하셨습니다(참조, 시 55:12~14; 슥 13:7).

> Leader

구약 예언의 성취는 유대인 청중을 위해 히브리적 관점으로 기록된 마태복음에서 더욱 분명하게 나타납니다. 마태복음은 예수님이 구약의 기대와 희망을 성취하셨다는 것을 다른 복음서들보다 훨씬 더 다양한 방법으로 설명합니다. 마태는 예수님의 탄생(마 1:22~23)에서부터 세례(3:15), 예루살렘 입성(21:4~5), 겟세마네 동산의 사건에 이르기까지를 성취로 봅니다. 아마도 이 이야기에서 성경 구절들이 연결되어 성취가 일어난 듯합니다(참조, 시편 55:12~14; 슥 13:7).

다시 말하자면, 여기 한 구절, 저기 한 구절이 성취되었다는 것 이상의 의미가 있다는 뜻입니다. 마치 예수님 안에서 성경의 궁극적인 목적을 발견하듯이, 예수님이 하신 모든 일이 성경의 예언을 성취하기 위함이라고 말할 수 있습니다.

심화 주석

예수님은 자신이 이스라엘을 구원할 인간 메시아일 뿐만 아니라, 다니엘 7장 13~14절에서 예언된 거룩한 인자와 시편 110편 1~2절에서 묘사된 하나님의 오른편에 앉으신 거룩한 존재라고 선포하셨습니다. …

예수님은 자신의 정체성을 규정하기 위해 공생애 동안 사용하셨던 '인자'라는 칭호를 이제 가야바와 산헤드린 앞에서도 오해의 여지없이 분명하게 밝히셨습니다. 그들이 다음에 예수님을 뵐 때는, 예수님이 영원히 다스리시는 영원한 왕으로 오실 때일 것입니다. 예수님은 메시아요, 하나님의 아들이십니다. 그러나 그들은 도저히 상상할 수조차 없는 고귀한 방식으로 이 땅에 오셨습니다. 예수님은 자신을 하나님과 동등하게 말씀하십니다. 유대인들은 메시아가 하나님이실 수 있다는 사실을 믿지 않았습니다. 그러나 예수님은 여호와 하나님과 신적인 관계를 유지하는 것을 보여 주심으로써 그들을 당혹케 하셨습니다.[10]

_마이클 J. 윌킨스

심화 주석 '예수 그리스도'는 이름인 동시에 칭호입니다. '예수'라는 이름은 '여호와/구주' 또는 '주가 구원하신다'라는 뜻을 지닌 '예수아' 또는 '여호수아'라는 헬라어에서 유래되었습니다. '그리스도'는 '메시아'(히브리어로 '마쉬아흐'. 참조, 단 9:26)에 해당하는 헬라어에서 유래되었으며, '기름 부음 받은 자'라는 뜻입니다.[11]

_조쉬 맥도웰

"이에 모세와 모든 선지자의 글로 시작하여 모든 성경에 쓴 바 자기에 관한 것을 자세히 설명하시니라"(눅 24:27).

"하나님의 약속은 얼마든지 그리스도 안에서 예가 되니 그런즉 그로 말미암아 우리가 아멘 하여 하나님께 영광을 돌리게 되느니라"(고후 1:20).

그날 밤에 일어난 모든 일은 예언된 것이었습니다. 그러나 어둠 속에 있는 제자들에게 그것은 위로가 되지 않았습니다. 예수님은 하나님 아버지의 공급하심과 계획에 흔들림이 없으셨지만, 제자들은 떨며 두려워했습니다. 구약의 메시지가 그날 밤의 사건을 조명하고 있었지만, 제자들은 어둠 속에서 그리스도를 인식하는 데 실패했습니다. 이 이야기는 더 큰 성취가 없이는 끝나지 않을 것입니다. 하지만 이제 양들은 흩어져 버렸고, 목자는 어두운 골짜기를 기꺼이 가로질러 예루살렘성을 향해 나아갑니다.

Q **왜 제자들은 그날 밤의 사건과 임박한 배반과 예수님의 죽음에 관한 예언을 연결시키지 못했을까요?**

Q **믿음 때문에 부당한 대우를 받을 때, 예수님의 본을 따라 자제력을 보인 적이 있습니까?**

3. 예수님은 자신이 메시아임을 확증하셨습니다(마 26:57~68)

57 예수를 잡은 자들이 그를 끌고 대제사장 가야바에게로 가니 거기 서기관과
장로들이 모여 있더라 58 베드로가 멀찍이 예수를 따라 대제사장의 집 뜰에까지
가서 그 결말을 보려고 안에 들어가 하인들과 함께 앉아 있더라 59 대제사장들과
온 공회가 예수를 죽이려고 그를 칠 거짓 증거를 찾으매 60 거짓 증인이 많이 왔
으나 얻지 못하더니 후에 두 사람이 와서 61 이르되 이 사람의 말이 내가 하나님
의 성전을 헐고 사흘 동안에 지을 수 있다 하더라 하니 62 대제사장이 일어서서
예수께 묻되 아무 대답도 없느냐 이 사람들이 너를 치는 증거가 어떠하냐 하되
63 예수께서 침묵하시거늘 대제사장이 이르되 내가 너로 살아 계신 하나님께 맹
세하게 하노니 네가 하나님의 아들 그리스도인지 우리에게 말하라 64 예수께서
이르시되 네가 말하였느니라 그러나 내가 너희에게 이르노니 이후에 인자가 권
능의 우편에 앉아 있는 것과 하늘 구름을 타고 오는 것을 너희가 보리라 하시니
65 이에 대제사장이 자기 옷을 찢으며 이르되 그가 신성 모독하는 말을 하였으니
어찌 더 증인을 요구하리요 보라 너희가 지금 이 신성 모독하는 말을 들었도다

66너희 생각은 어떠하냐 대답하여 이르되 그는 사형에 해당하니라 하고 67이에 예수의 얼굴에 침 뱉으며 주먹으로 치고 어떤 사람은 손바닥으로 때리며 68이르되 그리스도야 우리에게 선지자 노릇을 하라 너를 친 자가 누구냐 하더라

> Leader

예수님은 생애 대부분을 진짜 정체를 감춘 채 사셨습니다. 몇몇 사람은 그분의 신적인 정체성을 인식하기도 했지만, 그들에게는 대부분 침묵이 요구되었습니다. 이런 경향은 학자들에 의해 "메시아의 비밀"로 언급되었습니다. 자신에게 시선이 집중되는 것을 피하기 위해 그렇게 하신 것으로 보입니다(참조, 막 1:34, 44; 3:12; 5:43; 7:36; 8:30; 9:9).

그러나 이제 진실이 드러날 순간이 되었습니다. 예수님의 30년 생애와 3년 공생애의 절정에 이르렀습니다.

"예수님의 진정한 제자는 예수님이 행하신 것처럼 하나님의 뜻에 순종하는 사람입니다. 예수님이 사람들을 부르신 이유는 하나님에게 책임 있는 사람이 되고 주님의 뜻대로 살아가게 하기 위해서였습니다. 예수님을 안다는 것은 삶에서 종교 부분을 떼어 삶과 연관성이 없는 지식으로 삼는 것을 의미하지 않습니다."[12]
_레베카 맨리 피펏

"네가 하나님의 아들 그리스도인지 우리에게 말하라"(63절)라는 대제사장의 목소리는 경멸로 가득했습니다. 예수님의 침묵이 제사장들을 격분시켰음이 분명합니다. 그들이 예수님께 위협을 느낀 이유 가운데 하나는 예수님이 그들의 권위와 통제를 위태롭게 했기 때문입니다. 그들은 자신들이 쉽게 우세한 상황을 차지할 것으로 예측했지만, 예수님은 계속해서 침묵하셨습니다. 온 공회가 나서서 거짓 증거로 예수님을 고소하기 위해 증언대에 섰습니다. 그러나 많은 사람이 거짓을 말했기 때문에 그들의 증언은 서로 모순되었습니다. 마침내 두 명의 증인이 앞으로 나와 예수님이 성전을 헐뜯는 말을 한 적이 있다고 고소했습니다(참조, 마 12:6; 막 13:2; 요 2:19~21). 당시 성전은 단순한 건물일 뿐 아니라 하나님이 거하시는 곳으로 여겨졌습니다. 그러므로 성전을 헐겠다는 것은 하나님에 대한 위협이었습니다. 신성 모독은 그들이 예수님을 처벌할 수 있는 고소거리였습니다. 만약 예수님이 자신이 주장한 그분이 아니셨다면, 그들의 고소는 정당화될 수 있었을 것입니다.

Q 교회를 향한 세상의 비난에는 어떤 것들이 있습니까? 그중에 우리가 거부하거나 포용해야 할 것은 무엇이며, 그 이유는 무엇입니까?

살아계신 하나님께 맹세하라는 요구에 마침내 예수님이 말씀하기 시작하셨습니다. "네가 말하였느니라"(64절)라는 예수님의 대답은 수수께끼처럼 들리지만, 그것은 고소에 대한 강한 확인을 나타내는 관용적 표현에 가까웠습니다. 그럼에도 불구하고 예수님의 다음 말씀은 고소를 확정하고, 스스로 유죄임을 드러내기에 충분한 것이었습니다.

"내가 너희에게 이르노니 이후에 인자가 권능의 우편에 앉아 있는 것과 하늘 구름을 타고 오는 것을 너희가 보리라"(마 26:64).

> Leader

이 말씀이 다니엘서 7장 말씀을 어떻게 상기시키는지 살펴보십시오.

"내가 또 밤 환상 중에 보니 인자 같은 이가 하늘 구름을 타고 와서 옛적부터 항상 계신 이에게 나아가 그 앞으로 인도되매 그에게 권세와 영광과 나라를 주고 모든 백성과 나라들과 다른 언어를 말하는 모든 자들이 그를 섬기게 하였으니 그의 권세는 소멸되지 아니하는 영원한 권세요 그의 나라는 멸망하지 아니할 것이니라"(단 7:13~14).

예수님은 다니엘서 7장 13~14절의 인자와 자신을 동일시하고 자신이 하늘에서 내려왔다고 말씀하심으로써 신성 모독에 관한 산헤드린의 고소거리를 두 배로 늘려 주셨습니다. 그 순간 모든 것이 분명해졌습니다. 그분은 신성 모독자이거나 복 받은 분입니다. 그리스도이거나 우상을 숭배한 극악무도한 죄인입니다. 지도자들에게 결론은 분명했습니다.

이 말씀으로 예수님은 자기 운명을 결정짓고, 생명을 내려놓을 준비를 하셨습니다. 어둠의 동산에서 시작된 일이 대낮의 골고다에서 곧 끝나게 될 것입니다.

Q 신성 모독에 관한 고소는 거룩하신 하나님 앞에서 우리의 죄인 됨과 어떤 관련이 있습니까?

결론

하나님의 진노는 많은 교회에서 다루는 대중적인 주제는 아닙니다. 받아들이기 힘겨운 진리이기 때문입니다. 특히 죄에 대한 하나님의 진노가 예수 그리스도의 복음을 알지 못하는 사람들에게 부어질 것을 생각하면, 더욱 그렇습니다.

십자가에 달리시기 전날 밤에 예수님은 어둠 속에서 자신의 정체성과 사명의 무게와 씨름하셨습니다. 우리 죄를 대속하고 우리를 대신해 하나님의 진노를 받으시기 위해 십자가를 향해 나아가셨을 때도, 예수님은 확고부동하셨습니다. 그 잔을 완전히 비우심으로써 예수님은 버림받으시고, 죄와 슬픔과 죽음을 경험하셨습니다.

예수님은 우리가 이러한 고통을 영원히 겪지 않도록 당신과 나를 위해 그렇게 하셨습니다. 하나님을 찬양합시다. 그리고 그분을 필요로 하는 세상을 향해 하나님의 아들께 드리는 찬양을 선포합시다.

그리스도와의 연결

에덴동산에서 아담은 뱀에게 저항하지 못한 채 하나님의 뜻을 따르는 대신 자기 뜻대로 했습니다. 겟세마네 동산에서 두 번째 아담이신 예수님은 하나님 아버지의 목적과 계획에 온전히 복종하셨습니다. 십자가의 죽음에 기꺼이 복종하셨습니다. 예수님은 배반당해 체포되어 재판받으실 때, 말씀으로나 행동으로나 하나님의 아들로서의 정체성을 나타내 보이셨습니다.

하나님의 계획 우리의 사명

선교적 적용 하나님은 우리에게 잃어버린 자를 찾아 구하시는 예수님의 구원의 발자취를 따름으로써 고난을 기꺼이 받아들이라고 명령하십니다.

1. 우리를 위해 "이 잔"을 마시기로 하신 예수님의 자발성과 결심은 복음 선교에 관한 생각과 마음을 어떻게 바꿔 놓습니까?

2. 어떻게 하면 교회/공동체에서 그리스도의 이름으로 고난받도록 부름받은 서로를 지지하고 격려할 수 있을까요(벧전 2:21)?

3. 어떻게 하면 교회/공동체가 죄에서 우리를 구원하기 위해 신성 모독이라는 거짓 고소를 당하신 메시아께 영광을 돌려드릴 수 있을까요?

금주의 성경 읽기
겔 33~40장

구원자 예수님이 십자가에 못 박히시다

5

Summary and Goal

이 세션에서는 그리스도의 죽음과 그 의미를 고찰해 볼 것입니다. 예수님의 십자가 처형은 잔인하고 부당했습니다. 그럼에도 불구하고 주님은 하나님 아버지께 순종하기 위해, 그리고 죄인들을 구원하기 위해 자기 생명을 기꺼이 내놓으셨습니다. 예수님은 희생 제물로서 우리를 대신해 죽으셨습니다. 십자가에 못 박힌 왕이신 예수님은 하나님의 참 지혜와 권능을 보여 주셨습니다. 그리고 버림받은 아들이 되어 우리 죄에 대한 형벌을 견디셨습니다. 그 덕분에 우리는 예수님 안에서 하나님의 의가 될 수 있었습니다.

- **성경 본문**
  마태복음 27:11~51

- **세션 포인트**
  1. 대속 제물이 되신 예수님(마 27:11~26)
  2. 십자가에 못 박히신 왕, 예수님(마 27:27~44)
  3. 버림받으신 하나님의 아들, 예수님(마 27:45~51)

- **신학적 주제**
  예수님은 죄의 형벌을 기꺼이 짊어지신 왕입니다.

- **그리스도와의 연결**
  예수님은 부당하게 죽음을 선고받으셨지만, 기꺼이 십자가를 지고 우리 죄에 합당한 심판을 대신 받으셨습니다. 예수님이 죽으신 순간 성전 휘장이 둘로 찢어졌습니다. 그것이 의미하는 것은 죄인들이 그리스도의 보혈을 통해 하나님께로 나아갈 수 있게 되었다는 것입니다. 예수님의 십자가는 역사의 중심이며, 하나님의 거룩과 공의의 계시이며, 우리의 죄악과 불의의 계시이며, 그리스도의 겸손과 사랑의 계시입니다.

- **선교적 적용**
  하나님은 우리에게 예수님의 십자가 죽음뿐만 아니라, 그 이유도 선포하라고 말씀하십니다.

도입

"'희생'이라는 말을 들으면, 무엇이 떠오릅니까?"라고 질문하십시오. 그러고 나서 1세기에 희생은 어떤 의미였고, 그리스도께서 십자가에 못 박히심은 어떤 의미였는지 설명해 주십시오.

그리스도께서 십자가에 못 박히신 것을 무의미하고 단순하게 여기지 않는 것이 중요한 이유는 무엇일까요?

그리스도께서 우리를 위해 성취하신 것이 무엇인지, 그것을 어떻게 성취하셨는지를 더 깊이 이해하고 감사하려면 어떻게 해야 할까요?

그리스도의 죽음과 의미에 관해 다루는 이 세션의 내용을 요약해 주십시오.

전개

1 대속 제물이 되신 예수님 (마 27:11~26)

마태복음 27장 11~26절을 읽으십시오. 역사가 얼마나 악한 선택들로 가득한지를 언급하고 몇 가지 예를 제시한 후, 당시 예루살렘 군중의 선택이 역사상 가장 나쁜 선택이었음을 밝혀 주십시오.

우리는 어떤 식으로 예수님 대신 다른 것, 또는 다른 사람을 선택하곤 합니까?

빌라도가 유대인 지도자들을 압박해 예수님을 석방할 생각으로 백성들에게 예수님과 살인자 바라바 중 누구를 놓아 주기를 원하느냐고 물었을 때, 백성들이 바라바를 선택했음을 강조해 주십시오. 그러고 나서 우리는 바라바의 석방에서 우리 자신의 해방을 맛보게 된다는 것을 가르쳐 주십시오.

구약의 대속 제물에는 어떤 것들이 있습니까? 그것들은 우리를 위한 예수님의 대속과 어떤 관련이 있습니까?

갑작스럽게 모든 일이 자신에게 유리하게 바뀐 것에 대해 바라바는 어떻게 반응했을까요? 같은 상황에 처한다면 우리는 어떻게 반응해야 할까요?

2 십자가에 못 박히신 왕, 예수님 (마 27:27~44)

마태복음 27장 27~44절을 읽으십시오. 예수님에게 왕복을 입히고, 왕관을 씌운 것은 공의를 조롱한 것이었습니다. 그러나 예수님은 스스로 인간의 몸을 입고 죽음의 고통을 당하심으로써 왕으로서 높임을 받으셨습니다. 그 덕분에 우리는 죽음에서 생명을 볼 수 있게 되었습니다.

예수님이 '유대인의 왕'으로서 십자가에 못 박히심이 세상에 그분의 영광을 나타내신 것임을 어떻게 설명할 수 있습니까?

본문이 예수님이 당하신 '굴욕'을 보여 주는 동시에 하나님 아버지께 기꺼이 순종하기 위해 십자가를 지신 '겸손'을 보여 주고 있음을 설명해 주십시오.

왜 사람들은 십자가 위에서의 예수님의 영광을 이해하지 못할까요?

구약의 이야기 흐름과 세부적인 내용을 아는 것은 십자가에 못 박히신 왕의 영광을 이해하는 데 어떤 도움을 줍니까?

3 버림받으신 하나님의 아들, 예수님 (마 27:45~51)

자원자에게 마태복음 27장 45~51절을 읽게 하십시오. 예수님이 십자가에서 크게 소리 질러 이르신 내용(마 27:46)을 그 배경이 되는 시편 22편의 메시아적 의미와 연결해 이야기해 주십시오(부록 3: '예수님의 고난'을 참고해도 좋습니다). 그러고 나서 그때 일어난 지진과 휘장이 찢어진 사건의 의미에 관해 토론하게 하십시오.

골고다 사건은 하나님 아버지의 사랑과 그 아들의 사랑에 관해 무엇을 말해 줍니까?

비그리스도인이 "예수님은 왜 죽으셨는가" 하고 묻는다면, 어떻게 대답하겠습니까?

결론

복음의 기쁜 소식은 예수님이 죄로 인한 형벌을 기꺼이 받으신 왕이라는 사실임을 알려 주십시오. 예수님은 우리가 하나님께 용납되도록 스스로 버림받으셨습니다. 우리가 하나님의 자녀로 환영받을 수 있도록 주님이 정죄받으신 것입니다. 십자가는 믿고자 하는 모든 사람에게 예수님의 사랑과 영광을 보여 주기 위해 세워진 것임을 기억할 수 있게 도와주십시오. 이 세션에서 배운 진리를 '하나님의 계획, 우리의 사명'에서 적용해 보십시오.

Session Content

5. 구원자 예수님이 십자가에 못 박히시다

도입 옵션

모임에 앞서 칠판이나 큰 종이에 "희생이란 말을 들으면, 무엇이 떠오릅니까?"라는 질문을 써 놓으십시오. 인도자용 교재에 실린 예들을 말해 주고 잠시 생각하게 한 후, 앞으로 나와 칠판이나 큰 종이에 답을 적게 하십시오(도입부를 진행할 때, 그 답들을 참고해 주십시오). 그러고 나서 다음 질문을 나누십시오.

- 성경에서 '희생'의 의미는 무엇입니까? 예수님이 제물이 되셨다는 것의 의미는 무엇입니까?

도입

'희생'이라는 말을 들으면, 무엇이 떠오릅니까?

> Leader

야구 경기에서 베이스에 있던 주자를 다음 베이스로 진루시키기 위한 희생 번트를 떠올릴 수 있을 것입니다. 아니면 사순절에는 초콜릿을 안 먹는다거나, 갑작스러운 집안일로 계획했던 휴가를 포기하는 것을 떠올릴 수 있을 것입니다. 이것들은 어떤 면에서는 희생이라고 할 수 있지만, '희생'에 관한 성경적 의미를 전달하지는 못합니다.

1세기에는 '희생'이라고 하면, 대부분 피를 떠올렸습니다. 즉 희생은 제단 위에 누운 황소나 염소나 기타 동물들이 몸에서 생기가 빠지면서 버둥거리는 이미지를 표현하는 말이었습니다.

마찬가지로 그리스도의 십자가도 무의미하고 단순한 상징이 아닙니다. 매 맞고 피 흘리신 그분이 끔찍한 고통 중에 하늘과 땅 사이에 매달려 군중의 조롱 속에 서서히 숨이 끊어져 가는 이미지를 표현한 것입니다.

Q 그리스도께서 십자가에 못 박히신 것을 무의미하고 단순하게 여기지 않는 것이 중요한 이유는 무엇일까요?

Q 그리스도께서 우리를 위해 성취하신 것이 무엇인지, 그것을 어떻게 성취하셨는지를 더 깊이 이해하고 감사하려면 어떻게 해야 할까요?

Session Summary

이 세션에서는 그리스도의 죽음과 그 의미를 고찰해 볼 것입니다. 예수님의 십자가 처형은 잔인하고 부당했습니다. 그럼에도 불구하고 주님은 하나님 아버지께 순종하기 위해, 그리고 죄인들을 구원하기 위해 자기 생명을 기꺼이 내놓으셨습니다. 예수님은 희생 제물로서 우리를 대신해 죽으셨습니다. 십자가에 못 박힌 왕이신 예수님은 하나님의 참 지혜와 권능을 보여 주셨습니다. 그리고 버림받은 아들이 되어 우리 죄에 대한 형벌을 견디셨습니다. 그 덕분에 우리는 예수님 안에서 하나님의 의가 될 수 있었습니다.

전개

1. 대속 제물이 되신 예수님(마 27:11~26)

*11예수께서 총독 앞에 섰으매 총독이 물어 이르되 네가 유대인의 왕이냐 예수
께서 대답하시되 네 말이 옳도다 하시고 12대제사장들과 장로들에게 고발을 당
하되 아무 대답도 아니하시는지라 13이에 빌라도가 이르되 그들이 너를 쳐서 얼
마나 많은 것으로 증언하는지 듣지 못하느냐 하되 14한마디도 대답하지 아니하
시니 총독이 크게 놀라워하더라 15명절이 되면 총독이 무리의 청원대로 죄수 한
사람을 놓아 주는 전례가 있더니 16그때에 바라바라 하는 유명한 죄수가 있는
데 17그들이 모였을 때에 빌라도가 물어 이르되 너희는 내가 누구를 너희에게
놓아 주기를 원하느냐 바라바냐 그리스도라 하는 예수냐 하니 18이는 그가 그
들의 시기로 예수를 넘겨준 줄 앎이더라 19총독이 재판석에 앉았을 때에 그의
아내가 사람을 보내어 이르되 저 옳은 사람에게 아무 상관도 하지 마옵소서 오
늘 꿈에 내가 그 사람으로 인하여 애를 많이 태웠나이다 하더라 20대제사장들
과 장로들이 무리를 권하여 바라바를 달라 하게 하고 예수를 죽이자 하게 하였
더니 21총독이 대답하여 이르되 둘 중의 누구를 너희에게 놓아 주기를 원하느
냐 이르되 바라바로소이다 22빌라도가 이르되 그러면 그리스도라 하는 예수를
내가 어떻게 하랴 그들이 다 이르되 십자가에 못 박혀야 하겠나이다 23빌라도
가 이르되 어찌됨이냐 무슨 악한 일을 하였느냐 그들이 더욱 소리 질러 이르되 십
자가에 못 박혀야 하겠나이다 하는지라 24빌라도가 아무 성과도 없이 도리어 민
란이 나려는 것을 보고 물을 가져다가 무리 앞에서 손을 씻으며 이르되 이 사람
의 피에 대하여 나는 무죄하니 너희가 당하라 25백성이 다 대답하여 이르되 그
피를 우리와 우리 자손에게 돌릴지어다 하거늘 26이에 바라바는 그들에게 놓아
주고 예수는 채찍질하고 십자가에 못 박히게 넘겨주니라*

"그분은 모든 이의 목숨을 살리기 위해 자기 목숨을 잃으셨습니다. 모든 이의 승리자가 되기 위해 자신을 정복하기 원하셨습니다."[1]
_토리노의 막시무스

심화 주석 마태는 관행에 따라 이야기를 요약한 것이 분명합니다. 만약 빌라도가 예수님에게서 유대인의 왕인지 아닌지에 관한 답을 들은 것이 이야기의 전부였다면, 빌라도가 아무리 우유부단한 사람일지라도 그 '왕'을 처형하라는 선고를 내렸을 것입니다. 그러나 요한은 왕권의 본질에 관한 예수님과 빌라도 사이의 논쟁에서 예수님이 자신은 로마에 대항해 싸울 의도가 없으심을 분명히 하셨다고 전합니다. …
유대인들의 고소의 본질에 관해서는 의심의 여지가 없습니다. 그래서 마태는 그것을 자세히 설명하지 않습니다. 오히려 예수님이 "한마디도 대답하지 아니하시니"(마 27:14)라고 말합니다. 재판에서 예수님은 어느 단계까지는 계속 침묵하셨습니다. 마태는 예수님이 산헤드린이 제기한 문제들에 전혀 관심이 없으셨음을 보여 줍니다. 구체적인 진술은 중요하지 않습니다. 그들은 자신들의 고소를 반박하건 말건 예수님을 처형하기로 결정했기 때문입니다. …
빌라도나 산헤드린은 예수님이 가르치고 행하기 위해 오셨다는 데 관심이 없었고, 예수님은 자신에 대해 제기된 고소에 시간을 낭비하지 않으셨습니다.[2]
_레온 모리스

심화 주석 마태는 유월절에 유대인 죄수 한 명을 석방시켜 주는 로마의 관습을 설명하고, 로마인들이 악명 높은 바라바를 붙잡고 있었다고 덧붙입니다. 빌라도는 무리에게 예수님과 바라바 중에 한 사람을 선택하라고 제안했을 때, 그들이 예수님을 선택하리라고 생각했을 것입니다. 빌라도는 예수님에게 유죄를 선고할 실질적인 혐의가 없으며, 지도자들이 시기심 때문에 고소했다는 사실을 잘 알고 있었습니다. … 많은 고대 사본이 바라바의 이름이 예수 바라바였다고 전합니다. '아버지의 아들' 또는 '교사의 아들'이라는 뜻의 예수 바라바와 메시아로 불린 예수님 사이의 분명한 대조를 볼 수 있습니다.[3]

_데이비드 L. 터너

핵심교리 **99**

61. 대속 제물이신 그리스도

속죄의 중심은 십자가에서 죽으심으로써 친히 죄인들을 대신하신 '예수 그리스도'이십니다. 이 진리는 무죄한 희생을 통한 죄의 덮음과 죄책감을 제거받아야 하는 인간의 필요성이라는 구약의 희생 시스템을 배경으로 합니다. 하나님의 뜻을 완전하게 계시하시고 행하신 예수님은 인간의 본성을 입으셨고, 그 본성의 요구와 필요들을 짊어짐으로써 자신을 인류와 완전히 동일시하셨지만, 죄는 없으셨습니다. 예수님은 순종을 통해 하나님의 율법을 존중하셨으며, 십자가에서의 대속적 죽음을 통해 인류를 죄에서 구원해 주셨습니다.

역사는 나쁜 선택들로 가득합니다.

> Leader
>
> 조앤 K. 롤링의《해리 포터》는 열두 개 출판사에서 거절당했습니다. 힌덴부르크에서는 비행선에 헬륨 가스 대신 수소를 가득 채우는 바람에 대참사가 벌어졌습니다. 나폴레옹의 러시아 침공은 히틀러의 침공과 마찬가지로 막대한 손실을 안겼습니다.

아마 역사상 창조주이신 예수님 대신 살인자 바라바를 택했던 예루살렘 사람들의 선택보다 더 나쁜 결정은 없을 것입니다. 그러나 한편으로 한 사람이 세상을 구원하기 위해 죽은 것만큼 더 나은 결과도 없습니다.

Q 우리는 어떤 식으로 예수님 대신 다른 것, 또는 다른 사람을 선택하곤 합니까?

> Leader
>
> 침묵할 권리는 보편적인 권리가 아닙니다. 당시 이스라엘의 권리장전에는 분명히 없는 항목이었습니다. 총독과 대제사장이 질문하면 대답해야 했습니다. 그런데 예수님은 한마디도 하지 않으셨습니다. 주님은 제물로서 죽고자 하셨으므로 자기변호는 그 계획에 방해가 될 뿐이었습니다. 거짓 고소를 당하는데도 침묵하는 사람은 대체 어떤 성품을 가지고 있을까요? 결단력이 강해야만 그런 상황을 견뎌 낼 수 있을 것입니다. 예수님이 그러셨습니다. 결의가 분명하셨습니다. 빌라도 앞에서 묵비권을 행사한 사람이 예수님이 처음은 아니었을 것입니다. 그러나 자기 의와 맹렬한 저항을 넘어선 피고인의 침묵은 처음이었을 것입니다. 예수님은 단호하셨을 뿐만 아니라 차분하고 겸손하셨습니다.

빌라도는 이 일을 해결할 방법을 찾고 있었습니다. 그는 자기 눈앞에서 벌어지고 있는 일의 정황을 잘 알고 있었고, 대제사장들과 장로들에 대해서도 너무 잘 알고 있었습니다. 그는 예수님이 죽임을 당해야 할 만큼 잘못하지 않으셨다는 것을 알았을 뿐만 아니라, 대제사장들과 장로들이 자신들의 지위와 특권을 위협하는 것은 무엇이든 없애려 하는 자들이라는 것도 알았습니다.

빌라도는 유월절 기간에 대제사장들이나 장로들과 개인적으로 맞서는 것은 정치적으로 위험하다는 것을 잘 알고 있었기에 백성들로 하여금 그들의 지도자들을 압박하게 하기로 했습니다. 만약 무리가 예수님을 풀어 주라고 요청한다면, 대제사장들과 장로들도 별수 없이 예수님에 대한 고소를 취하하게 될 것입니다. 그들은 예수님을 공개적으로 체포하기에는 그분을 선지자로 보는 군중을 너무나도 의식하고 있었기 때문입니다(마 21:46).

바라바는 살인자이자 폭도였습니다. 그는 그에게 내려진 벌을 받기에 합당했습니다. 만약 무리가 예수님의 무죄를 외치지 않는다고 해도, 바라바와 같은 인물과 비교한다면 틀림없이 예수님 쪽이 무죄에 더 가깝다는 것을 알게 될 것입니다.

빌라도의 작전은 훌륭했지만, 인간의 사악함과 하나님의 신성한 계획으로 그의 작전은 실패하고 말았습니다. 결국 죄 없으신 이가 죽음으로 내몰리고, 죄인이 풀려나게 되었습니다.

> Leader

바라바의 석방에서 우리는 우리의 해방을 예견하게 됩니다. 로마제국에 대해서는 아니지만, 우리도 바라바처럼 반란죄를 지었기 때문입니다. 주님께 맞서 우주적 배반을 공모했던 우리는 죽어 마땅합니다. 예수님이 아니셨다면, 우리 역시 유죄 선고를 받기 위해 심판대 앞에 섰을 것입니다. 하지만 빌라도 앞에서 바라바를 대신해 주셨던 것처럼, 예수님은 하나님 아버지 앞에서 주님을 사랑하고 믿는 자들을 대신해 주십니다. 골고다로 향하신 예수님은 바라바를 대신할 뿐만 아니라 믿는 모든 사람을 대신하신 것입니다. 주님은 우리를 속죄하고 구속하기 위해 정죄받고, 십자가에 못 박히셨습니다(고후 5:21).

Q 구약의 대속 제물에는 어떤 것들이 있습니까? 그것들은 우리를 위한 예수님의 대속과 어떤 관련이 있습니까?

Q 갑작스럽게 모든 일이 자신에게 유리하게 바뀐 것에 대해 바라바는 어떻게 반응했을까요? 같은 상황에 처한다면 우리는 어떻게 반응해야 할까요?

"나는 인류의 모습이 예루살렘에서의 그날, 그 총독의 자리 앞에서보다 더 분명하게 나타난 적은 없다고 믿습니다. 그들에게는 바꿀 기회가 있었습니다. 그러나 비극적이게도, 그들은 하나님의 아들과 상습범을 바꿔치기하고 말았습니다. 그들은 하나님 아버지의 아들과 인간 아버지의 아들을 맞바꾸고, 하나님 아버지의 독생자를 사기꾼과 맞바꾸었습니다."[4]
_R. C. 스프로울

심화토론

- 예수님의 재판 이야기에서 우리는 자신을 누구와 가장 동일시해야 할까요? 빌라도일까요? 종교 지도자들일까요? 무리일까요? 바라바일까요? 아니면, 그 모두일까요? 그렇게 생각하는 이유는 무엇입니까?

2. 십자가에 못 박히신 왕, 예수님(마 27:27~44)

*27 이에 총독의 군병들이 예수를 데리
고 관정 안으로 들어가서 온 군대를 그
에게로 모으고 28 그의 옷을 벗기고 홍
포를 입히며 29 가시관을 엮어 그 머리
에 씌우고 갈대를 그 오른손에 들리고
그 앞에서 무릎을 꿇고 희롱하여 이르
되 유대인의 왕이여 평안할지어다 하
며 30 그에게 침 뱉고 갈대를 빼앗아 그
의 머리를 치더라 31 희롱을 다 한 후 홍포를 벗기고 도로 그의 옷을 입혀 십자가*

심화 주석 죄패의 전문은 '나사렛 예수 유대인의 왕'이었을 것입니다. 여기서 중요한 것은 예수님이 메시아이신데도, 메시아라고 주장했다는 이유로 죽임을 당하셨다는 것입니다. 주님은 유대인과 로마인에게서 모두 왕으로서 거절당하셨습니다. 그러나 예수님은 유대인이나 이방인이나, 종이나 자유인이나, 남자나 여자나, 모든 사람의 유일하신 참 통치자로 오늘 살아계십니다. 예수님은 실로 만왕의 왕이시며 만유의 주이십니다.[5]

_제임스 몽고메리 보이스

에 못 박으려고 끌고 나가니라 32나가다가 시몬이란 구레네 사람을 만나매 그에
게 예수의 십자가를 억지로 지워 가게 하였더라 33골고다 즉 해골의 곳이라는 곳
에 이르러 34쓸개 탄 포도주를 예수께 주어 마시게 하려 하였더니 예수께서 맛
보시고 마시고자 하지 아니하시더라 35그들이 예수를 십자가에 못 박은 후에 그
옷을 제비 뽑아 나누고 36거기 앉아 지키더라 37그 머리 위에 이는 유대인의 왕
예수라 쓴 죄패를 붙였더라 38이때에 예수와 함께 강도 둘이 십자가에 못 박히
니 하나는 우편에, 하나는 좌편에 있더라 39지나가는 자들은 자기 머리를 흔들
며 예수를 모욕하여 40이르되 성전을 헐고 사흘에 짓는 자여 네가 만일 하나님
의 아들이어든 자기를 구원하고 십자가에서 내려오라 하며 41그와 같이 대제사
장들도 서기관들과 장로들과 함께 희롱하여 이르되 42그가 남은 구원하였으되
자기는 구원할 수 없도다 그가 이스라엘의 왕이로다 지금 십자가에서 내려올지
어다 그리하면 우리가 믿겠노라 43그가 하나님을 신뢰하니 하나님이 원하시면
이제 그를 구원하실지라 그의 말이 나는 하나님의 아들이라 하였도다 하며 44함
께 십자가에 못 박힌 강도들도 이와 같이 욕하더라

예수님은 십자가를 지기 위해 고통당하실 때, '메시아'로 놀림받고 조롱당하셨습니다. 왕복을 입고 왕관을 쓰셨지만, 그것은 공의를 조롱하는 것이었습니다. 그들은 왕복을 볼 수는 있어도, 허영심과 두려움에 눈이 멀어 왕을 볼 수는 없었습니다. 예수님의 영광은 그 옷이 벗겨지고 벌거벗은 채로 십자가에 달리실 때 가장 잘 드러났습니다. 왕으로 높임 받으심은 입은 옷에 의해서가 아니라, 우리가 죽음에서 생명을 볼 수 있도록 스스로 인간의 몸을 입고 죽음의 고통을 당하신 것에 의해서 이루어졌습니다.

Q 예수님이 '유대인의 왕'으로서 십자가에 못 박히심이 세상에 그분의 영광을 나타내신 것임을 어떻게 설명할 수 있습니까?

> Leader

십자가에 이르기까지의 일들과 십자가에 못 박히심에 관한 이야기는 이 사건의 공포를 완전히 다루고 있지 못함이 분명합니다. 성경의 검은 활자로는 주님의 상처 입은 등과 찢긴 이마에서 흘러내린 붉은 피를 온전히 표현할 수 없습니다. 몇 초 만에 읽어 내린 구절들로는 몇 시간에 걸친 고문으로 예수님이 겪으신 고통과 두려움의 충격을 충분히 전달할 수 없습니다. 푹신한 의자에 앉아 커피를 홀짝이며 묵상하고 있는 저는 고통의 울부짖음과 피 냄새와 진땀 나는 살육으로부터 엄청나게 멀리 떨어져 있음을 깨닫습니다.

본문은 고통, 조롱, 학대, 모욕, 희롱과 같은 '굴욕'을 외치고 있습니다. 군인과 구경꾼들이 예수님을 구경거리 삼아 비웃고 무시했습니다. 인내가 필수가 아닌 선택이라면, 누가 그런 고통을 견디려 할까요? 어느 시점에서든지 예수님은 저항하실 수 있었습니다. 언제라도 맞서 싸우실 수 있었습니다. 예수님의 저항은 결코 쓸데없는 것이 아니었음에도 불구하고, 예수님은 모든 것을 견디셨습니다.

또한 본문은 인내, 사랑, 은혜, 자비와 같은 '겸손'을 외치고 있습니다. 십자가 위의 예수님은 하나님의 아들이 어떻게 자기 아버지에게 온전히 순종하며 나아가셨는지를 보여 주는 극적인 드라마입니다. 그리고 우리도 그 같은 겸손을 나눌 것을 권면합니다(참조, 빌 2:5~11).

이 구절에는 아이러니들이 밀집되어 있습니다. 만왕의 왕께서 왕이라 놀림받으며 조롱받으셨습니다. 예수님은 십자가에서 내려와 자기 영광을 나타내 보이라는 말을 들으셨습니다. 그러나 그렇게 하시는 순간, 자기 영광을 위해 성취해 오신 모든 일이 취소될 것입니다. 예수님이 자신을 구하기 위해, 다른 사람들을 희생시키는 셈이 됩니다. 그래서 예수님은 십자가에 머무신 채로 고통과 수치와 진노를 견디셨습니다. 우리는 그 은혜를 입은 자들입니다. '십자가에 못 박히신 왕'이란 개념은 유대인들에게는 거리끼는 것이며 이방인들에게는 미련해 보이는 것이지만, 세상에는 유일한 희망입니다(참조, 고전 1:23~25).

Q 왜 사람들은 십자가 위에서의 예수님의 영광을 이해하지 못할까요?

Q 구약의 이야기 흐름과 세부적인 내용을 아는 것은 십자가에 못 박히신 왕의 영광을 이해하는 데 어떤 도움을 줍니까?

3. 버림받으신 하나님의 아들, 예수님(마 27:45~51)

45 제육시로부터 온 땅에 어둠이 임하여 제구시까지 계속되더니 46 제구시쯤에
예수께서 크게 소리 질러 이르시되 엘리 엘리 라마 사박다니 하시니 이는 곧 나
의 하나님, 나의 하나님, 어찌하여 나를 버리셨나이까 하는 뜻이라 47 거기 섰던
자 중 어떤 이들이 듣고 이르되 이 사람이 엘리야를 부른다 하고 48 그중의 한 사
람이 곧 달려가서 해면을 가져다가 신 포도주에 적시어 갈대에 꿰어 마시게 하
거늘 49 그 남은 사람들이 이르되 가만두라 엘리야가 와서 그를 구원하나 보자

"나에게 십자가는 확실한 구원입니다. 십자가는 지금까지 내가 사모해 온 것입니다. 주님의 십자가가 나와 함께합니다. 십자가는 나의 피난처입니다."[6]
_토마스 아퀴나스

"그분의 머리와 그분의 손과 그분의 발을 보십시오. 사랑과 슬픔이 뒤범벅되어 흘러내립니다. 그런 사랑과 슬픔, 또는 그런 가시 면류관을 본 적이 있나요?"[7]
_아이작 와츠

심화토론

- 예수님의 십자가 못 박히심을 아름답게 묘사하는 것이 적절하다고 생각합니까? 그렇거나 그렇지 않다면, 그 이유는 무엇입니까?

심화 주석 마태는 구경꾼들이 예수님의 부르짖음을 엘리야를 부르는 것으로 오해했다고 말합니다(마 27:47). … 메시아의 전조로 엘리야가 먼저 돌아오리라는 기대가 널리 퍼져 있었으므로, 예수님의 부르짖음은 하나님께 구원을 청하는 것으로 이해되었을 것입니다.
구경꾼들 가운데 한 사람이 곧바로 달려가 해면을 신 포도주에 적셔서 예수님께 가져왔습니다(48절). 신 포도주는 시편 69편 21절을 다시금 떠올리게 합니다. 그 구경꾼은 한 모금의 신 포도주가 엘리야가 오기까지 예수님의 생명을 연장해 줄 것이라고 생각했습니다. 다른 사람들은 "가만두라 엘리야가 와서 그를 구원하나 보자"(49절)라고 말했습니다. 그로부터 몇 분 후 예수님이 다시 크게 소리 지르셨고, 그분의 영혼이 떠나셨습니다(50절).
예수님의 죽음에 관한 마태의 설명은 복잡하지 않습니다. 그는 고통스러운 세부 내용은 제공하지 않습니다. 크게 소리 지르신 것은 예수님이 몇 시간은 더 생존하실 수 있는 충분한 힘이 있으셨음을 나타냅니다. 마태가 묘사하듯이, 예수님은 더 살 가망이 없어서 죽으신 것이 아니라 죽음의 순간을 스스로 선택하신 것입니다. 예수님이 마태복음 16장 21절에서 예언하셨던 그 순간이 마침내 이르렀던 것입니다.[8]

_로저 L. 한

하더라 [50]예수께서 다시 크게 소리 지르시고 영혼이 떠나시니라 [51]이에 성소 휘장이 위로부터 아래까지 찢어져 둘이 되고 땅이 진동하며 바위가 터지고

> Leader ⋯ 하나님이 빛이 있으라고 말씀하시기 전에 흑암이 깊음 위에 있었습니다. 애굽에서 이스라엘이 구속되기 전에 흑암이 애굽 온 땅에 있었습니다. 예수님이 십자가에 못 박히신 순간, 어둠이 3시간 동안 온 땅을 삼켰습니다. 그 순간의 우주적 의미를 나타내기 위해서 말입니다. 어둠이 덮이면서 공포로 질러대던 비명들은 점차 가라앉고 놀라움과 두려움과 경외감이 군중을 압도했습니다.

빛이 꺼지자 소리도 사라졌습니다. 침묵이 아침 안개처럼 무겁게 깔려 있을 때 정적을 깨는 외마디 부르짖음이 있었습니다.

"나의 하나님, 나의 하나님, 어찌하여 나를 버리셨나이까"(마 27:46).

> Leader ⋯ 어떤 문장들은 그 자체보다 훨씬 많은 영감을 주어 우리의 의식 속에 깊숙이 새겨져 있습니다. "우리는 이들 진리가 자명하다고 여깁니다"(미국 독립선언문 제2장), "나에게는 꿈이 있습니다"(마틴 루서 킹 주니어 목사의 연설), "여든하고도 일곱 해 전에"(에이브러햄 링컨의 게티즈버그 연설). 십자가에서 하신 예수님의 말씀도 이와 마찬가지입니다.

예수님의 부르짖음은 구경꾼들의 마음에 울려 퍼져야 했지만, 그들은 그것을 이해하지 못했습니다. 이 외침은 메시아적 의미를 담고 있는 시편 22편의 앞부분에 있는 말씀입니다(참조, 시 22:1~2; 6~8; 12~18). 예수님은 무리의 추측처럼 엘리야를 부르신 것이 아닙니다. 예수님은 시편 저자가 언급했던 그와 자신을 동일시하시며, 하나님 아버지께 버림받은 공포감을 보여 주셨습니다.

그러고 나서 예수님은 다시 크게 소리 지르셨고, 마침내 영혼이 떠나가셨습니다. 그 순간, 하늘과 땅은 더 이상 견딜 수가 없었습니다. 허무한 창조세계는 진동하기 시작했고, 땅과 바위가 쪼개졌습니다. 그와 함께 하늘과 땅을 구분했던 성전의 휘장이 위에서부터 아래로 찢어졌는데, 이것은 이 일이 위로부터 이루어진 일임을 나타냅니다.

찢어진 휘장은 하나의 메시지를 선포합니다. 한 아들이 거절됨으로써 아버지가 더 많은 아들과 딸을 얻게 되었다는 것입니다. 하나님 아버지께서는 훨씬 더 많은 자녀에게 용서를 베풀기 위해 자신의 독생자를 버리셨습니다. 아들의 희생이 지성소에 바쳐졌고, 그 덕분에 그를 믿는 모든 사람이 하나님의 보좌 앞에 나아갈 수 있게 되었습니다.

> 버려짐의 비명으로 시작된 시편이 하나님을 향한 찬양으로 바뀌는 것을 보십시오.

"내가 주의 이름을 형제에게 선포하고 회중 가운데에서 주를 찬송하리이다 여호와를 두려워하는 너희여 그를 찬송할지어다 야곱의 모든 자손이여 그에게 영광을 돌릴지어다 너희 이스라엘 모든 자손이여 그를 경외할지어다 그는 곤고한 자의 곤고를 멸시하거나 싫어하지 아니하시며 그의 얼굴을 그에게서 숨기지 아니하시고 그가 울부짖을 때에 들으셨도다 큰 회중 가운데에서 나의 찬송은 주께로부터 온 것이니 주를 경외하는 자 앞에서 나의 서원을 갚으리이다 겸손한 자는 먹고 배부를 것이며 여호와를 찾는 자는 그를 찬송할 것이라 너희 마음은 영원히 살지어다"(시 22:22~26).

"그 피에 거룩하신 하나님의 아들의 영혼이 담겨 있었네."[9]
_앤드류 머레이

"하나님 아버지께서는 그리스도의 수난을 통해 악을 되돌리시고, 그렇게 하심으로써 결정적으로 악을 이기셨습니다. 최고의 신정론은 아마도 바로 구원자의 '십자가 사역'에서 발견될 것입니다."[10]
_페이지 패터슨

"주님은 우리의 모범이 되십니다. 그분은 어떤 희생을 치르더라도 하나님 아버지를 섬기실 때 불평하지 않으시고 순종하셨습니다. 우리의 구원자는 세상 죄를 위해 자신을 내어 주신 분입니다."[11]
_크레이그 S. 키너

Q 골고다 사건은 하나님 아버지의 사랑과 그 아들의 사랑에 관해 무엇을 말해 줍니까?

Q 비그리스도인이 "예수님은 왜 죽으셨는가" 하고 묻는다면, 어떻게 대답하겠습니까?

결론

우리는 예수님의 십자가 사건을 통해 희생적인 죽음뿐 아니라, 죄가 매우 심각하고 치명적인 문제라는 것을 알게 됩니다. 거룩하시고 공의로우신 만물의 창조주 하나님께 죄는 모욕입니다. 언젠가는 각 사람이 자기 삶의 이야기를 하기 위해 그분 앞에 서게 될 것입니다. 그날 우리는 버림받거나 용납될 것이고, 자기 죄로 인해 유죄를 선고받거나, 그리스도의 대리속죄로 인해 하나님의 자녀로 환영받게 될 것입니다.

복음의 기쁜 소식은 예수님이 죄로 인한 형벌을 기꺼이 받으신 왕이라는 사실입니다. 부당하게 죽음을 선고받음으로써 예수님은 스스로 십자가를 지셨고, 우리가 받아야 할 심판을 대신 받으셨습니다. 다른 말로 하면, 우리가 하나님께 받아들여질 수 있도록 예수님이 하나님께 버림받으신 것입니다. 우리가 하나님의 자녀로 환영받을 수 있도록 주님이 정죄받으신 것입니다.

그러므로 죄에 관해 말하는 것과 사람들을 믿음으로 인도하는 것을 두려워하지 마십시오. 하나님 아버지께서는 복음 선포의 사명을 짊어진 우리를 포기하지 않으십니다. 성령님을 통해 믿음을 강하게 해 주시고, 예배와 증거에 활력을 불어넣어 주십니다. 온 세상에 "그리스도의 십자가"를 전합시다. 주님의 희생으로 우리가 구원받았고, 또 더 많은 이가 구원되리라는 것을 알게 합시다(고전 1:23).

그리스도와의 연결

예수님은 부당하게 죽음을 선고받으셨지만, 기꺼이 십자가를 지고 우리 죄에 합당한 심판을 대신 받으셨습니다. 예수님이 죽으신 순간 성전 휘장이 둘로 찢어졌습니다. 그것이 의미하는 것은 죄인들이 그리스도의 보혈을 통해 하나님께로 나아갈 수 있게 되었다는 것입니다. 예수님의 십자가는 역사의 중심이며, 하나님의 거룩과 공의의 계시이며, 우리의 죄악과 불의의 계시이며, 그리스도의 겸손과 사랑의 계시입니다.

하나님의 계획 우리의 사명

선교적 적용 하나님은 우리에게 예수님의 십자가 죽음뿐만 아니라, 그 이유도 선포하라고 말씀하십니다.

1. 예수님의 십자가의 대속은 다른 사람들에게 복음을 전하는 데 어떤 영향을 미칩니까?
2. 그리스도인은 십자가에 못 박히신 왕의 실재를 무시하려는 세상의 유혹에 맞서는 방법에는 어떤 것들이 있을까요?
3. 예수님이 하나님 아버지께 버림받으심으로써 우리가 하나님의 자녀로 받아들여질 수 있었음을 감사하는 기도문을 써 보십시오.

금주의 성경 읽기
겔 41~48장

구원자 예수님이 부활하시다

6

Summary and Goal

예수님의 부활에 관한 놀라운 신비를 생각해 보십시오. 몇몇 여인들이 부활의 아침에 예수님의 무덤을 찾아갔습니다. 그런데 한 천사가 나타나서 여인들에게 예수님의 빈 무덤을 보라고 했습니다. 이후 여인들은 예수님을 만났고, 부활하신 예수님께 경배했습니다. 그리고 여인들은 자신들이 보고 경험한 것을 예수님의 제자들에게 알리기 위해 달려갔습니다. 우리 역시 믿음의 눈으로 빈 무덤을 볼 줄 알아야 합니다. 부활하신 주님을 경배하며, 예수님이 우리를 위해 하신 모든 일을 세상에 전해야 합니다.

- **성경 본문**
  마태복음 28:1~15

- **세션 포인트**
  1. 와서 빈 무덤을 보라(마 28:1~6)
  2. 부활하신 주님께 경배하라(마 28:7~9)
  3. 가서 복음을 전하라(마 28:10~15)

- **신학적 주제**
  나사렛 예수님이 성경의 예언을 성취하시고, 죽은 자 가운데서 살아나셨습니다.

- **그리스도와의 연결**
  부활의 아침에 하나님은 예수님을 죽은 자 가운데서 살리시고, 자기 백성에게 오랫동안 약속해 오셨던 새로운 창조를 시작하심으로써 자기 아들의 십자가 희생의 정당성을 입증하셨습니다. 우리는 믿음으로 그리스도와 연합함으로써 새로운 창조의 일부가 되었으며, 그분의 형상 안에서 부활의 약속을 공유합니다. 죄의 저주는 제거되었고, 죽음은 패배했으며, 우리는 하나님과 함께 영원한 생명을 보장받았습니다.

- **선교적 적용**
  하나님은 우리에게 가서 죄와 죽음을 이기신 그리스도의 승리에 관한 좋은 소식을 다른 사람들에게 전해 그들이 예수 그리스도를 믿고 부활 생명을 얻게 하라고 말씀하십니다.

Session Plan

도입

재미있는 이야기에서 주인공이 패배할 것 같은 상황이 어떻게 펼쳐지는지에 관해 이야기를 나누십시오. 예수님이 무덤에 누우신 일과 비슷한 점을 찾아주십시오.

사람들은 왜 역전승을 거두는 이야기나 삶과 죽음이 뒤바뀌는 이야기에 매혹될까요?

만약 부활의 아침이 오지 않고 예수님이 무덤에 계속 계셨다면, 그 결과는 어땠을까요?

예수님의 부활에 관해 다루는 이 세션의 내용을 요약해 주십시오. 부록 2: '예수님의 고난 주간'을 참고해 세션 5와 연결해 주십시오. 십자가 사건은 금요일에, 부활은 일요일에 일어났다는 것을 이야기해 주십시오.

전개

1 와서 빈 무덤을 보라 (마 28:1~6)

자원자에게 마태복음 28장 1~6절을 읽게 하십시오. 두 명의 마리아는 어떤 극적인 전환이 아니라 최종 결말을 보러 갔던 것임을 지적해 주십시오.

예수님의 무덤에 다가갈 때, 두 명의 마리아는 어떤 기분이었을까요?

기대했던 것과 전혀 다른 상황이 벌어졌을 때, 당신은 어떻게 반응합니까?

다른 복음서를 통해 두 명의 마리아가 예수님의 장례를 준비하기 위해 갔다는 사실을 알 수 있다는 것을 가르쳐 주십시오. 천사가 그들의 두려움에 관한 이야기로 말문을 연 이유를 강조해 주십시오. 여인들은 끝이라고 여겼지만, 이 무덤은 새로운 시작, 새로운 창조의 첫 열매를 나타내고 있음을 덧붙여 주십시오.

당신은 어떤 상황일 때 무덤가를 찾아가 믿음의 눈으로 예수님의 빈 무덤을 확인할 수 있을 것 같나요?

2 부활하신 주님께 경배하라 (마 28:7~9)

마태복음 28장 7~9절을 읽으십시오. 기술 발달이 장엄한 순간을 어떻게 앗아갈 수 있는지에 관해 말해 주십시오.

휴대전화, 태블릿, 소셜 미디어 등이 우리를 다른 사람이나 세상과 더 잘 연결해 준다고 생각합니까? 아니면 우리를 더 산만하게 만든다고 생각합니까? 그렇게 생각하는 이유는 무엇입니까?

인생에서 기억에 남거나 의미 있는 경험은 무엇입니까? 그 경험이 기억에 남거나 의미 있는 이

유는 무엇입니까?

믿음의 눈으로 예수님의 빈 무덤을 어떻게 봐야 하는지 가르쳐 주십시오. "와서 보라"와 "가서 전하라"는 명령이 어떻게 교회의 사명이 되는지 설명해 주십시오. 여인들이 부활하신 예수님을 보고 경배하며 예배한 것을 지적해 주십시오.

왜 예수님은 제자들에게 직접 나타나지 않으시고, 여인들에게 먼저 나타나셨을까요?

예배가 예수님의 십자가와 부활에 관한 좋은 소식을 나누는 사역을 위해 필수적이며 필요불가결한 부분인 이유는 무엇일까요?

3 가서 복음을 전하라 (마 28:10~15)

마태복음 28장 10~15절을 읽으십시오. 예수님과 마주쳤던 여인들처럼, 우리도 본능적으로 다른 사람들에게 복음을 전해야 한다는 것을 강조해 주십시오.

자신이 경험한 일들 가운데 다른 사람들에게 전하고 싶은 일은 무엇입니까? 그중 다른 사람에게 전하기 가장 쉬운 일과 가장 어려운 일은 무엇입니까?

왜 우리는 자신의 경험을 다른 사람들과 공유하고 싶어 할까요?

여인들이 기쁨과 부활의 메시지에 힘입어 예루살렘으로 돌아갔다는 것을 말해 주십시오. 그러나 그날 아침 또 다른 메시지가 꾸며지고 전달되었다는 사실을 지적해 주십시오. 진리를 전하고자 하는 마음을 격려해 주십시오.

부록 4: '예수님의 높아지심'을 참고해 예수님의 부활은 주님의 희생의 정당성을 입증하며, 주님이 우리를 위한 구원을 성취하셨다는 사실을 증명한다는 것을 보여 주십시오.

예수 그리스도의 복음 선포에서 부활이 중요한 이유는 무엇입니까?

결론

우리는 와서 빈 무덤을 보고 부활하신 구세주를 위해 경배해야 하며, 가서 주님의 영광과 우리의 구원을 이야기해야 한다는 메시지로 마무리하십시오. 이 세션에서 배운 진리를 '하나님의 계획, 우리의 사명'에서 적용해 보십시오.

Session Content

6. 구원자 예수님이 부활하시다

"예수님은 박해받는 믿는 자들의 삶과 말과 부활 신앙 안에서 계시되십니다. 믿는 자들은 단지 예수님을 위해서 사는 것이 아니라, 일상에서 예수님과 함께 살아갑니다."[1]
_닉 립켄

도입

재미있는 이야기에는 영웅이 패배할 것 같은 시점이 하나쯤은 있기 마련입니다.

> Leader

영국 BBC TV의 유명한 시리즈인 〈셜록 홈스〉의 "라이헨바흐 폭포" 편에서는 주인공 셜록 홈스가 분명히 죽은 것처럼 보입니다. 영화 〈매트릭스〉에서 네오는 총에 맞아 벌집이 된 채로 스미스 요원의 발 앞에 쓰러졌습니다. 영화 〈록키〉 4편에서 주인공 록키는 이반 드라고에게 패배할 것처럼 보입니다. 만약 록키가 이반 드라고를 곧바로 KO시켰다면, 이야기가 어떻게 되었을까요?

예수님이 십자가에 못 박히신 뒤 사흘 동안 현실은 소설의 세상과는 분명 딴판이었습니다. 이 이야기의 영웅은 단순히 매트 위에 누운 것이 아닙니다. 그분은 무덤에 누워 계셨습니다. 더 이상 그분이 구원자로 불릴 수 없는 상황이었기에, 피와 물이 구원자의 옆구리에서 흘러나오듯 희망이 제자들의 마음에서 빠져나왔습니다. 결국 그분은 돌아가시고 말았습니다. 그런 일이 있고 나서 일요일이 되었습니다.

Q 사람들은 왜 역전승을 거두는 이야기나 삶과 죽음이 뒤바뀌는 이야기에 매혹될까요?

Q 만약 부활의 아침이 오지 않고 예수님이 무덤에 계속 계셨다면, 그 결과는 어땠을까요?

Session Summary

예수님의 부활에 관한 놀라운 신비를 생각해 보십시오. 몇몇 여인들이 부활의 아침에 예수님의 무덤을 찾아갔습니다. 그런데 한 천사가 나타나서 여인들에게 예수님의 빈 무덤을 보라고 했습니다. 이후 여인들은 예수님을 만났고, 부활하신 예수님께 경배했습니다. 그리고 여인들은 자신들이 보고 경험한 것을 예수님의 제자들에게 알리기 위해 달려갔습니다. 우리 역시 믿음의 눈으로 빈 무덤을 볼 줄 알아야 합니다. 부활하신 주님을 경배하며, 예수님이 우리를 위해 하신 모든 일을 세상에 전해야 합니다.

전개

1. 와서 빈 무덤을 보라(마 28:1~6)

1안식일이 다 지나고 안식 후 첫날이
되려는 새벽에 막달라 마리아와 다른
마리아가 무덤을 보려고 갔더니 2큰
지진이 나며 주의 천사가 하늘로부터
내려와 돌을 굴려 내고 그 위에 앉았
는데 3그 형상이 번개 같고 그 옷은 눈
같이 희거늘 4지키던 자들이 그를 무
서워하여 떨며 죽은 사람과 같이 되
었더라 5천사가 여자들에게 말하여 이르되 너희는 무서워하지 말라 십자가에
못 박히신 예수를 너희가 찾는 줄을 내가 아노라 6그가 여기 계시지 않고 그가
말씀하시던 대로 살아나셨느니라 와서 그가 누우셨던 곳을 보라

두 명의 마리아는 예수님의 무덤에 다가가면서도 어떤 극적인 장면을 보게 되리라고는 기대하지 않았습니다. 그들은 결론을 확인하고 싶었고, 결말을 보고자 했습니다. 그러나 그들이 기대했던 것과는 전혀 다른 상황이 벌어졌습니다. 그들의 선생님을 따라 묻혔던 희망이 무덤에서 되살아났습니다.

Q 예수님의 무덤에 다가갈 때, 두 명의 마리아는 어떤 기분이었을까요?

Q 기대했던 것과 전혀 다른 상황이 벌어졌을 때, 당신은 어떻게 반응합니까?

\> 안식일이 다가오자 사람들은 예수님의 장례를 서둘렀습니다. 전통적으로 이 거

심화 주석 성 금요일에 분명 침묵하고 계셨던 하나님이 거역할 수 없는 명령을 내리십니다. 그분은 제자들이 마음속으로만 담고 있던 질문들과 예수님이 십자가에서 던지셨던 질문에 답하고 계십니다. 하나님이 하고 계시는 일은 단지 특별한 기적이 아닙니다. 그분은 초자연적인 능력을 보이시거나 예수님께 특별한 은혜를 베풀고 계신 것이 아닙니다. 하나님은 무언가 새로운 일을 시작하십니다. 즉 오래전에 약속된 새로운 세상을 시작하시는 것으로, 제자들을 갈릴리로 보내시고, 그런 다음 일어난 일에 대한 소식을 들고 땅끝 마지막 세대를 향해 나아가도록 보내시는 것입니다. 완전히 새로운 세상이 그들 앞에 열리고 있었습니다.[2]

_N. T. 라이트

"천사의 말에 주목하십시오. 첫 번째는 '보라'이고, 다음은 '가라'입니다. 자신을 위해 그 사실을 확실히 인식하십시오. 그리고 나서 그것을 다른 사람들에게 알리십시오. 당신이 알고 있는 것을 말하십시오. '재빨리' 전하십시오. 발걸음을 신속하게 하십시오. 당신이 전해야 할 좋은 소식을 전하는 데 지체하지 마십시오. 왕이 명하신 일은 신속을 요구합니다."[3]

_찰스 스펄전

"천사는 전도자가 되어 여인들에게 부활 소식을 전했습니다. 천사는 본성이 생명이신 늘 '살아계신 이'를 '죽은 자' 가운데서 '찾지 말라'고 말합니다. '그는 여기 계시지 않고', 즉 죽어서 무덤에 계셨지만, '다시 살아나셨다'는 것입니다. 그분은 자신뿐 아니라 우리를 위해 영생으로 향하는 길이 되셨습니다. 이런 이유로 예수님은 자기를 비워 사람들과 같이 되셨는데, 곧 바울이 말한 것처럼 '하나님의 은혜로 말미암아 모든 사람을 위하여 죽음을 맛보려' 하신 것입니다. 그리하여 죽음의 종말이 되셨습니다."[4]
_알렉산드리아의 키릴로스

"성경은 주님이 피를 '흘리신 뒤에'가 아닌 피를 '흘리심으로써' 살아나셨다고 말합니다. 이것은 그리스도의 죽음이 성취한 것이 너무도 온전하고도 완벽하다는 것과 부활은 그리스도께서 죽음으로 성취하신 것에 대한 '보상'과 '변증'임을 의미하는 것입니다."[5]
_존 파이퍼

룩한 날에는 죽은 자를 옮기거나 만져서는 안 되었습니다. 그래서 예수님을 무덤에 눕혀 드린 사람들은 안식일이 지날 때까지 해야 할 준비를 부분적으로 서둘러 해 두었습니다.

마태에 따르면, 두 명의 마리아는 단순히 무덤을 보기 위해 간 것이 아니었습니다. 마가복음과 누가복음에서 알 수 있는 것도 그들이 단지 무덤을 지키거나 참배하러 간 것이 아니었다는 것입니다. 그들은 장례식을 준비하기 위해 예수님의 시신에 향품을 발라 드리러 갔습니다(참조, 막 16:1; 눅 23:55~24:1).

> Leader
그들이 무덤에 다다랐을 때 돌을 어떻게 굴려야 할지를 의논한 것으로 보아 장례식을 위한 준비가 다 되어 있지 않았다는 것을 알 수 있습니다(막 16:3). 그럼에도 불구하고 그들은 사랑의 마음으로 할 일을 하기 위해 나아갔습니다. 믿음의 여인들은 그 돌을 순종을 가로막는 장애물이 아닌 자신들이 극복해야 할 것으로 보았던 것입니다.

그들이 무덤에 가까이 다가가자, 큰 지진이 났습니다. 어쩌다 일어난 단층의 균열 때문이 아니었습니다. 천사가 나타나서 생긴 일이었습니다. 지진으로 돌이 옮겨졌으리라 생각할 수도 있었겠지만, 훨씬 더 큰 일이 벌어졌습니다. 당시 무덤을 막고 있던 돌의 무게는 900 내지 1,800㎏ 정도였을 것입니다. 그런데 천사가 그 돌을 손쉽게 옮긴 뒤 그 위에 앉아서 예수님이 부활하셨다는 좋은 소식을 전해 준 것입니다.

> Leader
성경에 등장하는 천사는 귀여운 아기의 모습이 아닙니다. 때때로 천사는 평범한 인간의 모습으로 나타나기도 하지만, 만나는 사람들에게 경외감과 두려움을 일으키며 심지어 그들을 숭배해야 할 것 같은 모습으로도 나타납니다. 여인들이 만난 천사는 후자에 가까웠습니다. 그 형상이 번개 같고, 그 옷은 눈같이 희었습니다. 무덤을 지키던 경비병들은 공포를 느끼며, 두려움으로 얼어버렸습니다. 누가복음에 따르면, 이 천사는 혼자가 아니라 다른 천사와 함께였으니, 두려움이 두 배였을 것입니다(눅 24:4~5).

두 명의 마리아의 관점에서 이 상황을 상상해 보십시오. 그들은 무덤을 보려고 갔는데, 그 대신 지진을 경험하고, 지키던 자들이 죽은 사람과 같이 얼어버린 것을 보았습니다. 여기에 눈부시게 빛나는 천사가 거대한 돌을 굴려 내곤 그 위에 앉은 모습까지 보았습니다. 천사의 말은 공포를 불러일으킬 것이 분명했습니다. 그런데 천사가 건넨 첫마디는 "너희는 무서워하지 말라"(5절)였습니다. 이것은 성경에서 가장 많이 언급되는 명령이기도 합니다.

> Leader

"무서워하지 말라"는 말은 쉽지만, 따르기는 어렵습니다. 주님은 자기 백성에게 긍휼하심과 자기 절제력을 끊임없이 상기시키십니다.

"너희는 강하고 담대하라 두려워하지 말라 그들 앞에서 떨지 말라 이는 네 하나님 여호와 그가 너와 함께 가시며 결코 너를 떠나지 아니하시며 버리지 아니하실 것임이라"(신 31:6).

"내가 네게 명령한 것이 아니냐 강하고 담대하라 두려워하지 말며 놀라지 말라 네가 어디로 가든지 네 하나님 여호와가 너와 함께하느니라 하시니라"(수 1:9).

"두려워하지 말라 내가 너와 함께함이라 놀라지 말라 나는 네 하나님이 됨이라 내가 너를 굳세게 하리라 참으로 너를 도와주리라 참으로 나의 의로운 오른손으로 너를 붙들리라"(사 41:10).

"내가 볼 때에 그의 발 앞에 엎드러져 죽은 자 같이 되매 그가 오른손을 내게 얹고 이르시되 두려워하지 말라 나는 처음이요 마지막이니"(계 1:17).

여인들이 무서워하지 않아도 되는 것은 그들이 보고 있는 천사 때문이 아니라 그들이 보지 못하는 것, 즉 주님이 그곳에 계시지 않다는 사실 때문입니다. 무덤이 비어 있었던 것입니다.

"와서 그가 누우셨던 곳을 보라"(6절)라는 천사의 말은 혼란에 빠진 여인들을 위로하는 명령이었습니다. 여인들은 무덤을 보기 위해 왔고, 이제 무덤을 보게 될 것입니다. 이 무덤은 끝이 아닌 새로운 시작이요, 새로운 창조의 첫 열매가 될 것입니다(참조, 고전 15:20).

Q **당신은 어떤 상황일 때 무덤가를 찾아가 믿음의 눈으로 예수님의 빈 무덤을 확인할 수 있을 것 같나요?**

2. 부활하신 주님께 경배하라(마 28:7~9)

7또 빨리 가서 그의 제자들에게 이르되 그가 죽은 자 가운데서 살아나셨고 너희보다 먼저 갈릴리로 가시나니 거기서 너희가 뵈오리라 하라 보라 내가 너희에게 일렀느니라 하거늘 8그 여자들이 무서움과 큰 기쁨으로 빨리 무덤을 떠나 제자들에게 알리려고 달음질할새 9예수께서 그들을 만나 이르시되 평안하냐 하시거늘 여자들이 나아가 그 발을 붙잡고 경배하니

기술의 발달은 우리에게서 장엄한 순간을 앗아가곤 합니다. 에펠탑

심화 주석 두 명의 마리아가 예수님의 무덤에 도착했을 때, "누가 우리를 위하여 무덤 문에서 돌을 굴려 주리요"(막 16:3)라는 질문은 해결됐지만, 여인들은 겁을 먹을 수밖에 없었습니다. … 그들은 예수님의 시신을 보러 갔지만, 시신은 없었습니다. 예수님은 단지 영적으로만 부활하신 것이 아닙니다. 그래서 무덤이 비어 있었던 것입니다. 예수님 자신의 예언이 이루어진 것입니다(마 16:21; 17:23; 20:19).[6]

_크레이그 L. 블롬버그

"우리는 부활이 그리스도의 모든 고난에 영광의 면류관이 되었다는 것을 알고 인정합니다."[7]
_A. W. 토저

핵심교리 **99** **77. 영화**

영화는 구원 과정의 최종 단계입니다. 영화는 그리스도인이 죽을 때나 그리스도의 재림 때 도덕적으로, 영적으로 완전함에 도달하는 미래의 시점을 가리킵니다(빌 1:9~11; 골 1:22). 또한 영화에는 부활하는 몸의 육체적인 완벽함이 포함됩니다. 영화롭게 될 때, 우리는 하나님과 하나님의 말씀에 관해 더 충만한 지식과 이해를 갖게 될 것입니다(빌 3:20~21; 고전 13:12).

이나 피사의 사탑이나 나이아가라 폭포에 가 보십시오. 어떤 행동을 제일 많이 합니까? 100년 전 사람들은 아름답고 경이로운 자연의 모습을 눈으로 보고 마음으로 느끼며 그에 관해 나직이 이야기하곤 했습니다. 그런데 요즘은 카메라 셔터 소리나 한 장의 사진을 찍기 위해 온 가족을 모으려는 아버지의 짜증 섞인 목소리가 더 많이 들립니다. 사람들은 장엄한 순간에 빠져들기보다는 셀카를 찍기 위해 포즈를 취하곤 합니다.

> Leader
우리는 그 광경과 소리를 즐기기 위해 순간을 포착합니다. 그러나 그렇게 찍은 사진과 동영상은 페이스북이나 트위터나 인스타그램에 한 번 게시하고 나면, 다시 꺼내 보는 일이 거의 없습니다. 또한 그 장엄한 순간을 다시 느끼기 위해 그곳을 다시 찾는 경우도 거의 없습니다.

Q 휴대전화, 태블릿, 소셜 미디어 등이 우리를 다른 사람이나 세상과 더 잘 연결해 준다고 생각합니까? 아니면 우리를 더 산만하게 만든다고 생각합니까? 그렇게 생각하는 이유는 무엇입니까?

Q 인생에서 기억에 남거나 의미 있는 경험은 무엇입니까? 그 경험이 기억에 남거나 의미 있는 이유는 무엇입니까?

주님이 죽은 자 가운데서 살아나신 부활절에 우리는 예수님의 빈 무덤을 보기 위해 주의를 기울여야 하며, 하나님이 행하신 놀라운 기적을 마음에 새겨야 합니다. “와서 … 보라”(마 28:6)와 “가서 … 이르되”(7절)는 여인들에게 무서워하지 말라고 격려했던 천사의 입에서 나온 명령이었습니다. 그것은 또한 믿음의 눈으로 빈 무덤을 본 우리 각 사람의 사명을 나타내기도 합니다. 즉 오는 것, 가는 것, 모이는 것, 그리고 보내는 것입니다.

> Leader
여인들이 부활의 실재를 증언한 첫 번째 사람이라는 것은 놀라운 일입니다. 1세기 당시 여인들의 말은 사회적으로도 율법적으로도 증거로서 가치가 없었습니다. 이 사실은 종종 이 사건의 역사성을 뒷받침하는 강력한 증거 자료가 되어 왔습니다. 즉 상대적으로 신뢰받지 못하는 목격자의 증언을 근거로 누군가가 이야기를 지어낼 가능성이 얼마나 되겠습니까.
그러나 이전에는 가치가 없던 것들이 그리스도 안에서는 존중을 받습니다. 여성, 어린이, 이방인, 부정한 자, 죄인 등은 1세기 유대교 율법 사회에서 소외받던 이들입니다. 하지만 복음서에서 예수님은 그들 모두와 관계를 맺으셨습니다. 따라서 여성이 역사적 사건의 첫 번째 증인이 되었다는 것은 당시 문화에서는 놀라운 일이었지만, 복음서 이야기에 익숙한 사람들에게는 그리 놀라운 일이 아닙니다.

여인들에게 맡겨진 사명은 세 가지였습니다. 첫째, 여인들은 자신이 들은 것, 즉 예수님이 죽음에서 부활하셨다는 소식을 전해야 합니다. 둘째, 여인들은 예수님이 주로 사역하시던 갈릴리로 가실 것을 선포해야 합니다. 셋째, 여인들은 제자들에게 갈릴리에서 예수님을 만나게 될 것이라고 말해야 합니다.

여인들이 그 소식을 듣고 느꼈을 경외심과 소망을 상상해 보십시오. 그들이 천천히 산책하듯이 걸어와서 제자들에게 말했을까요? 물론, 아닙니다.

여인들은 예수님이 부활하셨다는 소식을 전하라는 성스러운 사명을 수행하기 위해 급히 달려가다가 예수님과 마주쳤습니다. 그들은 전력질주를 하다가 한순간에 멈추어 섰을 것입니다. 위안과 기쁨에 찬 여인들은 예수님의 발 앞에 엎드려 그 발을 붙잡고 경배했습니다. 그들은 예수님과 떨어지고 싶지 않았을 것입니다. 그래서 그들은 믿음의 경배를 드리며 예수님의 발을 단단히 붙잡았습니다.

> Leader

마태는 여인들이 예수님에게 했을 법한 말이나 질문을 기록하지 않았습니다. 그는 그저 그들이 부활하신 예수님을 경배했다고만 기록하고 있습니다. 거룩한 임재 앞에서는 그 이상 할 것이 없습니다. 실제로 "가서 전하라"는 말씀대로 행하기 전에, 우리는 먼저 보고 경험해야만 합니다.

Q 왜 예수님은 제자들에게 직접 나타나지 않으시고, 여인들에게 먼저 나타나셨을까요?

Q 예배가 예수님의 십자가와 부활에 관한 좋은 소식을 나누는 사역을 위해 필수적이며 필요불가결한 부분인 이유는 무엇일까요?

3. 가서 복음을 전하라(마 28:10~15)

10이에 예수께서 이르시되 무서워하지 말라 가서 내 형제들에게 갈릴리로 가라
하라 거기서 나를 보리라 하시니라 11여자들이 갈 때 경비병 중 몇이 성에 들어
가 모든 된 일을 대제사장들에게 알리니 12그들이 장로들과 함께 모여 의논하고
군인들에게 돈을 많이 주며 13이르되 너희는 말하기를 그의 제자들이 밤에 와
서 우리가 잘 때에 그를 도둑질하여 갔다 하라 14만일 이 말이 총독에게 들리면
우리가 권하여 너희로 근심하지 않게 하리라 하니 15군인들이 돈을 받고 가르친
대로 하였으니 이 말이 오늘날까지 유대인 가운데 두루 퍼지니라

심화 주석 유대인 역사가 요세푸스는 여인들의 증언을 기꺼이 믿었습니다. 그러나 재판에 관해서는 "여인의 증언은 없을 것이다. 왜냐하면 여성은 경솔하고 뻔뻔하기 때문이다"라고 경고했습니다. 로마의 법학자 가이우스(A. D. 130~180)는 그보다 더 계몽적인 견해를 가졌음에도 불구하고, "여성들은 판단력의 결여로 인해 매우 속기 쉽다"는 일반적인 견해를 나타냈습니다. 이처럼 여러 자료들은 여인들이 중요한 일을 전할 때, 남자들이 그들의 신뢰성을 의심했다는 것을 보여 줍니다. … 나사렛 예수는 십자가에서 죽으셨고, 무덤에 묻히셨다가 삼 일 만에 다시 살아나셨습니다. 여인들은 이러한 사실의 주요 증인이었습니다. 복음서 저자들은 이 사실을 무시하려고 하지 않았습니다.[8]

_제레미 R. 하워드
Biblical Illustrator

심화토론

- 부활하신 예수님이 여인들에게 처음으로 나타나셨다는 것은 제자로서 그들의 중요성에 관해 무엇을 말해 줍니까?

심화 주석 "무서워하지 말라"(마 28:10)는 예수님이 여인들을 안심시키기 위해 주신 말씀입니다. 그들은 이미 천사에게서 예수님이 살아 계시다는 이야기를 들었지만, 예수님을 직접 보고 그분의 말씀을 들음으로써 비로소 그 사실을 확신하게 되었습니다. 그들은 이 모든 것을 인식하고 받아들였습니다. 그러나 그것은 여전히 인간의 인식 너머의 일이었습니다. 초자연적인 것을 두려워하는 것은 자연스러운 것입니다. 예수님은 자연스러운 감정에 관해 말씀하시며, 그들에게 무서워하지 말라고 말씀하신 것입니다.[9]

_레온 모리스

좋은 소식을 들으면 어떻게 반응합니까? 대부분은 사랑하는 사람들과 그 소식을 즉시 공유하려고 할 것입니다. SNS에 올리든지, 장문의 문자를 보내든지, 부모님께 전화하든지 본능적으로 좋은 소식을 다른 사람들과 공유하려고 할 것입니다.

> Leader 응원하는 팀이 경기에서 점수를 올리면, 환호성을 지르고 펄쩍펄쩍 뛰면서 친구와 하이파이브를 하거나 주먹 인사를 할 것입니다. 아내로부터 임신 소식을 들으면, 울고 웃다가 부모님에게 전화할 것입니다.

다시 사신 예수님을 만난 여인들도 마찬가지였습니다.

Q 자신이 경험한 일들 가운데 다른 사람들에게 전하고 싶은 일은 무엇입니까? 그중 다른 사람에게 전하기 가장 쉬운 일과 가장 어려운 일은 무엇입니까?

Q 왜 우리는 자신의 경험을 다른 사람들과 공유하고 싶어 할까요?

> Leader 메시지의 무게는 메시지를 전달한 사람이 누구인가에 따라 달라질 수 있습니다. 예를 들어 짝사랑하는 이성 친구가 자신을 사랑한다는 소식을 누군가에게서 듣는 것은 당사자에게서 직접 듣는 것과 같을 수 없습니다.

여인들에게 하신 예수님의 말씀은 천사가 한 말과 거의 같았습니다. 그러나 분명 예수님의 말씀이 그들의 마음에 훨씬 더 묵직하게 은혜로 다가왔을 것입니다. 천사에게서 "무서워하지 말라"(10절)는 말을 듣기는 했지만, 예수님께 그 말씀을 듣는 것은 완전히 다른 차원입니다. 예수님이 말씀하시자, 그들 마음속에 남아 있던 두려움이 아침 안개처럼 사라졌습니다. 기쁨과 부활의 메시지에 힘입은 여인들이 예루살렘을 향해 달려 갔습니다. 너무 좋아서 꿈인지 생시인지 분간이 안 되는 소식을 안고 갔습니다. 전하라고 하신 소식을 안고 간 것입니다.

한편, 이 소식은 여인들에게는 그들 생애 최고의 소식이었지만 무덤을 지키던 자들에는 그들 생애 최악의 소식이었을 것입니다. 당시 문화에서 죄수가 탈출하게끔 놔두었다는 것은 그들에게 죽음을 의미할 수 있었습니다. 하물며 이미 죽은 죄수라면 어떻겠습니까. 빈 무덤은 경비병들에게 구세주가 아닌 사형 선고를 뜻했습니다.

경비병들은 두려움에 떨면서 대제사장들에게 가서 이 소식을 전했습니다. 잘해야 매를 맞거나 질책을 받으리라고 예상했을 것입니다. 그런데 오히려 뇌물을 받았습니다. 대제사장들은 그들에게 문제가 있다는 것을 알고는 있었지만, 돈 몇 푼과 약간의 거짓말로 진실을 덮을 수 있다고 생각했습니다. 그 비슷한 일이 유다에게도 있었습니다.

모든 이야기에는 적어도 두 면이 있기 마련이지만, 진실은 단 한 가지 뿐입니다. 여인들은 호주머니는 텅 비어 있었지만, 마음은 충만했습니다. 여인들의 입은 다시 사신 주님에 관한 좋은 소식을 전하려는 열망으로 가득했습니다.

> Leader

마태복음에서 이 여인들이 "보고 들은 것을 전하라"는 명령을 받은 마지막 사람들은 아닙니다. 사실 40일에 해당하는 몇몇 구절에서 예수님은 제자들에게 "가서 전하라"고 직접 위임하셨습니다(마 28:16~20).

가서 예수님에 관한 진리를 다른 사람들에게 전하십시오. 전도의 부르심과 마태복음 28장의 지상 명령은 예수님의 제자들에게 특별히 내려진 것이지만, 예수님을 믿고 사랑하는 모든 제자에게도 해당되는 것입니다.

여인들처럼 우리도 다시 사신 주님에 관한 좋은 소식을 세상과 공유해야 합니다.

"우리는 자기가 좋아하는 것을 칭찬하는 것을 기뻐합니다. 왜냐하면 칭찬은 단순한 표현이 아니라 기쁨을 완성하는 것이기 때문입니다. 그것은 약속된 완성입니다. 연인들은 상대방에게 얼마나 아름다운지를 계속 말하면서 칭찬을 아끼지 않습니다. 기쁨은 표현될 때까지는 미완성입니다. … 기쁜 소식을 듣고도 그것을 공유할 사람이 없다면, 좌절하게 됩니다."[10]
_C. S. 루이스

"예수 부활했으니 할렐루야 만민 찬송하여라 할렐루야"[11]
_찰스 웨슬리

Q 예수 그리스도의 복음 선포에서 부활이 중요한 이유는 무엇입니까?

결론

> Leader

우리는 예수님의 부활 이야기에 익숙해져 그 놀라움을 잊곤 합니다. 죽음은 거대한 미지의 세계로, 모든 사람이 두려워합니다. 죽음은 마지막이라는 의미에서 오싹합니다. 의료 기술의 발전에도 불구하고, 죽음은 피할 수가 없습니다. 그러나 예수 그리스도께서는 사람이 이길 수 없는 죽음을 이기셨습니다. 그리스도인에게 예수님의 승리는 곧 나의 승리입니다.

부활의 아침에 하나님은 예수님을 죽은 자 가운데서 살리시고, 자기 백성에게 오랫동안 약속해 오셨던 새로운 창조를 시작하심으로써 자기 아들의 십자가 희생의 정당성을 입증하셨습니다. 복음의 좋은 소식은 우리가 믿음으로 그리스도와 연합함으로써 그분의 창조의 일부가 되며, 그분의 형상 안에서 부활의 약속을 공유한다는 사실입니다. 죄의 저주는 제거되었습니다. 죽음은 패배했고, 우리는 영원한 생명을 보장받았습니다. 그리스도인은 언젠가 자신의 부활의 아침을 보게 될 것입니다.

그러므로 우리는 와서 빈 무덤을 보고, 부활하신 구세주께 경배해야 합니다. 그러고는 가서 주님의 영광과 구원을 이야기해야 합니다.

그리스도와의 연결

부활의 아침에 하나님은 예수님을 죽은 자 가운데서 살리시고, 자기 백성에게 오랫동안 약속해 오셨던 새로운 창조를 시작하심으로써 자기 아들의 십자가 희생의 정당성을 입증하셨습니다. 우리는 믿음으로 그리스도와 연합함으로써 새로운 창조의 일부가 되었으며, 그분의 형상 안에서 부활의 약속을 공유합니다. 죄의 저주는 제거되었고, 죽음은 패배했으며, 우리는 하나님과 함께 영원한 생명을 보장받았습니다.

하나님의 계획 우리의 사명

선교적 적용 하나님은 우리에게 가서 죄와 죽음을 이기신 그리스도의 승리에 관한 좋은 소식을 다른 사람들에게 전해 그들이 예수 그리스도를 믿고 부활 생명을 얻게 하라고 말씀하십니다.

1. 예수님의 부활 메시지는 믿는 자들이 삶에서 경험하는 다양한 두려움과 맞서 싸우는 데 어떤 도움을 줍니까?
2. 부활하신 구원자 예수님을 우리의 삶 전체로 예배하려면 어떻게 해야 할까요?
3. 오늘날 사람들이 부활하신 주님을 믿지 않는 이유는 무엇입니까? 우리는 그들에게 어떤 답을 주어야 할까요?

금주의 성경 읽기
단 1~6장

부활하신 왕께서 엠마오로 향하시다

7

Summary and Goal

이 세션에서는 부활하신 왕 예수님이 엠마오로 가는 길에서 두 제자와 만나시는 이야기를 살펴볼 것입니다. 그들의 대화를 통해 우리는 부활하신 왕은 슬픔과 혼란의 시기에 있는 자기 백성에게 다가가시는 분이라는 사실을 알게 될 것입니다. 또한 모든 성경이 예수 그리스도를 어떻게 증거하며, 예수 그리스도께서 믿는 자들에게 자신을 어떻게 계시하시는지를 보게 될 것입니다. 부활하신 왕의 증인으로서 우리는 예수님의 죽음과 부활에서 절정을 이루는 성경의 위대한 이야기를 선포해야 합니다.

- **성경 본문**
  누가복음 24:13~35

- **세션 포인트**
  1. 부활하신 왕께서 우리와 함께하십니다(눅 24:13~24)
  2. 성경의 모든 초점이 부활하신 왕께 향합니다(눅 24:25~27)
  3. 부활하신 왕께서 우리에게 자신을 계시하십니다(눅 24:28~35)

- **신학적 주제**
  모든 성경이 예수 그리스도를 증언합니다.

- **그리스도와의 연결**
  엠마오로 가는 길에서 부활하신 예수님은 구약성경이 그분의 고난과 영광을 어떻게 언급하는지 설명해 주셨습니다. 제자들처럼 우리도 하나님의 기록된 말씀의 핵심에 있는 복음에 집중해 그리스도의 죽음과 부활의 관점에서 성경을 통독해야 합니다.

- **선교적 적용**
  하나님은 우리에게 그리스도의 죽음과 부활의 관점에서 성경을 읽고 해석하라고 말씀하십니다.

장례를 위한 기름 부음 | 예루살렘 입성 | 최후의 만찬 | 체포 | 십자가 죽음 | 부활

Session Plan

도입

J. R. R. 톨킨의 《반지의 제왕 2: 두 개의 탑》에서 샘이 제기한 의문과 제자들이 예수님이 돌아가신 지 3일째 되는 날 가졌을 법한 의문을 비교해 들려주십시오.

사람들은 종종 시작과 중간과 끝이 있는 이야기의 관점에서 인생을 생각하곤 합니다. 자신을 이야기 속에 대입해 바라보는 것은 슬픔과 혼란의 시간을 보낼 때 어떤 도움이 될까요?

부활하신 예수님의 현현 가운데 하나를 보여 주는 이 세션의 내용을 요약해 주십시오.

전개

1 부활하신 왕께서 우리와 함께하십니다 (눅 24:13~24)

역사가이자 작가로서의 누가의 능력에 주목하면서 누가복음 24장 13~24절을 읽으십시오. 예수님과 두 제자가 만나는 동안, 제자들이 주님을 알아보지 못하도록 하나님이 그들의 눈을 초자연적으로 가리셨다는 것을 설명해 주십시오.

왜 하나님은 때때로 우리로 하여금 슬픔과 혼란의 시간을 견디게 하실까요?

주님이 숨어 계시거나 위장하신 것처럼 보일지라도 우리와 함께하심을 아는 것은 우리에게 어떤 영향을 미칩니까?

2 성경의 모든 초점이 부활하신 왕께 향합니다 (눅 24:25~27)

누가복음 24장 25~27절을 읽으십시오. 예수님은 성경이 메시아에 관해 가르쳐 온 것을 믿음으로 받아들이지 못하는 제자들에게 '미련하다'와 '더디다'라는 말로 실망감을 표현하셨다는 것을 언급해 주십시오. 또한 "모세와 모든 선지자의 글"이란 구약을 가리킨다는 것을 강조해 주십시오.

구약의 유명한 이야기 몇 편을 떠올려 보십시오. 그 이야기들은 그리스도를 어떤 식으로 가리키고 있습니까?

성경 이야기를 그리스도의 삶과 가르침의 관점에서 바라보는 것이 중요한 이유는 무엇입니까?

"모세와 모든 선지자"가 그리스도의 고난을 어떻게 예언했는지 알 수 있도록 부록 3: '예수님의 고난'을 참고해 설명해 주십시오.

예수 그리스도의 제자인 우리는 그분의 죽음과 부활의 관점에서 구약성경을 읽어야 하며, 이를 위해서는 다음 세 가지 질문을 검토해 볼 필요가 있음을 알려 주십시오.

1) 본문에서 무엇이 예수님을 직접 가리키고 있는가?
2) 본문에서 무엇이 예수님에 관한 기대와 징조를 나타내는가?
3) 예수님의 복음이 본문에 관한 이해를 어떻게 구체화하는가?

구약의 말씀과 원리와 명령이 우리에게 어떻게 적용되는지를 이해하게 될 때 비로소 복음의 능력 안에서 그것을 수행할 수 있다는 것을 설명해 주십시오.

'오늘날 우리는 옛 언약 아래 있지 않으므로 구약은 믿는 자들과 아무런 관련이 없다'고 주장하는 사람들에게 어떤 말을 해 주겠습니까?

예수님의 삶과 가르침의 관점에서 구약의 말씀과 원리와 명령을 이해하는 것은 오늘날 우리에게 어떤 도움이 될까요?

3
부활하신 왕께서 우리에게 자신을 계시하십니다
(눅 24:28~35)

자원자에게 누가복음 24장 28~35절을 읽게 하십시오. 두 눈이 열려 부활하신 그리스도를 알아보게 된 두 제자가 느꼈을 놀라움에 관해 말해 주십시오. 예수님은 성령님을 통해 사람들에게 자신을 알리신다는 것을 덧붙여 주십시오.

오늘날 성령님은 우리에게 예수님을 계시하시기 위해 하나님의 말씀을 어떻게 사용하십니까?

하나님의 백성은 하나님의 말씀을 해석하고 이해하는 데 어떤 역할을 합니까?

예수님과의 만남은 곧 사명으로 이어진다는 점을 강조해 주십시오.

두 제자가 예수님의 부활 소식을 공유하려 한 것이 당연한 일인 이유는 무엇입니까?

결론

하나님이 우리에게 주신 사명은 성경을 도덕책이나 도덕 프로그램쯤으로 알리는 것이 아니라, 사람들에게 그들을 대속하시고 회복하시며 하나님과 화해시키기 위해 오신 부활의 왕을 소개하는 것임을 분명히 알게 해 주십시오. 그리고 이 사명을 성공적으로 수행하기 위해서는 성경을 읽는 방법이 중요함을 강조해 주십시오. 이 세션에서 배운 진리를 '하나님의 계획, 우리의 사명'에서 적용해 보십시오.

Session Content

7. 부활하신 왕께서 엠마오로 향하시다

"구약은 메시아를 향한 소망을 들려줍니다. 복음서는 그리스도의 성육신을 기록합니다. 사도행전은 성령님을 통해 계속되는 주님의 사역에 관한 것입니다. 서신서는 주님의 인격과 사역을 해석합니다. 요한계시록은 주님의 최후 승리와 영광을 선포합니다."[2]
_허셸 홉스

심화토론

- 역사 이야기나 소설을 읽는 것이 성경을 이해하는 데 도움을 줄 수 있을까요?
- 왜 우리는 우리 삶을 성경에 있는 하나님의 큰 이야기 속에 담긴 작은 이야기로 봐야 할까요?

도입

J. R. R. 톨킨의 《반지의 제왕 2: 두 개의 탑》(*The Two Towers*, part two of *the Lord of the Rings*)에서 호빗족인 샘이 친구 프로도에게 한 가지 의문을 제기합니다. 두 사람은 여행하면서 놀라운 일들을 경험했고, 둘 다 온갖 위험에서 살아남았습니다. 이제 그들은 모르도르로 향하는 아주 위험한 길을 가고 있습니다. 이때 샘이 이렇게 말합니다.

"우리가 어떤 이야기 속으로 빠져든 건지 궁금해."[1]

이 얼마나 심오한 질문입니까. 예수님의 제자들도 예수님이 돌아가신 지 3일째 되는 날 이와 같은 질문을 했을지도 모릅니다. 그들은 혼란스러웠습니다. 그들은 자신이 승리의 왕을 따르고 있다고 생각했습니다. 그런데 예수님이 범죄자로 몰려 십자가에 못 박히시고 말았습니다. 이제 3일이 지났습니다. 그들은 예수님이 살아 계시다는 놀라운 소식을 들었습니다. 대체 그들은 어떤 이야기 속으로 빠져든 걸까요?

> Leader
우리도 이와 비슷한 질문을 할 수 있을 것입니다. '예수 그리스도를 따르는 사람으로서 나는 어떤 이야기에 속해 있는 걸까?' 슬픔과 혼란의 시기를 지날 때, 특히 공동체 사람들이 예수 그리스도의 복음에 적대적으로 나올 때, 우리는 이와 같은 질문을 품게 됩니다. 또한 부활한 왕이신 예수님이 우리가 슬픔과 혼란으로 의심에 이르게 된 것에 어떻게 반응하실지 궁금해하기도 합니다. 주님이 우리에게 다가오실지, 아니면 우리에게 자신을 드러내지 않고 떠나실지 말입니다.

Q 사람들은 종종 시작과 중간과 끝이 있는 이야기의 관점에서 인생을 생각하곤 합니다. 자신을 이야기 속에 대입해 바라보는 것은 슬픔과 혼란의 시간을 보낼 때 어떤 도움이 될까요?

Session Summary

이 세션에서는 부활하신 왕 예수님이 엠마오로 가는 길에서 두 제자와 만나시는 이야기를 살펴볼 것입니다. 그들의 대화를 통해 우리는 부활하신 왕은 슬픔과 혼란의 시기에 있는 자기 백성에게 다가가시는 분이라는 사실을 알게 될 것입니다. 또한 모든 성경이 예수 그리스도를 어떻게 증거하며, 예수 그리스도께서 믿는 자들에게 자신을 어떻게 계시하시는지를 보게 될 것입니다. 부활하신 왕의 증인으로서 우리는 예수님의 죽음과 부활에서 절정을 이루는 성경의 위대한 이야기를 선포해야 합니다.

전개

1. 부활하신 왕께서 우리와 함께하십니다(눅 24:13~24)

우리는 슬픔과 혼란에 빠져 예수님의 임재를 보지 못하곤 합니다. 예수님이 죽음에서 부활하신 바로 그날, 예수님과 함께했던 두 제자들에게도 그와 같은 일이 벌어졌습니다.

13 그날에 그들 중 둘이 예루살렘에서 이십오 리 되는 엠마오라 하는 마을로 가
면서 14 이 모든 된 일을 서로 이야기하더라 15 그들이 서로 이야기하며 문의할 때
에 예수께서 가까이 이르러 그들과 동행하시나 16 그들의 눈이 가리어져서 그인
줄 알아보지 못하거늘 17 예수께서 이르시되 너희가 길 가면서 서로 주고받고 하
는 이야기가 무엇이냐 하시니 두 사람이 슬픈 빛을 띠고 머물러 서더라 18 그 한
사람인 글로바라 하는 자가 대답하여 이르되 당신이 예루살렘에 체류하면서도
요즘 거기서 된 일을 혼자만 알지 못하느냐 19 이르시되 무슨 일이냐 이르되 나
사렛 예수의 일이니 그는 하나님과 모든 백성 앞에서 말과 일에 능하신 선지자
이거늘 20 우리 대제사장들과 관리들이 사형 판결에 넘겨주어 십자가에 못 박았
느니라 21 우리는 이 사람이 이스라엘을 속량할 자라고 바랐노라 이뿐 아니라 이
일이 일어난 지가 사흘째요 22 또한 우리 중에 어떤 여자들이 우리로 놀라게 하
였으니 이는 그들이 새벽에 무덤에 갔다가 23 그의 시체는 보지 못하고 와서 그
가 살아나셨다 하는 천사들의 나타남을 보았다 함이라 24 또 우리와 함께 한 자
중에 두어 사람이 무덤에 가 과연 여자들이 말한 바와 같음을 보았으나 예수는
보지 못하였느니라 하거늘

심화 주석 엠마오의 두 제자에 관한 네 가지 중요한 사실이 있습니다.

첫째, 그들은 예수님의 제자였습니다(참조, 눅 24:22, 24).

둘째, 글로바만 이름이 언급되었습니다. 그 이유는 무엇일까요? 리처드 보컴은 "글로바가 이 이야기를 전한 사람이란 것 외에 다른 합당한 이유가 없어 보인다. 그는 아마도 요한복음 19장 25절에 언급된 글로바와 동일 인물일 것이다. 그의 아내 마리아는 예수님의 십자가 곁에 있던 여인들 가운데 하나였다"[3]라고 설명합니다. 확신할 수는 없지만, 글로바와 동행했던 다른 제자는 그의 아내 마리아였을 가능성이 있습니다.

셋째, 그들은 예수님이 로마제국으로부터 정치적인 해방을 가져다주고, 이스라엘에 자유의 시대를 열어 주실 것으로 기대했습니다(눅 24:21).

넷째, 누가복음 24장 11절의 사도들처럼 그들도 예수님이 살아 계시다는 여인들의 말을 터무니없는 말로 여겼습니다(눅 24:23). 두 제자는 예수님이 십자가에 못 박히시고, 삼 일 만에 살아나실 것이라고 하신 말씀을 잊었습니다(눅 24:6~7).

"교회에서 … 창조 이야기는
그리스도와 함께 시작해 오로지
그리스도를 목표로 향해 나아가는
방식으로 읽혀야 합니다.
그리스도가 시작이시며 새로운
세상이요 온 세상의 마지막이심을
알 때에만 비로소 그리스도께
나아가는 책으로서 성경을
제대로 읽을 수 있습니다."[5]
_디트리히 본회퍼

> Leader
누가는 신중한 역사가이자(참조, 눅 1:1~4), 뛰어난 이야기꾼입니다. 신중한 역사가가 세심하게 이야기를 들려줍니다.

누가는 예수님이 체포되어 재판에서 십자가형을 선고받고 죽으셨던 한 주간의 사건(참조, 눅 24:20)에 관해 열띤 토론을 하면서 '엠마오'라는 마을까지 약 11km 거리를 걸어가던 두 제자에 관해 이야기합니다. 예수님의 십자가 사건으로 그들의 꿈은 산산조각이 났습니다. 그런데 그들 앞에 예수님이 나타나셨습니다. 그러나 그들은 예수님을 알아보지 못했습니다.

> Leader
15~16절에서 누가는 두 제자가 그들과 함께한 이의 정체를 알지 못했다는 '내부자 정보'를 제공해 줍니다. "가려지다"라는 수동형 동사는 그들의 눈이 먼 것은 그들 탓이 아니라 다른 누군가의 탓임을 암시합니다. 그렇다면 누가 그랬을까요? 어떤 사람들은 사탄이 그랬다고 주장하기도 하지만, 오히려 하나님이실 가능성이 더 높습니다.

아마도 예수님은 부활하신 후에도 이전과 비슷한 모습이셨을 것입니다(여인들이 무덤가에서 그분을 알아봤으니 말입니다). 그런데 하나님은 제자들이 그분을 알아보지 못하도록 그들의 눈을 초자연적으로 가리셨습니다. 제자들은 그분을 예루살렘에 예배하러 갔다가 집으로 돌아가는 사람 정도로 생각했습니다.

> Leader
그런데 왜 하나님은 제자들이 예수님을 알아보지 못하게 하셨을까요? 신약 학자 대럴 보크는 이렇게 말합니다.
"하나님은 그들에게 가르칠 것이 있으셨습니다. … 그들과 토론하시는 이가 누구인지를 그들이 언제, 어떻게 깨닫는가도 이야기의 일부입니다."[4]

Q 왜 하나님은 때때로 우리로 하여금 슬픔과 혼란의 시간을 견디게 하실까요?

Q 주님이 숨어 계시거나 위장하신 것처럼 보일지라도 우리와 함께하심을 아는 것은 우리에게 어떤 영향을 미칩니까?

> Leader
우리도 사랑하는 이의 죽음, 암 진단, 자녀의 반항, 친구의 배신, 실직 등으로 스트레스를 받거나 죄를 다시 저지름으로써 예수님의 임재를 보지 못할 수 있습니다. 그러나 부활하신 왕께서 천국에 오르시기 전에 약속하셨습니다.
"내가 세상 끝 날까지 너희와 항상 함께 있으리라"(마 28:20).
그러므로 기억하십시오. 예수님은 어떤 상황에서도 결코 당신을 떠나거나 포기하지 않으십니다.

Q 하나님은 우리가 고통스러운 상황에 놓였을 때, 우리로 하여금 예수님의 임재를 상기하도록 자기 백성과 말씀을 어떻게 사용하십니까?

2. 성경의 모든 초점이 부활하신 왕께 향합니다(눅 24:25~27)

> Leader 예수님은 엠마오로 향하는 길을 함께 걸어간 제자들의 절망과 혼란과 믿음 없음에 어떻게 반응하셨을까요?

25이르시되 미련하고 선지자들이 말한 모든 것을 마음에 더디 믿는 자들이여
26그리스도가 이런 고난을 받고 자기의 영광에 들어가야 할 것이 아니냐 하시
고 27이에 모세와 모든 선지자의 글로 시작하여 모든 성경에 쓴 바 자기에 관한
것을 자세히 설명하시니라

예수님은 성경이 말해 온 것을 이해하지 못한 두 제자에게 '미련하다'(지혜롭지 못하다)와 '더디다'라는 말로 실망감을 표하셨습니다. 성경은 메시아를 하나님의 백성을 속박으로부터 구원해 낼 약속의 구원자로 가르쳐 왔습니다.

> Leader "모세와 모든 선지자의 글"은 오늘날 그리스도인들이 구약으로 부르는 히브리 성경을 가리킵니다. 예수님 시대에 구약은 '결말을 찾는 이야기'로 읽혔습니다. "그 결말은 완전한 해방과 구속의 이야기여야 했습니다. 그러나 이스라엘이 억압당하고, 자기 땅에서 포로로 있는 동안에는 그런 일이 일어나지 않았습니다."[6] 그래서 유대인들은 메시아가 진두지휘하는 종말을 기다려 왔습니다.

예수님은 그들의 관심이 자신에게 쏠리지 않게 하시면서, 글로바와 다른 제자에게 이렇게 말씀하셨습니다. "너희가 혼란스럽게 여기는 십자가에 달린 메시아는 이스라엘의 이야기를 완성하기 위해 오신 분이다. 모든 성경이 너희에게 그렇게 말해 왔다."

Q 구약의 유명한 이야기 몇 편을 떠올려 보십시오. 그 이야기들은 그리스도를 어떤 식으로 가리키고 있습니까?

Q 성경 이야기를 그리스도의 삶과 가르침의 관점에서 바라보는 것이 중요한 이유는 무엇입니까?

심화 주석 다시 말하면, 그것은 생명을 주는 말씀입니다. 그 말씀은 여기서 두 가지를 의미합니다. 그러나 그 두 가지는 별개가 아니라 하나입니다.
첫째, 예수님이 말씀하신다는 것입니다. 지상에서 사역하실 때 하셨던 말씀보다 훨씬 더 좋은 부활하신 능력의 말씀입니다. 왜냐하면 주님은 "성결의 영으로는 죽은 자들 가운데서 부활하사 능력으로 하나님의 아들로 선포"(롬 1:4)되셨기 때문입니다. 성령님의 권능으로 지금도 살아계십니다. 이것이 오늘날 우리가 기록된 말씀과 선포되는 말씀에 여전히 의지하는 이유이며, 죽은 마음이 살아나는 이유입니다. 우리는 여전히 기쁘게 '예수님이 말씀하신' 것을 다른 사람에게 전할 수 있고, 그들은 그들의 때에 생명에 이르게 될 것입니다.
둘째, 성경이 또한 말한다는 것입니다. 우리는 예수님이 권위 있게 자세히 설명해 주셨던 구약성경 어디에서나 '주님에 관한 것'(눅 24:27)을 발견할 수 있고, 거기에 신약의 사도들의 증언을 덧붙일 수 있습니다. 또한 우리는 성경으로 돌아가기를 열망합니다. 왜냐하면 성경은 살아 계신 그리스도를 증언하는 살아 있는 말씀이기 때문입니다.[7]
_마이클 윌콕

"우리 마음이 밝게 빛나기 위해서, 하나님을 올바로 보는 것을 배우기 위해서 우리는 그리스도를 전해야만 합니다. 그 외에 다른 것은 없습니다."[8]
_마르틴 루터

> "성경을 어디든 잘라 보면, 피가 흐를 것입니다. 예수님의 피로 모든 페이지가 얼룩져 있습니다."[9]
> _아드리안 로저스

> Leader

예수님은 구약이 그분의 고난과 영광을 나타내고 있다는 것을 두 제자에게 어떻게 보여 주셨습니까? 신약의 나머지 부분은 우리에게 몇 가지 힌트를 제공합니다.

- 예수님은 사도행전 4장 11절에서 베드로가 "이 예수는 너희 건축자들의 버린 돌로서 집 모퉁이의 머릿돌이 되었느니라"라고 말한 것처럼, 시편 118편 22절을 인용해 자신의 정체를 드러내십니다.
- 예수님은 이사야 52장 13절~53장 12절을 인용하심으로써 고난받는 종의 노래가 자신을 어떻게 나타내는가를 보여 주셨습니다. 사도행전 8장 30~35절에서 빌립은 선지자 이사야의 말씀을 읽고 있던 에티오피아 관리에게 가서 그 말씀이 어떻게 예수님을 가리키고 있는지 설명해 주었습니다.
- 베드로는 조상 다윗왕이 메시아의 부활에 관해 언급했다고 말합니다. "이는 주께서 내 영혼을 스올에 버리지 아니하시며 주의 거룩한 자를 멸망시키지 않으실 것임이니이다"(시 16:10. 참조, 행 2:25~31).
- 마찬가지로 사도행전 2장 34~35절을 보면, 베드로가 다윗이 시편 110편 1절에서 하늘로 올라가시는 예수님의 승천을 언급한 것으로 보았음을 알 수 있습니다.

예수 그리스도의 제자인 우리는 그분의 죽음과 부활의 관점에서 구약성경을 읽어야 합니다. 예수님이 읽으셨던 성경 본문을 읽을 때 매번 세 가지 질문을 던진다면 잘 읽을 수 있습니다.

첫째, 본문에서 무엇이 예수님을 직접 가리키고 있는가?

구약에는 장차 오실 메시아에 관해 직접적으로 언급된 곳이 몇 군데 있습니다(창 49:10~12; 사 9:6; 미 5:2).

> Leader

- 창세기 49장 10~12절은 번영의 왕국을 가져다줄 유다 자손의 통치자에 관해 예언합니다.
- 이사야 9장 6절은 "기묘자라, 모사라, 전능하신 하나님이라, 영존하시는 아버지라, 평강의 왕"으로 불릴 한 아이의 탄생에 관해 이야기합니다.
- 미가 5장 2절은 베들레헴에서 오실 통치자를 언급합니다.

물론 모든 구절에서 예수님에 관한 직접적인 예언을 볼 수 있는 것은 아닙니다. 그러나 구약 전체에 흩어져 있는 예언을 찾아볼 수는 있습니다.

둘째, 본문에서 무엇이 예수님에 관한 기대와 징조를 나타내는가?

> Leader

때로 가장 강력한 소통 방식은 미묘함을 통해서입니다. 요한 제바스티안 바흐가 프리드리히 대왕을 냉혹하게 꾸짖은 적이 있습니다. 왕은 바흐에게 6부의 푸가를 작곡하게 했습니다. 나이 든 작곡가의 이미지에 흠집을 내고 싶었던 것입니다. 그러나 바흐가 프리드리히 대왕에게 선물한 〈음악의 헌정〉(Musical Offering)은

"어떤 절대 군주도 자기의 믿음과 가치관에 대해 이렇게까지 질책을 받아 본 적이 없는 혹독한 비난"이었습니다.[10] 바흐는 "당신과 우리 모두를 심판할, 어느 왕의 법보다 더 높은 불변의 법이 있다"는 추론으로 10곡의 캐논에 모세의 율법을 적용했습니다.[11]

구약은 직접적인 예언뿐 아니라 미묘하고 간접적인 방법으로도 예수님을 예표합니다. 예를 들어, 마태복음은 예수님을 "아브라함과 다윗의 자손"(마 1:1)으로 선언하면서 시작합니다. 아브라함과 다윗의 삶에서 예수님이 누구시며, 무슨 일을 하실 것인지를 예표하는 사건들을 찾아볼 수 있습니다.

> Leader

아들 이삭을 제물로 드리는 창세기 22장의 아브라함의 '희생'은 하나님의 아들 예수님의 희생에 관한 예표입니다. 사무엘하 9장의 므비보셋은 사울왕의 후손이기에 다윗에게는 잠재적인 적이었습니다. 그렇기 때문에 므비보셋을 향한 다윗의 사랑은 원수를 향한 예수님의 사랑의 예시입니다(롬 5:8).

셋째, 예수님의 복음이 본문에 관한 이해를 어떻게 구체화하는가?

구약은 지혜로운 말씀과 원리와 명령으로 가득합니다. 사도 바울은 이런 것들이 예수 그리스도를 따르는 우리와 여전히 관련이 있음을 분명히 합니다. 그러나 예수님의 삶과 가르침의 관점에서 읽어야만, 지혜로운 말씀과 원리와 명령이 우리와 우리 삶에 '어떻게' 적용되는지를 이해할 수 있습니다. 주님은 구약을 완전하게 하기 위해 오셨습니다(마 5:17).

구약의 말씀과 원리와 명령이 우리에게 어떻게 적용되는지를 이해하게 될 때 비로소 복음의 능력 안에서 그것을 수행할 수 있습니다. 그렇습니다. 예수님이 죽으시고, 다시 살아나셨다는 좋은 소식은 우리의 순종을 다시 구체화하고 강화해 줍니다(참조, 고후 3:17~18; 갈 2:14; 빌 1:27; 2:12~13).

Q '오늘날 우리는 옛 언약 아래 있지 않으므로 구약은 믿는 자들과 아무런 관련이 없다'고 주장하는 사람들에게 어떤 말을 해 주겠습니까?

Q 예수님의 삶과 가르침의 관점에서 구약의 말씀과 원리와 명령을 이해하는 것은 오늘날 우리에게 어떤 도움이 될까요?

핵심교리 99 **7. 성경의 조명**

우리는 하나님의 지혜와 인간의 지혜 사이에 존재하는 커다란 격차와 죄성으로 인해 성령님의 조명 없이 자기 힘으로는 영적 진리를 온전히 파악할 수 없습니다. 그리스도인이 말씀의 뜻을 이해하고 해석할 때 궁극적으로 의지하는 것은 인간의 이성이나 학자들의 학문이 아닙니다. 신자의 마음과 생각에 말씀을 조명해 주시는 성령님의 역사입니다(요 14:15~18; 16:7~15).

심화토론

- 예수님이 '미련하다'와 '더디다' 같은 말로 실망감을 표시하신 것에 관해 어떻게 생각합니까?
- 제자들의 성경 이해에 관한 예수님의 관심은 성경 연구의 진지하고 도덕적인 본질에 관해 무엇을 말해 줍니까?

> **심화 주석** 식탁에서 예수님은 유대인들이 식사를 시작할 때 하는 친숙한 행동을 하셨습니다. 그것은 일반적으로 손님이 아닌 주인이 하는 행동이었습니다. … 그 행동이 그들에게 특별한 감정을 불러일으켰을 수도 있고, 그때 예수님의 손에 난 못 자국을 보았을 수도 있습니다. 혹은 그때가 마침 하나님의 때였을 수도 있습니다. "그들의 눈이 밝아져"(눅 24:31)라는 말의 뜻은, 하나님이 이 순간을 택하셔서 이 사람이 자신의 아들이라고 밝히셨다는 것입니다. 어쨌든 그들은 주님을 알아봤습니다. 그런데 그들이 예수님을 알아보자마자 주님은 그들의 눈앞에서 사라지셨습니다. 함께 걸었던 이가 주님이시라는 걸 인식함으로써 그 길에서 그들에게 일어났던 모든 일이 설명되었습니다. …
> 그들은 예수님이 "성경을 풀어 주셨다"(32절)고 말합니다. 즉 주님의 말씀으로 성경 말씀 속에 숨겨진 의미가 분명해졌습니다. 그들이 할 수 있는 즉각적인 반응은 다른 믿는 자들에게 이것을 전하는 것이었습니다. … 글로바와 그의 친구는 예루살렘에서 '열한 제자'를 비롯한 예수님의 제자들을 만났습니다. 그들은 예수님의 부활 소식을 말하고 싶어서 입이 근질근질했습니다. … 그래서 예수님이 그들과 함께 걸으셨고, '떡을 떼실 때' 그들은 그분이 누구신지 알아봤다고 말했습니다. 그들이 예수님을 알아보게 된 방식은 그들에게 분명 감동적이었을 것입니다.[13]
> _레온 모리스

3. 부활하신 왕께서 우리에게 자신을 계시하십니다(눅 24:28~35)

> Leader
> 글로바와 또 한 명의 제자는 엠마오에 도착할 때까지도 예수님을 알아보지 못했습니다. 그런데 곧 변화가 일어났습니다. 누가는 그다음에 어떤 일이 일어났는지를 전합니다.

28 그들이 가는 마을에 가까이 가매 예수는 더 가려 하는 것같이 하시니 29 그들
이 강권하여 이르되 우리와 함께 유하사이다 때가 저물어가고 날이 이미 기울
었나이다 하니 이에 그들과 함께 유하러 들어가시니라 30 그들과 함께 음식 잡수
실 때에 떡을 가지사 축사하시고 떼어 그들에게 주시니 31 그들의 눈이 밝아져 그
인 줄 알아보더니 예수는 그들에게 보이지 아니하시는지라 32 그들이 서로 말하
되 길에서 우리에게 말씀하시고 우리에게 성경을 풀어 주실 때에 우리 속에서
마음이 뜨겁지 아니하더냐 하고 33 곧 그때로 일어나 예루살렘에 돌아가 보니 열
한 제자 및 그들과 함께한 자들이 모여 있어 34 말하기를 주께서 과연 살아나시
고 시몬에게 보이셨다 하는지라 35 두 사람도 길에서 된 일과 예수께서 떡을 떼
심으로 자기들에게 알려지신 것을 말하더라

2006년 4월 26일, 밴에 타고 있던 휘트니 세락은 테일러대학 학생 다섯 명의 목숨을 앗아간 끔찍한 교통사고에서 홀로 살아남았습니다. 그런데 그녀는 응급구조대원의 실수로 사망자로 처리되었습니다. 몇 주가 지난 후 휘트니가 살아 있다는 소식을 들었을 때, 그녀의 부모가 받았을 충격과 기쁨을 상상해 보십시오.[12]

두 제자도 마찬가지였습니다. 성경을 풀어 주면서 그들의 마음을 뜨겁게 했던 이가 알고 보니 부활한 왕이셨던 것입니다. 하나님은 부활하신 그리스도를 그들에게 계시하셨습니다.

> Leader
> "그들의 눈이 밝아져"(31절)와 "자기들에게 알려지신 것"(35절)이 수동태로 쓰인 것은 하나님이 그렇게 계시하셨음을 암시합니다.

하나님은 오늘도 여전히 우리에게 그리스도를 계시하십니다.

부활하신 왕께서는 성령님을 통해 자기 백성에게 자신을 계시하셨습니다. 십자가에 달리시기 전날 밤, 예수님은 성령님이 오실 것을 말씀하시고 "그가 내 영광을 나타내리니"(요 16:14)라고 말씀하셨습니다. 고린도전서에서 사도 바울은 "성령으로 아니하고는 누구든지 예수를 주시라 할 수 없느니라"(고전 12:3)라고 단언하기도 했습니다.

> "성경은 예수 그리스도께서 인류 역사의 중심이시라고 말합니다. 모든 피조물은 그분에 의해, 그분을 통해, 그분을 향해, 그분을 위해 존재합니다. 성경 공부 역시 그분을 위해 존재해야 합니다."[15]
> _트레빈 왁스

Q 오늘날 성령님은 우리에게 예수님을 계시하시기 위해 하나님의 말씀을 어떻게 사용하십니까?

Q 하나님의 백성은 하나님의 말씀을 해석하고 이해하는 데 어떤 역할을 합니까?

예수님은 정체가 드러나자마자 그들의 눈앞에서 사라지셨습니다.

> Leader
> 예수님은 두 제자가 마침내 자신을 알아봤는데, 왜 사라지신 걸까요? 두 가지 이유를 생각해 볼 수 있습니다.
> 첫째, 열한 제자를 비롯해 다른 제자들과 만날 기회를 만들기 위해 사라지신 것일 수 있습니다(참조, 눅 24:36~49). 예수님이 사라지심으로써 두 제자가 예루살렘으로 돌아가 어떤 일이 있었는지 보고하게 되는데(눅 24:33~35), 이는 바로 이어지는 누가복음의 마지막 장면에서 예수님이 제자들에게 극적으로 나타나실 무대를 마련한 셈이 되었습니다.
> 둘째, "예수님의 살아 계심을 계시할 때, 더 이상 주님이 가시적으로 존재하실 필요가 없다"는 것을 상기시키는 것일 수 있습니다.[14]

두 제자가 예수님의 부활 소식을 전하기 위해 얼마나 빨리 달려갔는지에 주목하십시오. 예수님과의 만남은 기밀 사항이 아닙니다. 오히려 사명으로 이끕니다. 예수님은 자신을 계시하실 때, 우리가 다른 사람들에게 증인이 되어 그분의 영광과 이름을 널리 알리기를 기대하십니다.

Q 두 제자가 예수님의 부활 소식을 공유하려 한 것이 당연한 일인 이유는 무엇입니까?

결론

하나님이 우리에게 주신 사명은 성경을 도덕책이나 도덕 프로그램쯤으로 알리는 것이 아닙니다. 사람들에게 그들을 대속하시고, 회복하시며, 하나님과 화해시키기 위해 오신 부활의 왕을 소개하는 것입니다. 예수님이 자신을 우리에게 알리신 이유는 하나님을 알게 하기 위함입니다. 요한복음은 "본래 하나님을 본 사람이 없으되 아버지 품속에 있는 독생하신 하나님이 나타내셨느니라"(요 1:18)라고 말합니다.

이 사명을 성공적으로 수행하기 위해서는 성경을 읽는 방법이 중요합니다. '성경이 그리스도에 관해 증언하고 있다는 것을 이해하는가?', '예수

"그리스도는 구약과 신약 모두에서 발견됩니다. 처음에는 흐릿하고 희미하게, 중간에는 좀 더 분명하고 뚜렷하게, 마지막에는 온전하고 완벽하게 말입니다. 어디에서나 정말로 많이 발견됩니다."[17]
_J. C. 라일

님의 죽음과 부활의 관점에서 성경을 읽고 해석하는가?' 이것이 복음, 곧 '좋은 소식'을 이루는 두 가지 요점입니다(참조, 고전 15:1~8). 사도 바울은 두 가지 모두 성경의 증언과 역사의 증언으로 입증되었음을 분명히 밝힙니다.

> Leader
> 역사의 증언에 따르면, 예수님은 장사되어 확실히 죽으셨습니다(고전 15:4). 그런데 예수님은 500여 명의 증인에게 나타나심으로써 부활을 분명히 보여 주셨습니다. 주님을 믿지 않았던 주의 형제 야고보와 바울에게도 나타나셨습니다(고전 15:5~8). 사도 바울은 예수님이 "우리 죄를 위하여 죽으시고 장사 지낸 바 되셨다가 성경대로 사흘 만에 다시" 살아나셨다는 사실을 제시하기도 합니다

예수님의 죽음과 부활은 "자기 백성을 임재 안에서 대속하시고, 회복하시는 하나님의 위대한 이야기와 연결되어 있습니다. 주의 임재 안에 참된 충만과 기쁨이 있습니다. 이것은 예수님의 제자들이 그랬던 것처럼, 우리도 빠져들게 된 이야기입니다."[16] 웅장한 이야기로 가득한 성경을 마음과 생각으로 모두 읽기를 바랍니다.

그리스도와의 연결
엠마오로 가는 길에서 부활하신 예수님은 구약성경이 그분의 고난과 영광을 어떻게 언급하는지 설명해 주셨습니다. 제자들처럼 우리도 하나님의 기록된 말씀의 핵심에 있는 복음에 집중해 그리스도의 죽음과 부활의 관점에서 성경을 통독해야 합니다.

하나님의 계획 우리의 사명

선교적 적용 하나님은 우리에게 그리스도의 죽음과 부활의 관점에서 성경을 읽고 해석하라고 말씀하십니다.

1. 어떻게 하면 슬픔과 혼란의 시기에 부활하신 왕을 신뢰하도록 서로 격려할 수 있을까요?
2. 그리스도의 죽음과 부활에 비추어 볼 때, 우리 삶은 어떻게 달라져야 할까요?
3. 어떻게 하면 예수님을 예배하는 것만큼이나 복음 전도를 자연스럽게 받아들일 수 있을까요?

금주의 성경 읽기
단 7~12장

부활하신 왕께서 자기 사람들을 보내시다

8

Summary and Goal

이 세션에서는 예수님이 새 생명으로 부활하신 그날 저녁에 제자들에게 어떤 말씀을 하셨는지 살펴볼 것입니다. 예수님이 제자들에게 주신 명령은 성경의 전체 줄거리를 움직이는 하나님의 계획을 반영합니다. 성부 하나님은 아들을 보내시고, 성자 하나님은 자기 백성을 세상으로 보내시며, 성부 하나님과 성자 하나님은 우리에게 사명의 권능을 주실 성령님을 보내십니다. 예수님을 따르는 사람으로서 우리는 하나님과 고난받으시는 구원자의 형상으로 지어져 보내심을 받은 자들입니다. 우리는 홀로 사명을 감당하지 않고, 항상 하나님의 영에 힘입어 사명을 감당합니다.

- **성경 본문**
  요한복음 20:19~23

- **세션 포인트**
  1. 부활하신 왕께서 평화를 주십니다(요 20:19)
  2. 부활하신 왕께서 제자들을 보내십니다(요 20:20~21)
  3. 부활하신 왕께서 성령님의 능력을 주십니다(요 20:22~23)

- **신학적 주제**
  성부 하나님은 아들을 보내시고, 성자 하나님은 자기 백성을 세상으로 보내시며, 성부 하나님과 성자 하나님은 우리에게 사명의 권능을 주실 성령님을 보내십니다.

- **그리스도와의 연결**
  성경은 성부 하나님이 성자 하나님을 보내시고, 성자 하나님은 자기 백성을 세상으로 보내시며, 성부 하나님과 성자 하나님이 우리에게 사명의 권능을 주실 성령님을 보내신다고 묘사합니다. 그리스도인인 우리는 하나님과 고난받으시는 구원자의 형상으로 지어져 보내심을 받은 자들입니다.

- **선교적 적용**
  하나님은 우리에게 세상에 하나님의 용서를 전할 때 예수님을 대신해 복음을 전하라고 명령하십니다.

Session Plan

도입

저자의 이야기를 통해 예수님이 우리에게 공동체의 잃어버린 사람들에게 다가가는 사명을 어떻게 맡기시는지 설명해 주십시오.

임무를 수행하거나 메시지를 전달하기 위해 '보내심을 받은' 사람들의 예를 들어봅시다.

이러한 예는 그리스도인의 사명과 어떤 면에서 비슷하고 어떤 면에서 다릅니까?

예수님이 성령님의 권능을 받은 자기 백성을 세상으로 보내신다는 내용을 다루는 이 세션을 요약해 주십시오.

전개

1 부활하신 왕께서 평화를 주십니다 (요 20:19)

요한복음 20장 19절을 읽으십시오. 예수님이 제자들에게 하신 세 가지 말씀 중에 첫 번째 말씀인 "너희에게 평강이 있을지어다"에 관해 이야기하면서 시작하십시오.

성경에서 예수님이 평안의 말씀을 주시거나 상황을 평화롭게 해 주신 또 다른 경우는 언제입니까?

예수님이 주시는 평안을 어떤 말로 표현할 수 있을까요?

'샬롬'의 구약적 배경과 그 의미에 관해 이야기해 주십시오. 샬롬은 하나님이 의도하신 대로 올바로 존재하는 모든 것의 상태를 말합니다. 우리는 우리 의를 위해 죽음에서 살아나신 왕을 믿는 믿음을 통해 하나님과 화평해야 하며, 이것이 우리 사명을 위한 기초라는 것을 설명해 주십시오. 부록 5: '왕 예수 그리스도'를 참고해 부활의 왕이신 예수님이 주시는 평화와 그분의 왕국을 연결해 주십시오.

불안이 엄습할 때, 하나님의 평안이 우리 마음을 어떻게 지켜 줍니까?

세상의 어려움에 부딪혔을 때, 하나님의 평안을 경험해 본 적이 있나요?

2 부활하신 왕께서 제자들을 보내십니다 (요 20:20~21)

자원자에게 요한복음 20장 20~21절을 읽게 하십시오. 예수님의 두 번째 말씀으로 넘어가십시오. 예수님이 이 말씀을 주시기 위해 제자들을 두 가지 방법으로 준비시키셨음을 보여 주십시오.
첫째, 제자들에게 손과 옆구리를 보여 주셨습니다.

하나님의 평안을 경험하는 것은 하나님의 사명에 참여하는 데 전제조건이 될까요?

주님의 제자로서 사명을 수행하는 데 그리스도의 평안은 어떤 역할을 합니까?

둘째, 예수님은 평화의 인사를 반복하시며, 뜻밖의 위임을 선포하셨습니다. 예수님은 하나님 아버지에게서 보내심을 받으셨던 것처럼 제자들을 보내셨습니다.

믿는 자가 예수님이 하나님의 사명을 감당하라고 보내신 제자로 살려면 어떤 단계들을 거치게 될까요?

3 부활하신 왕께서 성령님의 능력을 주십니다 (요 20:22~23)

성령님의 능력을 주신다는 것이 예수님이 제자들에게 주신 세 번째 말씀임을 말해 주십시오. 그러고 나서 요한복음 20장 22~23절을 읽으십시오. 성령님이 오시는 시기에 관해 혼란을 느낄 수 있지만, 예수님의 말씀이 훗날 이룰 성취를 가리킨다는 것을 안다면 혼란이 정리될 수 있다는 것을 알려 주십시오.

우리에게 성부 하나님과 성자 하나님이 성령님을 보내주셔야 할 필요가 있다는 것에 관해 잠시 이야기를 나누십시오. 약속된 성령님은 우리 안에서 무엇을 행하시며, 우리를 통해 무엇을 성취하십니까?

성령님의 선물은 죄 용서와 긴밀하게 연결되어 있다는 것을 강조해 주십시오. 예수님의 말씀은 회개하면 죄를 용서받는다는 것을 사람들에게 말할 권위가 우리에게 있음을 의미한다는 것을 가르쳐 주십시오.

예수님이 제자들에게 주신 말씀(요 20:22~23)은 세상에 복음을 선포할 때 어떻게 적용될까요?

결론

우리는 하나님과 고난받으신 구원자의 형상을 가진 '보내심을 받은 백성'임을 상기시키는 것으로 이 세션을 마무리하십시오. 이 세션에서 배운 진리를 '하나님의 계획, 우리의 사명'에서 적용해 보십시오.

Session Content

8. 부활하신 왕께서 자기 사람들을 보내시다

"생명으로의 초대는 … 생명의 복음을 다른 사람들과 공유하기 위한 초대입니다. 우리는 예수님의 순례 여행에 동참하고, 영광스러운 왕국으로의 여행에 동참하며, 아름다운 하나님의 가족의 일원이 되어 무한한 사랑의 품에 안깁니다."[3]
_프랜시스 듀보스

도입

> Leader

미국 워싱턴의 타코마로 이사한 카이사르와 티나 부부는 그 지역 사람들의 생활 양식을 이해하기 위해 노력했습니다. 그 결과 그들은 타코마 사람들 대부분 식당에서 외식하며 시간을 보낸다는 사실을 알게 되었습니다. 그래서 그들도 매주 그렇게 했습니다. 또한 그들은 이웃 사람들을 집으로 초대해 가족처럼 대하고 금전적으로 어려움을 겪는 사람들에게는 금전적인 도움을 주기도 했습니다. 그렇게 그들은 이웃 사람들과 삶을 나누며 지냈습니다.[1]

안드레아는 몬타나주립대학교 4학년 학생이었습니다. 그녀는 4학년 진급을 앞두고 그동안 지내던 여대생 클럽하우스를 떠날 수도 있었지만, 그곳에 남아 클럽 활동에 전념하기로 했습니다. 그녀는 친구들과 밤새 고민과 꿈에 관해 이야기를 나누고, 저녁 식사 준비와 행사 준비도 도왔습니다. 4학년 학생으로서 결코 쉽지 않은 일이었습니다. 그런데도 그녀는 클럽 생활을 기꺼이 받아들였습니다. 왜 그랬을까요? 바로 하나님의 사역 때문이었습니다.

> Leader

카이사르와 티나와 안드레아는 부활한 왕이신 예수님이 공동체의 잃어버린 사람들에게 그들을 보내셨다는 것을 알았습니다. 과거에 카이사르는 비그리스도인 친구가 단 한 명도 없는 중부 도시에서 살았는데, 그의 말대로 하자면 "복음의 훨씬 더 큰 뜻을 품은" 삶을 살도록 하나님의 영이 그를 이끄셨습니다.[2]

안드레아는 부활한 왕이신 예수님이 공동체의 잃어버린 사람들에게 그녀를 보내셨다는 것을 알았습니다. 그녀는 2001년 가을에 4학년이 되었는데, 그때 9.11 사건이 일어났습니다. 그녀는 클럽하우스에서 토론회를 열고, 근처에 있는 남학생 클럽하우스 사람들을 초대했습니다. 그리고 목사님을 모셔와 그런 끔찍한 사건에 어떻게 대처해야 할지 묻고 답을 청했습니다. 그 결과 그 자리에서 세 명의 대학생이 예수 그리스도의 복음에 응답

했습니다.

놀랍게도 부활한 왕이신 예수님은 그분을 따르는 교회의 구성원인 남녀 제자들에게 사명을 위임하셨습니다. 이 사명은 매우 중대했기에 예수님은 죽은 자 가운데서 살아나신 후 몇 시간도 안 되어 자신을 따르는 자들에게 부활을 알리셨습니다.

Q 임무를 수행하거나 메시지를 전달하기 위해 '보내심을 받은' 사람들의 예를 들어봅시다.

Q 이러한 예는 그리스도인의 사명과 어떤 면에서 비슷하고 어떤 면에서 다릅니까?

Session Summary

이 세션에서는 예수님이 새 생명으로 부활하신 그날 저녁에 제자들에게 어떤 말씀을 하셨는지 살펴볼 것입니다. 예수님이 제자들에게 주신 명령은 성경의 전체 줄거리를 움직이는 하나님의 계획을 반영합니다. 성부 하나님은 아들을 보내시고, 성자 하나님은 자기 백성을 세상으로 보내시며, 성부 하나님과 성자 하나님은 우리에게 사명의 권능을 주실 성령님을 보내십니다. 예수님을 따르는 사람으로서 우리는 하나님과 고난받으시는 구원자의 형상으로 지어져 보내심을 받은 자들입니다. 우리는 홀로 사명을 감당하지 않고, 항상 하나님의 영에 힘입어 사명을 감당합니다.

"예수님을 따르고 싶다면, 땅끝까지 예수님을 따라가야 합니다. 왜냐하면 그곳이 바로 주님이 향하신 곳이기 때문입니다. … 우리는 주님을 선교하시는 하나님으로 생각하지 않고는 하나님에 관해 생각할 수 없습니다."[4]

_로버트 스피어

심화 주석 세상은 평화를 줄 능력이 없습니다. 세상에는 증오, 악의, 불안, 두려움, 이기심 등이 가득하고, 그것들은 평화에 대한 모든 시도를 빠르게 집어삼킵니다. 성경 구조 안에서 제의가 되었든 혹은 신비주의나 선전이 되었든 투쟁의 근본 이유를 다루지 않은 채 개인적인 평정이나 단순히 정치적인 안정을 얻으려는 시도는 본질적으로 혐오스러운 것입니다. 이것이 하나님이 속임수를 행하는 선지자들과 제사장들을 비난하시는 이유입니다. 그들은 백성의 상처를 심각하지 않은 듯이 꾸밉니다. "평화로다, 평화로다"라고 말하는 어디에도 평화는 없습니다. 그들이 자신의 혐오스러운 행동을 부끄럽게 여길까요? 아닙니다. 그들은 전혀 부끄러워하지 않습니다. 심지어 얼굴을 붉힐 줄도 모릅니다(렘 6:13~15). 세상은 평화를 약속하고, 마치 인사하듯이 평화의 깃발을 흔듭니다. 평화를 주지도 못하면서 말입니다.[5]

_D. A. 카슨

전개

1. 부활하신 왕께서 평화를 주십니다(요 20:19)

> Leader

예수님의 제자들에게는 엄청나게 절망적이고, 어리둥절한 한 주간이었습니다. 이스라엘 왕국을 회복시키실 것으로 기대했던(참조, 행 1:6) 그분이 십자가에 못 박히셨습니다. 그런데 그 주의 첫째 날, 막달라 마리아가 그들에게 "내가 주를 보았다"(요 20:18)라고 말했습니다. 제자들은 두려움에 떨며 서로 꼭 붙어 있었습니다. 요한복음 20장 19절은 이렇게 말합니다.

19이날 곧 안식 후 첫날 저녁때에 제자들이 유대인들을 두려워하여 모인 곳의

> "우리는 그것을 평화라 부르지만, 그것은 마음의 평화나 휴전 상태보다 훨씬 더 큰 의미입니다. 성경에서 샬롬은 '보편적인 번영, 기쁨, 완전함'을 의미합니다. 자연의 필요가 충족되고 자연의 선물이 풍부하게 사용되는 풍요로운 상태, 창조자와 구원자가 문을 열고 기쁨으로 피조물들을 환영해 기쁨의 감탄을 불러일으키는 상태를 의미하는 것입니다."[8]
> _코넬리우스 플랜팅가 Jr.

> "우리가 그리스도의 이름으로 그의 거룩한 날에 모일 때, 그분은 우리에게 평화를 들려주실 것입니다."[9]
> _매튜 헨리

심화토론

- 어떻게 하면 그리스도인과 비그리스도인 모두가 '샬롬'의 개념에 공감할 수 있을까요?
- 이러한 공감을 복음 전도에서 어떻게 활용할 수 있을까요?

문들을 닫았더니 예수께서 오사 가운데 서서 이르시되 너희에게 평강이 있을지어다

문이 잠겨 있었는데, 예수님이 방 안에 나타나셨습니다.

> Leader
> 참으로 놀라운 등장입니다! 제자들은 문을 잠그고 있었습니다. 유대교 지도자들에 의해 제거당할까 두려웠기 때문입니다. D. A. 카슨은 다음과 같이 설명합니다. "요한의 이야기에서 이 구절과 26절에서 닫힌 문의 기능은 예수님을 따르는 자들에게 예수님의 나타나심이 기적임을 강조하기 위한 것이었습니다. 주님의 부활하신 몸이 세마포를 통과한 것처럼(참조, 요 20:21) 닫힌 문을 통과해서 '나타나신' 것입니다."[6]

요한은 이 놀라운 등장에 관해 서술하면서 예수님이 제자들에게 주신 세 가지 말씀에 초점을 맞추고 있습니다. 첫 번째는 "너희에게 평강이 있을지어다"(19절)입니다. 이것은 유대인들이 오늘날에도 사용하는 일반적인 인사입니다. 그런데 예수님이 이 인사를 반복하신 데는 큰 의미가 있습니다(참조, 20:21). 제자들, 곧 자기 백성에게 불안과 두려움을 이겨 낼 평안을 주시겠다는 약속을 상기시켜 주기 때문입니다(요 14:27; 16:33).

Q 성경에서 예수님이 평안의 말씀을 주시거나 상황을 평화롭게 해 주신 또 다른 경우는 언제입니까?

Q 예수님이 주시는 평안을 어떤 말로 표현할 수 있을까요?

예수님이 약속하신 평안은 구약에 근거한 것으로, 히브리어 '샬롬'은 갈등의 부재 이상의 의미가 있습니다. 그것은 번창하고, 부유하고, 완전하며, 온전한 상태에 관한 것입니다. 샬롬은 하나님이 의도하신 그대로 존재하는 모든 것의 상태를 말합니다.

이것은 하나님의 사명을 위해 세상에 보내진 예수님을 따르는 자들에게 큰 위로와 격려가 됩니다. 우리는 우리의 의로움을 위해 죽은 자 가운데서 다시 살아나신 왕을 믿는 믿음으로 하나님과 평화를 이룹니다(롬 4:25~5:1). 하나님은 이제 우리에게서 죄를 찾지 않으십니다. 그리스도의 이름을 주장하는 것만으로도 하나님이 주시는 평안이 우리 마음을 고통과 죽임이 주는 '불안의 엄습'에서 지키시고 교회에서 화합을 유지하도록 다스리십니다(참조, 빌 4:7; 골 3:15).[7]

Q 불안이 엄습할 때, 하나님의 평안이 우리 마음을 어떻게 지켜 줍니까?

Q 세상의 어려움에 부딪혔을 때, 하나님의 평안을 경험해 본 적이 있나요?

> **심화 주석** 제자들이 예수님의 사역을 행하며 예수님을 증언하도록 보내졌다는 것은 복음서 곳곳에 예시되어 있습니다(참조, 요 4:35~38; 14:12; 15:16, 26~27; 17:18). … 요한복음 20장 21절과 유사한 마지막 본문은 제자들이 '세상 속으로' 보내졌다고 확언합니다. 즉 선교를 위해 세상에 보내진 것입니다. 다른 본문들은 사명의 핵심 내용이 성령님의 지속적인 증언과 더불어 말과 행함으로 예수님을 증언함으로써 하나님 나라를 위해 사람들을 '추수'하는 것임을 보여 줍니다. 하나님 아버지께서 아들을 보내신 것처럼 제자들을 보내신다는 예수님의 말씀은 우선적으로 열두 제자에게 적용됩니다(막 3:13~19). 하지만 예수님이 제자들에게 보내신 성령님을 모든 신자가 받는 한(참조, 요 20:22) 모든 믿는 자에게 예수님의 지상 명령을 공유할 특권이 있습니다. 성령님이 주시는 특별한 권능으로 모든 믿는 자는 각자 계속해서 예수님의 사역을 행하며 예수님을 증언하는 역할을 합니다.[10]
>
> _콜린 G. 크루즈

2. 부활하신 왕께서 제자들을 보내십니다(요 20:20~21)

> Leader 예수님이 제자들에게 나타나셨을 때 하신 평화의 선포는 제자들에게 하실 말씀의 시작일 뿐이었습니다. 예수님은 그들에게 사명을 주어 보내실 준비가 되어 있으셨습니다.

20이 말씀을 하시고 손과 옆구리를 보이시니 제자들이 주를 보고 기뻐하더라
21예수께서 또 이르시되 너희에게 평강이 있을지어다 아버지께서 나를 보내신
것같이 나도 너희를 보내노라

이것이 바로 예수님이 제자들에게 주신 두 번째 말씀입니다. 예수님은 이 말씀을 주시기 위해 제자들을 두 가지 방법으로 준비시키셨습니다.

첫째, 예수님은 제자들에게 손과 옆구리를 보여 주셨습니다. 예수님의 손과 옆구리의 상처는 고난과 승리의 흔적입니다. 예수님은 죽음을 이겨 내신 분입니다. 그분을 다시 뵌 제자들은 당연히 너무도 기뻤습니다.

Q 하나님의 평안을 경험하는 것은 하나님의 사명에 참여하는 데 전제조건이 될까요?

Q 주님의 제자로서 사명을 수행하는 데 그리스도의 평안은 어떤 역할을 합니까?

둘째, 예수님은 재차 "너희에게 평강이 있을지어다"(21절) 하고 말씀하셨습니다. 예수님은 그들에게 평안을 주시면서 "아버지께서 나를 보내신 것같이 나도 너희를 보내노라"(21절)라는 전혀 뜻밖의 위임을 선포하셨습니다.

> Leader "예수께서 이르시되 나의 양식은 나를 보내신 이의 뜻을 행하며 그의 일을 온전히 이루는 이것이니라"(요 4:34).
>
> "내가 아무것도 스스로 할 수 없노라 듣는 대로 심판하노니 나는 나의 뜻대로 하려 하지 않고 나를 보내신 이의 뜻대로 하려 하므로 내 심판은 의로우니라"(요 5:30).

"그리스도께서는 하나님 아버지께서 그를 보내신 것처럼 사도들을 보내셨습니다. 사도들은 죄인들을 불러 회개하게 하고, 몸이든 영혼이든 악에 사로잡힌 자들을 보살펴야 하는 자신의 사명을 온전히 이해할 수 있었습니다."[13]
_알렉산드리아의 키릴로스

"내가 진실로 진실로 너희에게 이르노니 내가 보낸 자를 영접하는 자는 나를 영접하는 것이요 나를 영접하는 자는 나를 보내신 이를 영접하는 것이니라"(요 13:20).
"영생은 곧 유일하신 참 하나님과 그가 보내신 자 예수 그리스도를 아는 것이니이다"(요 17:3).
"아버지여, 아버지께서 내 안에, 내가 아버지 안에 있는 것같이 그들도 다 하나가 되어 우리 안에 있게 하사 세상으로 아버지께서 나를 보내신 것을 믿게 하옵소서"(요 17:21).
참조, 요 3:33; 5:23~24, 36~38; 6:29, 38~39, 44, 57; 7:16, 18, 28~29, 33; 8:16, 18, 26, 29, 42; 9:4; 10:36; 11:42; 12:44~45, 49; 14:24; 15:21; 16:5; 17:8, 18, 23, 25.

요한복음에서 예수님은 자신을 하나님에게서 보내심을 받은 자로 자주 언급하십니다. 이제 그 보내심과 같은 선상에서 예수님이 제자들을 세상에 보내십니다. 게리 버지는 예수님의 보내심을 다음과 같이 설명합니다. "예수님이 세상에서 하나님의 특별한 대리자이셨던 것처럼, 그분의 제자들도 예수님의 대리자가 되어 세상에서 일하며 하나님의 살아계심과 예수님의 진리의 말씀을 증언합니다."[11]

우리는 '보내심'을 미션(mission), 즉 사명이라고 말합니다. 왜냐하면 '보내다'의 라틴어가 '미시오'(missio)이기 때문입니다. 하나님이 우리를 보내시는 사명이란 정확히 무엇입니까? 그 목적과 목표는 무엇입니까?

복음서에는 부활하신 왕께서 제자들에게 부여하신 다양한 위임이 들어 있습니다. 마태복음은 이 사명을 기억하기 쉽게 간결하게 요약합니다. 왕의 위임은 "모든 민족을 제자로"(마 28:19) 삼으라는 것입니다. 이것은 오늘날에도 여전히 우리의 사명입니다. 우리는 사람들을 인도해 예수 그리스도를 믿게 하고, 그들에게 성부 하나님과 성자 하나님과 성령님의 이름으로 세례를 주고, 예수님의 명령에 순종하도록 그들을 가르쳐야 합니다(참조, 마 28:19~20).

> Leader

제이슨 듀크스 목사는 예수님의 이 말씀은 십자가에서 돌아가시기 전날 밤에 하셨던 기도를 반영하고 있다고 강조합니다. "'아버지께서 나를 세상에 보내신 것같이 나도 그들을 세상에 보내었고'(요 17:18) … 예수님은 예수님이 하셨던 사역으로 우리를 초대하고 계십니다. 하나님 아버지는 예수님을 보내셨고, 예수님은 우리를 초대하시는데, 주님의 평화로 가서 다른 사람들을 사랑하고 은혜로 진리를 전하라고 명령하십니다."[12]

팀 켈러 목사는 이렇게 말합니다. "하나님이 당신을 불러 복을 주시는 이유는 반드시 당신을 내보내 복이 되게 하시기 위해서입니다(창 12:1~3. 참조, 벧전 2:9). 그러므로 그리스도인은 자신의 감정적 필요를 채우기 위해 왔다가 집으로 돌아가는 영적인 소비자가 아닙니다. 사명받은 교회는 개인들로서나 한 몸으로서 사명 가운데 서도록 훈련하고 격려하는 교회입니다."[14]

주부나 학생이나 교사나 의사나 경찰관이나 기술자나 상관없이, 당신은 제자 삼는 사명을 위해 부름받았습니다.

Q 믿는 자가 예수님이 하나님의 사명을 감당하라고 보내신 제자로 살려면 어떤 단계들을 거치게 될까요?

예수님이 이스라엘에 보내지신 것처럼 우리도 세상에 보내진다면, "예수님이 어떻게 보내심을 받으셨는가"라는 질문을 꼭 해 봐야 합니다. 요한복음을 빠르게 훑어보고, 그리스도 사역의 본질을 살펴봅시다. 이를 통해 우리는 그리스도를 더 잘 닮아 갈 방법을 생각해 봐야 합니다.

요한복음 1장 예수님은 우리 가운데 거하시려고 보내심을 받으셨습니다(14절). 말씀이 육신이 되셨습니다.	어떻게 하면 예수님에게서 보내심을 받은 자로서 어두운 세상 가운데 그리스도를 드러내며, 하나님을 필요로 하는 사람들과 함께 살아갈 수 있을까요?
요한복음 3장 예수님은 니고데모에게 심판하기 위해서가 아니라, 구원을 주기 위해서 보내심을 받으셨다고 말씀하셨습니다.	교회로서 우리가 해야 하는 일이 무엇인지 생각해 보십시오. 심판의 메시지를 전하는 것입니까, 아니면 구원의 메시지를 전하는 것입니까? 어떻게 하면 우리의 증언을 바꾸거나 개선할 수 있을까요?
요한복음 4장 예수님은 문화적으로 이질적이며 '비난의 여지가 없지' 않은 여인과 대화를 나누실 때, 하나님이 어디서, 어떻게 경배받으시는지를 명확히 하셨습니다.	복음을 전할 때 위험을 감수하고 경계선을 넘어설 자신이 있습니까? 누구와 함께 그 경계선을 넘을 수 있습니까?
요한복음 13장 예수님은 제자들의 발을 씻기시고, 사랑이라는 '새 계명'을 주셨습니다.	교회는 이웃을 내 몸같이 얼마나 사랑합니까? 예수님이 우리를 사랑하신 것처럼 우리도 다른 사람들을 사랑한다는 것은 어떤 것일까요?
요한복음 17장 예수님은 제자들이 하나가 되어 세상 사람들이 하나님이 보내신 예수님을 믿고, 하나님 아버지의 사랑을 알 수 있게 되기를 기도하셨습니다.	하나님의 사역이 우리 가운데 분명히 나타나도록, 우리 도시에서 예수님을 따르는 사람들의 연합이 얼마나 잘 이루어지고 있습니까?

선교적 교회의 여섯 가지 표지[15]

1. 교회는 반드시 사회의 우상과 맞서야 합니다.
2. 교회는 반드시 실력 있게 맥락화(상황화)하고 일상 언어로 소통해야 합니다.
3. 교회는 반드시 사람들이 삶의 모든 영역 가운데서 선교를 수행하도록 구비시켜야 합니다.
4. 교회는 반드시 공익을 추구하는 반문화여야 합니다.
5. 교회는 반드시 맥락화(상황화)되어야 하며, 비신자들, 질문자들, 그리고 구도자들이 교회 생활과 사역 전반에 참여할 것을 기대해야 합니다.
6. 교회는 반드시 일치를 실천해야 합니다.

심화토론

- 어떻게 하면 지금 살고 있는 지역과 직장에서 '보내심을 받은 자'로서 살 수 있을까요?

심화 주석 우리는 주님의 종이 됨으로써 자유를 발견하고, 다른 사람들에게 생명을 가져다줄 수 있습니다. …
그동안 죄를 사하는 것과 죄를 그대로 두는 것에 관한 말씀은 죄를 용서하거나 그대로 두는 권위를 교회의 위엄 있는 직무로 보는 측면에서 해석되어 왔습니다. 그러나 이 문맥을 진지하게 고려해 보면, 그런 함축은 부당합니다. 부활하신 주님의 이름과 권위로 나아갈 때 '푸는 것'과 '묶는 것'은 세상을 향한 복음 전파의 결과입니다. 그분은 지상에 계셨을 때처럼 지금 하나님의 말씀의 빛으로 나아오는 자들을 구원의 빛으로 이끄시고, 그렇지 않은 자들을 지옥의 어둠으로 확정하십니다(요 3:19~21; 9:39).
"그 언급이 죄를 용서하거나 그대로 두는 것에 관한 문맥이라는 것에는 의심의 여지가 없습니다. 그러나 단호하고 가혹하게 들리겠지만, 하나님의 값비싼 용서를 들었을 때, 사람들이 회개하거나 혹은 복음 안에 있는 용서의 제안에 반응하지 않음으로써 죄에 남겨지게 되는 것은 복음 전파의 결과일 뿐입니다."[17]

_브루스 밀른

3. 부활하신 왕께서 성령님의 능력을 주십니다(요 20:22~23)

> Leader

예수님이 제자들에게 주신 사명은 성령님의 도움 없이는 감당할 수 없습니다. 십자가에 못 박히시기 전날 밤, 주님은 제자들의 사명을 인도하고 돕기 위해 하나님 아버지께서 성령님을 보내 주실 것이라고 약속하셨습니다(참조, 요 14:15~17, 25~26; 15:26~27; 16:13~15). 이제 주님이 그 약속을 지키시기 시작합니다. 요한복음 20장 22~23절은 예수님이 부활하신 뒤 제자들에게 나타나서 하신 말씀의 마지막 부분을 기록하고 있습니다.

22이 말씀을 하시고 그들을 향하사 숨을 내쉬며 이르시되 성령을 받으라 23너희
가 누구의 죄든지 사하면 사하여질 것이요 누구의 죄든지 그대로 두면 그대로 있으리라 하시니라

예수님이 제자들에게 세 번째로 말씀하신 것은 성령님을 받으라는 것이었습니다. 여기서 성령님이 오시는 시기에 관해 혼란을 느낄 수 있습니다. 예수님은 부활하신 날 제자들에게 성령님을 받으라고 말씀하셨습니다. 그런데 사도행전에서는 예수님이 부활하시고 40일쯤 뒤에 제자들에게 성령으로 세례를 받을 것에 대해 말씀하셨습니다(행 1:5). 그리고 예수님이 부활하시고 50일째 되던 오순절에 제자들이 받은 사명을 감당할 수 있도록 도우실 성령님이 오셨습니다(참조, 행 2장).

요한복음 20장 23절을 이해하려면, "그들을 향하사 숨을 내쉬며"(22절)라는 구체적인 언급에서 단서를 찾아야 합니다. 이것은 상징적인 행동일 가능성이 높습니다. D. A. 카슨은 숨을 내쉬며 "성령을 받으라"(22절)라고 명령하신 것은 "아직은 이르지 않았으나 장차 온전히 부어질 것에 관한 일종의 행위적 비유로 이해하는 것이 가장 적합하다"고 주장합니다(요한복음의 독자들에게는 과거 일이겠지만 말입니다).[16]

> Leader

요한복음에서 예수님이 가까운 미래에 일어날 일을 마치 이미 이루어진 일처럼 묘사하신 것은 이번이 처음이 아닙니다. 요한복음 12장 23절에서 예수님은 "예수께서 대답하여 이르시되 인자가 영광을 얻을 때가 왔도다"라고 선포하십니다. 그러나 십자가에 못 박히시기까지는 아직 며칠 남아 있었습니다. 예수님이 말씀하실 때는 일어나지 않았지만, 결국 일어났습니다. 마찬가지로 "성령을 받으라"라고 하신 말씀은 오순절에 교회에 임한 놀라운 성령님의 부으심을 가리키는 것입니다.

Q **우리에게 성부 하나님과 성자 하나님이 성령님을 보내주셔야 할 필요가 있다는 것에 관해 잠시 이야기를 나누십시오. 약속된 성령님은 우리 안에서 무엇을 행하시며, 우리를 통해 무엇을 성취하십니까?**

성령님의 선물은 죄 용서와 긴밀하게 연결되어 있습니다. 용서는 복음의 위대한 복입니다. 성령님은 우리에게 복음을 선포할 힘을 주십니다.

> Leader

그런데 '죄 용서'란 정확히 무엇을 말합니까? 그것은 우리 죄를 완전히 덮으시고(행 3:19), 우리 잘못을 계산하지 않으시는 하나님의 행위입니다(고후 5:19). 용서는 예수님이 십자가에서 흘리신 피와 희생에 기초합니다(히 9:22~28). 예수님의 죽음은 하나님의 사랑 표현이며, 그분을 믿는 자들을 위한 것이며, 하나님의 공의를 만족시키는 것입니다. 주님이 예수님을 믿는 자들을 의롭다고 선포하실 때, 하나님이 의롭다고 용납해 주십니다(롬 3:26). 성령님의 권능으로 예수님이 우리를 보내신 사명을 감당해 나갈 때, 사람들에게 베풀어야 하는 것이 바로 용서입니다.

요한복음 20장 23절 말씀이 어려운 이유는 예수님을 따르는 자들이 죄 용서를 위한 일종의 자유권이나 완벽한 자유를 가지고 있다는 인상을 주기 때문입니다. 그러나 이 말씀은 예수 그리스도의 복음 선포와 관련이 있음을 명심해야 합니다. 마치 영업사원이 소매점에 "우리와 거래를 트시면, 오늘 구매하신 금액의 20%를 깎아 드리겠습니다"라고 말하는 것과도 비슷합니다. 영업사원은 자신의 권한으로 말한 것이 아니라 회사를 대신해서 말한 것이기 때문입니다.

하나님의 사명을 받은 사람은 누군가에게 "회개하고 예수님을 믿으면, 죄 사함을 받을 수 있다"고 말할 수 있는 권위를 얻게 됩니다. 우리는 사람들에게 만일 회개하지 않고 복음을 믿지 않으면, 죄 용서를 받을 수 없다고 말할 수 있어야 합니다. 초점은 죄 용서 여부에 있으며, 이것은 예수님의 복음을 들은 자들이 믿는지 안 믿는지에 달려 있습니다.

Q **예수님이 제자들에게 주신 말씀(요 20:22~23)은 세상에 복음을 선포할 때 어떻게 적용될까요?**

핵심교리 **99**

23. 삼위일체 하나님

성경은 하나님이 한 분임을 확증하면서도(막 12:29; 고전 8:4~6), 동시에 세 위격, 즉 성부, 성자, 성령으로 존재하신다고 확증합니다. 삼위일체의 각 위격은 온전한 신성을 가지고 계십니다. 성부는 하나님이시며(요 6:27), 성자도 하나님이시고(빌 2), 성령도 하나님이십니다(행 5:3~4). 이처럼 성부, 성자, 성령 세 위격이 각각 하나님이시므로, 신성은 위격과 별개로 존재하는 것은 아닙니다. 곧 신성이 있고, 또 세 위격이 계셔서 모두 넷이 있는 것이 아닙니다. 하나님의 신성은 각 위격과 분리되지 않으십니다. 그리고 각 위격은 다른 위격과 구별되십니다(마 11:27; 요 10:30; 14:16). 이처럼 구별되는 세 위격이 완전한 연합 가운데 계시어 세 하나님이 아니라 한 분 하나님이시며, 하나님으로서의 신성도 하나뿐이십니다. 이것이 기독교의 핵심적인 교리입니다. 이 교리에서 벗어나는 것은 정통 기독교이기를 포기하는 것과 같습니다.

"부활하신 예수님의 임재는 사명을 위한 기초입니다."[19]
_제이슨 듀크스

"하나님은 보내시는 분인 동시에 그리스도 안에서 보내심을 받은 분입니다. 하나님 아버지는 사명의 근원이십니다. 그분은 하나님의 사명을 구현하고 성취할 아들을 보내셨습니다. 하나님의 사명은 성령님의 사역을 통해 확장되고 실행됩니다. 하나님의 백성을 불러 준비시키고, 권능을 주시는 분이 성령님이시기 때문입니다."[20]
_에드 스테처

결론

> Leader

1933년 프랭클린 루스벨트 대통령은 윌리엄 도드를 독일 주재 미국 대사로 임명했습니다. 그는 히틀러 치하 나치 독일의 첫 번째 대사로서 막중한 사명을 가지고 있었습니다. 그는 어려운 환경에서도 1937년 말까지 독일 주재 미국 대사로서의 역할을 충실히 해냈습니다. 에릭 라슨은 그의 저서 《야수의 정원》(*In the Garden of Beasts*)의 마지막에 도드의 이야기를 실었습니다. 그는 도드가 독일 주재 미국 대사로서의 임무를 성공적으로 마쳤다고 평가했습니다. 그는 도드가 "어둠이 깃든 땅에서 자유와 희망"이라는 고독한 신호등이 되었다고 말했습니다.[18]

예수님을 따르는 우리는 그리스도의 대사입니다. 하나님은 우리를 통해 사람들이 하나님과 화목하도록 권면하십니다(참조, 고후 5:20). 요한복음의 첫 장에서 우리는 사명자, 즉 "하나님께로부터 보내심을 받은"(요 1:6) 한 사람을 만났습니다. 그는 세례 요한으로 "빛에 대하여 증언"(요 1:7)하러 온 증인입니다. 이제 그 일은 예수님을 따르는 모든 사람에게 주어졌습니다. 성령님의 권능으로 우리는 세상을 향해 죄 사함의 메시지를 선포해야 합니다.

그리스도인으로서 우리는 하나님과 고난받으신 구원자의 형상을 가진 '보내심을 받은 백성'이라는 사실을 항상 기억해야 합니다. 이러한 생각은 세상 사람들에게 평화의 복음을 선포할 때, 예수님의 사명의 발걸음을 따라가도록 이끕니다.

그리스도와의 연결
성경은 성부 하나님이 성자 하나님을 보내시고, 성자 하나님은 자기 백성을 세상으로 보내시며, 성부 하나님과 성자 하나님이 우리에게 사명의 권능을 주실 성령님을 보내신다고 묘사합니다. 그리스도인인 우리는 하나님과 고난받으시는 구원자의 형상으로 지어져 보내심을 받은 자들입니다.

하나님의 계획 우리의 사명

선교적 적용 하나님은 우리에게 세상에 하나님의 용서를 전할 때 예수님을 대신해 복음을 전하라고 명령하십니다.

1. 어떻게 하면 교회/공동체에 그리스도의 평강을 확실히 전할 수 있을까요?
2. 어떻게 하면 교회/공동체가 하나님의 사명에 더 초점을 맞출 수 있을까요?
3. 어떻게 하면 믿음과 순종과 사명의 측면에서 성령님께 더 의지할 수 있을까요?

금주의 성경 읽기
대하 36:22~23;
스 1~6장

부활하신 왕께서 의심하는 제자들을 만나시다

9

Summary and Goal

이 세션에서는 믿음이 흔들리는 사람들에게 예수님이 어떻게 반응하셨는지를 보게 될 것입니다. 그리고 믿음은 "바라는 것들의 실상이요 보이지 않는 것들의 증거"(히 11:1)임을 알게 될 것입니다. 믿는 자로서 우리는 다른 사람의 믿음을 강하게 할 뿐만 아니라, 의심과 의문 속에서도 하나님을 신뢰하도록 부름받았습니다.

- **성경 본문**
  요한복음 20:24~29

- **세션 포인트**
  1. 도마가 믿음의 조건을 내걸었습니다(요 20:24~25)
  2. 예수님이 믿음을 명령하셨습니다(요 20:26~27)
  3. 도마가 신앙고백을 했습니다(요 20:28~29)

- **신학적 주제**
  믿음은 바라는 것들의 실상이요 보이지 않는 것들의 증거입니다.

- **그리스도와의 연결**
  도마는 다른 제자들의 증언을 의심했음에도 불구하고, 부활하신 예수님을 만나는 복을 받았습니다. 그는 부활하셔서 영광스럽게 빛나는 예수님의 몸도, 자기 백성을 향한 그리스도의 변함없는 사랑의 흔적인 손의 못 자국도 보았습니다. 비록 예수님을 눈으로 보지 못할지라도 우리도 도마처럼 예수 그리스도는 나의 주님이시며 나의 하나님이시라고 고백해야 합니다.

- **선교적 적용**
  하나님은 예수님을 증거할 때, 예수님처럼 의심하는 자들에게 인내하라고 말씀하십니다.

장례를 위한 기름 부음	예루살렘 입성	최후의 만찬	체포	십자가 죽음	부활

Session Plan

도입

'의심 많은 도마'라는 별명에 어떤 오해의 소지가 있는지 설명하는 것으로 시작하십시오.

기독교의 가르침 가운데 가장 믿기 어려운 부분은 무엇입니까?

하나님과의 동행을 의심해 본 적이 있습니까?

의심과 믿음의 본질에 관해 다루는 이 세션의 내용을 요약해 주십시오.

전개

1 도마가 믿음의 조건을 내걸었습니다 (요 20:24~25)

요한복음 20장 24~25절을 읽으십시오. 예수님이 부활하셔서 제자들에게 나타나신 날, 도마는 그 자리에 없었다는 점을 분명히 해 주십시오. 도마는 예수님의 부활을 믿으려면 육체의 증거를 봐야 한다고 했습니다.

사람들이 예수님의 부활을 의심하는 이유는 무엇일까요?

어떤 종류의 의심을 보거나 경험했습니까?

도마처럼 우리도 의심과 싸워야 한다는 것을 말해 주십시오. 게리 하버마스가 그의 저서 《의심, 믿음의 또 다른 얼굴》에서 제시한 세 가지 의심, 즉 '사실적 의심', '정서적 의심', '의지적 의심'에 대해 설명해 주십시오.

의심의 종류를 구분하는 것은 왜 중요할까요?

의심하는 사람의 유형에 따라 어떻게 반응해야 할까요?

2 예수님이 믿음을 명령하셨습니다 (요 20:26~27)

요한복음 20장 26~27절을 읽으십시오. 도마를 향한 예수님의 가벼운 책망과 도전에 주목하게 해 주십시오. 그 도전이 어떻게 예수님이 "말씀이 육신이 되어" 완전하신 하나님이자 완전한 인간이 되셨다는 증거가 되는지 보여 주십시오. 예수님은 이 사실을 확고히 하심으로써 도마에게 믿으라고 명령하셨습니다.

'믿음'이 무엇이냐고 묻는 7살짜리 아이에게 '믿음'을 어떻게 정의하고 설명하겠습니까?

아이가 성경에서 말하는 믿음을 이해하도록 돕기 위해 어떤 비유와 예화를 사용하겠습니까?

신약에 근거해 '믿음'을 정의해 주십시오. 의심의 세 가지 유형에 맞서는 믿음의 세

가지 측면, 즉 '사실적 믿음', '정서적 믿음', '의지적 믿음'에 대해 설명해 주십시오.

도마에게 보이신 예수님의 반응은 의심하는 사람들에게 어떤 도전과 위로를 줍니까?

3 도마가 신앙고백을 했습니다 (요 20:28~29)

자원자에게 요한복음 20장 28~29절을 읽게 하십시오. 도마의 말은 충격적인 진술이나 신성 모독적인 발언이 아님을 강조해 주십시오. 도마에게는 신앙고백이요 순종과 믿음에 관한 말이었음을 설명해 주십시오. 나아가 도마의 말은 예수님이 곧 하나님이시라는 것을 드러내는 것임을 지적해 주십시오. 마지막으로 도마의 말이 요한복음의 절정을 어떻게 나타내는지 가르쳐 주십시오.

그리스도를 향한 신앙을 공개적으로 고백하는 것이 기독교에서 중요한 이유는 무엇입니까?

교회는 분명하면서도 공개적인 신앙고백을 어떻게 축하해 줍니까?

예수님의 '팔복'에 관해 언급해 주십시오. 그 복은 오늘날 우리의 상황에 관한 것입니다. 우리는 예수님을 육체적으로는 볼 수 없습니다. 그러나 우리는 주님을 믿음으로 복을 받았습니다. 따라서 예수님을 증거할 때 예수님처럼 우리도 의심하는 자들에게 인내해야 합니다.

도마에 대한 예수님의 반응을 통해 의심하는 자들(신자든 아니든)에게 반응하는 방식에 관해 배울 수 있는 점은 무엇입니까?

결론

예수님을 어떻게 믿어야 맹목적인 신앙이 되지 않는지에 관해 토론하게 하십시오. 우리가 보지 않고 믿는 복을 받은 것처럼, 도마는 부활하신 왕을 보는 복을 받았다는 것을 강조해 주십시오. 이 세션에서 배운 진리를 '하나님의 계획, 우리의 사명'에서 적용해 보십시오.

Session Content

9. 부활하신 왕께서 의심하는 제자들을 만나시다

"믿음의 삶은 날개로 날아오르는 삶이 아니라, 의기소침하지 않고 걷는 삶입니다."[2]
_오스왈드 챔버스

도입

예수님의 제자들을 언급할 때, 일반적으로 간단히 이름을 부르거나 아니면 사도 베드로나 사도 요한처럼 이름 앞에 '사도'라는 호칭을 붙입니다. 그런데 도마는 그렇지 않습니다. 그는 '의심 많은 도마'로 알려져 있습니다.

> Leader

수십 년 전에는 주일학교에서 아이들이 "의심 많은 도마가 되지 말아요. 주님의 약속을 의지해요"라는 찬양을 불렀습니다. 위키피디아(Wikipedia)는 사도 도마가 "예수님이 십자가에서 받으신 상처를 보고 느끼고서야 부활하신 예수님이 나머지 열 제자에게 나타나신 것을 믿을 수 있었다"[1]면서 "직접적이며 개인적인 경험이 없이는 믿기를 거부하는 회의적인 사람"으로 "의심 많은 도마"라고 설명합니다.

하지만 이 별명은 전적으로 부당합니다. 자세히 들여다보면, 도마의 의심 또한 그의 믿음을 강조하는 것이기 때문입니다. 오히려 그를 '믿음 있는 도마'로 불러야 할 것입니다. 그럼에도 그의 이야기는 오늘날 의심과 씨름하거나 믿음의 증거를 요구하는 신자들에게 도움이 됩니다. 더욱이 도마의 의심에 예수님이 보이신 반응은 의심과 씨름하고 있는 사람들에게 인내심을 가져야 함을 일깨워 줍니다.

Q 기독교의 가르침 가운데 가장 믿기 어려운 부분은 무엇입니까?

Q 하나님과의 동행을 의심해 본 적이 있습니까?

Session Summary

이 세션에서는 믿음이 흔들리는 사람들에게 예수님이 어떻게 반응하셨는지를 보게 될 것입니다. 그리고 믿음은 "바라는 것들의 실상이요 보이지 않는 것들의 증거"(히 11:1)임을 알게 될 것입니다. 믿는 자로서 우리는 다른 사람의 믿음을 강하게 할 뿐만 아니라, 의심과 의문 속에서도 하나님을 신뢰하도록 부름받았습니다.

전개

1. 도마가 믿음의 조건을 내걸었습니다(요 20:24~25)

> Leader

요한복음에서 열두 제자 중 한 사람인 도마가 세 번째로 등장합니다. 요한복음 11장 16절에서 도마는 다른 제자들에게 예수님과 함께 죽으러 가자고 말했습니다. 잘못 이해했고 성급하긴 했지만, 충성스럽고 용감한 그의 마음을 보여 줍니다.

요한복음 14장 5절에서 도마는 예수님이 가시는 길을 알지 못한다고 시인했습니다. 즉 예수님이 어디로 가시며, 어떻게 가시는지 모른다는 것입니다. 이것은 한편으로 도마가 예수님의 계획을 이해하기 위해 노력했다는 것을 보여 줍니다.

이제 요한복음에서 도마가 세 번째로 등장합니다. 이 사건은 예수님이 부활하신 후에 일어났습니다.

24열두 제자 중의 하나로서 디두모라 불리는 도마는 예수께서 오셨을 때에 함께 있지 아니한지라 25다른 제자들이 그에게 이르되 우리가 주를 보았노라 하니 도마가 이르되 내가 그의 손의 못 자국을 보며 내 손가락을 그 못 자국에 넣으며 내 손을 그 옆구리에 넣어 보지 않고는 믿지 아니하겠노라 하니라

죽은 자 가운데서 다시 살아나신 날, 부활한 왕이신 예수님이 제자들에게 나타나셨을 때, 도마가 왜 그 자리에 없었는지는 알려져 있지 않습니다. 다른 제자들이 살아계신 주님을 만났다고, 예수님의 무덤을 찾아갔던 여인들의 증언을 반복할 때, 도마는 확신하지 못한 채 믿음의 조건을 내걸었습니다. 육체의 증거를 봐야겠다는 것이었습니다. 예수님이 죽은 자 가운데서 살아나셨다는 것을 믿으려면, 부활하신 주님의 상처를 봐야 한다고, 심지어 만져 봐야 한다고 했습니다.

> Leader

안드레아스 쾨스텐버거는 도마의 의심에 관해 이렇게 설명합니다.

"이전 이야기에서 예수님은 사람들이 '표적과 기사'(요 4:48)를 구하는 것을 비난하셨습니다. 하지만 도마는 여기서 단순히 기적을 구하는 것이 아니라 강력한 증

심화 주석 도마는 네 번째 복음서인 요한복음에서 '디두모'로 세 번 언급됩니다(요 11:16; 20:24; 21:2). 그러나 공관복음에서는 전혀 언급되지 않습니다. … 요한이 여기서 설명하지 않았다면, 우리는 도마가 그전에 자리에 없었다는 사실을 알지 못했을 것입니다. …
도마가 믿기를 거부한 것은 이중 부정으로 표현되었습니다. … 그는 이 문제에 관해 단호함을 보여 줍니다. 예수님이 발을 씻기려는 것을 마다했던 베드로의 거절을 묘사할 때도 이중 부정이 사용되었습니다(요 13:8). 언뜻 도마가 다른 제자들보다 더 믿지 않았던 것처럼 보일 수 있습니다. 그러나 꼭 그렇게 볼 이유는 없습니다. 제자들은 막달라 마리아가 주님을 보았다고 했을 때, 그녀를 믿지 않았던 것 같습니다. 예수님이 그들에게 나타나시고 나서야 그들은 기쁨으로 충만해졌습니다(요 20:20).
도마에 관한 이전 언급들은 그가 예수님께 꾸준히 헌신했으며(요 11:16), 자신의 의심에도 정직했던(요 14:5) 사람임을 보여 줍니다. 그는 실제로 못 박힌 자국과 옆구리의 상처를 보지 않고는 예수님이 죽은 자들 가운데서 부활하셨다는 것을 믿지 않겠다고 말했습니다. 덧붙여 말하자면, 이것은 제자들과 복음서 기자들이 죽음을 초월한 영적 생존이 아닌 예수님의 몸의 부활에 관해 말하고 있음을 보여 줍니다.[3]

_콜린 G. 크루즈

"신성한 자비가 의심 많은 제자로 하여금 스승의 육신에 난 상처를 만지게 함으로써 우리 안에 있는 불신의 상처를 치유하게 했습니다. 도마의 불신은 다른 제자들의 믿음보다 우리 믿음에 더 유익합니다. 왜냐하면 그에게 믿음을 가져다준 만짐으로 인해 우리 믿음이 모든 의문을 초월해 더 확고해졌기 때문입니다."[6]
_그레고리 1세 교황

거를 요구하고 있습니다. 아마도 그는 제자들이 실제로는 육체로 부활하신 예수님이 아닌 영을 보았을 것으로 생각했을 것입니다(참조, 요 6:19~21). 그의 말은 그가 예수님이 죽은 자들 가운데서 부활하셨을 가능성에 관해 회의적이었으며, 동료 제자들의 판단에 대해서도 확신이 부족했다는 것을 보여 줍니다."[4]

Q 사람들이 예수님의 부활을 의심하는 이유는 무엇일까요?

Q 어떤 종류의 의심을 보거나 경험했습니까?

도마처럼 우리도 이런저런 형태의 의심과 씨름합니다. 심지어 예수님을 믿는 자들에게도 의심의 순간이 있습니다. 기독교 변증론자이자 철학자인 게리 하버마스는 그의 저서 《의심, 믿음의 또 다른 얼굴》(*The Thomas Factor*)에서 의심을 세 가지로 구분했습니다.[5]

사실적 의심

첫 번째 유형은 성경적, 역사적, 과학적, 철학적, 논리적 관심으로 인해 기독교 진리에 의문을 제기하는 것입니다. 이런 종류의 의심은 성경적, 역사적, 과학적, 철학적, 논리적 증거들을 면밀히 검토함으로써 해소될 수 있습니다. 그럼으로써 기독교가 합리적이며 논리적인 신념 체계임을 보여 줄 수 있습니다.

정서적 의심

두 번째 유형은 좀 더 주관적입니다. 기분과 감정에서 비롯된 것이기 때문입니다. 정서적 의심을 악화시키는 원인은 불안과 우울증에서부터 또래의 문화적 압력과 하나님에 관한 잘못된 관점까지 다양합니다. 때로는 자신에게서 발견하는 죄와 교회가 보이는 위선이 원인이 되기도 합니다. 또는 인생의 비극적 상황에서 비롯되기도 합니다. 해결책은 기도로 하나님께 근심을 올려드리고, 진리에 거하는 것입니다(빌 4:6~9; 벧전 5:7).

의지적 의심

세 번째 유형은 진리를 버리려는 결정이나 의지적 행위입니다. 순종하기를 꺼리는 것입니다. 이런 종류의 의심은 약한 믿음이나 완고함이나 오만함이나 회개의 결핍 때문에 생겨날 수 있습니다. 가장 진지하게 다루어야 할 의심입니다. 왜냐하면 이것은 그 자체로 불순종과 반역을 나타내기 때문입니다. 해결책은 그리스도의 복음에 비추어 각성하거나 결단하는 것입니다(엡 5:13~14).

Q 의심의 종류를 구분하는 것은 왜 중요할까요?

Q 의심하는 사람의 유형에 따라 어떻게 반응해야 할까요?

2. 예수님이 믿음을 명령하셨습니다(요 20:26~27)

> Leader
예수님은 의심하는 사람들에게 어떤 말씀을 하실까요? 도마처럼 어떤 조건이 충족되지 않으면, 믿지 않으려는 사람들에게 예수님은 어떻게 반응하실까요? 요한복음 20장 26~27절이 예수님의 반응을 보여 줍니다.

26여드레를 지나서 제자들이 다시 집 안에 있을 때에 도마도 함께 있고 문들이
닫혔는데 예수께서 오사 가운데 서서 이르시되 너희에게 평강이 있을지어다 하
시고 27도마에게 이르시되 네 손가락을 이리 내밀어 내 손을 보고 네 손을 내밀
어 내 옆구리에 넣어 보라 그리하여 믿음 없는 자가 되지 말고 믿는 자가 되라

> Leader
요한복음의 독자들은 여기서 데자뷔를 경험할 것입니다. 지난주 일요일과 똑같은 상황이 펼쳐졌기 때문입니다. "여드레를 지나서"(26절)란 이날이 그다음 주 일요일이었음을 말해 줍니다. 결과적으로 요한은 이날을 "주의 날"로 부를 것입니다(계 1:10). 지난주 일요일처럼 예수님은 닫힌 문을 통과해서 들어오셨고, "너희에게 평강이 있을지어다"라고 똑같이 인사하셨습니다.

두 번째로 제자들에게 나타나신 예수님은 도마를 보시고 가벼운 책망과 함께 도전하셨습니다. 예수님이 도마에게 증거를 확인하게 하심으로써 도마가 내건 믿음의 조건이 충족되었습니다. 다시 한 번 예수님은 "말씀이 육신이"(요 1:14) 되신 분임을 증거해 주셨습니다.

> Leader
초대 교회가 직면했던 이단 가운데 가현설(Docetism, 예수님의 신성을 지나치게 강조하면서 예수님은 하나님이시므로 육체적 몸을 입고 왔다는 것을 부정합니다 - 역주)이 있습니다. 이 이단을 지지하는 자들은 예수님이 단지 인간으로 보이셨거나 나타나셨던 것이라고 주장합니다. 그러나 요한복음 서문(요 1:1~18)은 예수님이 온전한 하나님이신 동시에 온전한 인간이시라는 신약의 가르침을 확고히 합니다. 요한은 서신에서도 "육체로 오신" 예수님을 다시금 단언합니다(참조, 요일 4:2~3; 요이 1:7).
D. A. 카슨은 다음과 같이 주장합니다. "예수님은 이런 방식으로 도마에게 도전하시면서, 동시에 육체적으로 함께하지 않으실 때도 제자들의 말을 들으실 뿐만

심화 주석 예수님이 도마의 말을 무시하지 않으신 것은 그 같은 믿음의 고뇌를 겪는 사람들을 격려하기 위해서였습니다. 예수님의 나타나심은 도마의 유익을 위한 것처럼 보입니다. 의심은 죄가 아닙니다. 게다가 예수님은 너무 분명하고도 정확하게 도마의 마음에 일어난 일들을 알고 계셨습니다. 그분은 크고 작은 상황에서 발생하는 의심을 알고 계십니다. 그러나 도마는 비난에서 완전히 벗어나지는 못합니다. 적어도 "믿음 없는 자가 되지 말고 믿는 자가 되라"는 예수님의 말씀에는 가벼운 책망이 담겨 있습니다. 만일 도마에게 그것들을 볼 눈이 있었다면, 그를 둘러싼 모든 것이 믿음을 위한 근거가 되었을 것입니다. 예수님은 우리에게 의심에 맞서 싸워 예수님에 대한 믿음에 확신을 가질 것을 요구하십니다.[7]

_브루스 밀른

"그리스도께서는 죽음을 이긴 승리를 보여 주셨습니다. 강한 힘이나 굉장한 기적으로가 아니라, 못에 박힌 자국과 창에 베인 자국의 상처로 승리하셨습니다. 보십시오. 죽임당한 어린양이십니다."[8]
_마크 뷰캐넌

심화 주석 예수님은 도마가 다른 제자들에게 말한 것을 다 들으신 것처럼 정확히 말씀하십니다. 예수님의 '못 자국'을 보고, 만지고, 옆구리에 자기 손을 넣어 보겠다(요 20:25)는 도마의 요구에 대해 예수님은 "네 손가락을 이리 내밀어 내 손을 보고 네 손을 내밀어 내 옆구리에 넣어 보라"(27절)라고 말씀하십니다. 그리고 "믿지 아니하겠노라"(25절)라고 말하는 도마의 단호함에 대해 예수님은 "믿음 없는 자가 되지 말고 믿는 자가 되라"(27절)고 말씀하십니다.
믿음으로의 초대는 노골적입니다(예를 들어 "하나님을 믿으니 또 나를 믿으라", 요 4:1). 마가복음 9장 24절("내가 믿나이다 나의 믿음 없는 것을 도와주소서")의 일반적인 해석은 믿음과 불신이 한 마음에 나란히 있을 수도 있다는 것입니다. 그러나 여기서는 그렇지 않습니다. 도마는 '믿음 없음'과 '믿음' 사이에서 선택해야 합니다. 믿으려면, 불신을 포기해야 합니다. 여기에 타협이란 없습니다. 예수님은 도마에게 확인 없이 믿기를 요구하지 않으십니다. 다른 제자들이 본 것을 보고, 예수님의 몸의 상처를 만져 봄으로써 그것에 근거해 믿으라고 말씀하십니다. 도마가 요구한 것을 정확하게 들어주신 것입니다.[10]

J. 램지 마이클스

아니라 불신앙의 근거가 되는 모든 것들을 제거하신다는 것을 증명하십니다."[9]

"믿음 없는 자가 되지 말고 믿는 자가 되라"(27절)라는 말씀은 예수님이 도마에게 도전하신 일의 핵심입니다. 이 사건이 있기 전까지 도마는 예수님의 신실한 제자였습니다. 그러나 이제는 십자가에 못 박히셨다가 다시 살아나신 왕을 믿는 믿음을 실행할 필요가 있습니다.

> Leader

요한복음을 통해 우리는 하나님의 구원과 영생의 선물을 받으려면 예수님을 믿어야 한다는 것을 알 수 있습니다.

"영접하는 자 곧 그 이름을 믿는 자들에게는 하나님의 자녀가 되는 권세를 주셨으니"(요 1:12).

"하나님이 세상을 이처럼 사랑하사 독생자를 주셨으니 이는 그를 믿는 자마다 멸망하지 않고 영생을 얻게 하려 하심이라"(요 3:16).

"예수께서 이르시되 나는 부활이요 생명이니 나를 믿는 자는 죽어도 살겠고"(요 11:25).

참조, 요 3:18; 4:39~42; 5:24; 6:35, 40; 7:38~39; 8:24; 9:35~38; 11:26; 12:44~46; 14:1~6; 20:31.

Q '믿음'이 무엇이냐고 묻는 7살짜리 아이에게 '믿음'을 어떻게 정의하고 설명하겠습니까?

Q 아이가 성경에서 말하는 믿음을 이해하도록 돕기 위해 어떤 비유와 예화를 사용하겠습니까?

'영생으로 인도하는 믿음'이란 정확히 무엇을 의미합니까? 우선, 신약에서는 '믿음'과 '신앙'이 모두 같은 말로 해석되었다는 것에 주목할 필요가 있습니다. 그러므로 믿는다는 것은 신앙을 가진다는 것이며, 신앙을 가진다는 것은 믿는다는 것입니다. 따라서 믿음과 신앙은 우리 죄 때문에 죽으셨다가 다시 사신 주 예수 그리스도를 믿고 의지하는 것입니다. 의심의 세 가지 유형에 맞서는 믿음의 세 가지 측면을 살펴보면 다음과 같습니다.

사실적 믿음

첫 번째 측면은 예수님과 그분이 베푸신 구원에 대한 사실에 동의하는 것입니다. 그러나 믿음이란 사실에 대한 정신적 동의이기는 하지만, 확실히 그 이상입니다. 야고보서는 "네가 하나님은 한 분이신 줄을 믿느냐 잘하는도다 귀신들도 믿고 떠느니라"(약 2:19)라고 말합니다.

정서적 믿음

두 번째 측면은 예수님에 대한 신뢰이자 예수님을 향한 애정 어린 사랑입니다. 물론 믿음은 느낌 이상의 것입니다. 확신과 신뢰의 아주 강한 느낌조차 때로는 흔들릴 수 있습니다. 그러나 대체로 진정한 신자는 예수님께 의지하는 태도를 보일 것입니다.

의지적 믿음

세 번째 측면은 의지적 행동입니다. 예수님께 의지하고자 결심하는 것입니다. 이것은 귀신들에게는 없는, 믿음의 정서적이며 의지적인 측면입니다. 귀신들은 진리를 부인할 수도 없지만, 기꺼이 순종하지도 않습니다.

만약 운전면허를 취득한 지 얼마 되지 않은 자녀나 손자가 복잡한 도시에 있는 목적지까지 차로 데려다주겠다고 한다면, "네가 나를 안전하게 데려다주리라 믿는다"라고 말할 수는 있을 것입니다. 그러나 정말로 자녀나 손자가 운전하는 차의 조수석에 앉기 전까지는 성경적인 믿음을 보인 게 아닙니다.

Q 도마에게 보이신 예수님의 반응은 의심하는 사람들에게 어떤 도전과 위로를 줍니까?

3. 도마가 신앙고백을 했습니다(요 20:28~29)

> Leader 도마가 부활하신 왕을 믿는 믿음을 고백할 때, 이 짧은 이야기가 놀라운 해결책을 제시합니다. 요한복음 20장 28~29절은 다음과 같이 말합니다.

28 도마가 대답하여 이르되 나의 주님이시요 나의 하나님이시니이다 29 예수께서 이르시되 너는 나를 본 고로 믿느냐 보지 못하고 믿는 자들은 복되도다 하시니라

도마의 신앙고백을 주의 깊게 살펴볼 필요가 있습니다.

첫째, 도마는 충격적인 진술이나 신성 모독적인 발언을 한 것이 아닙니다.

> 예수 그리스도의 신성을 부정하는 사람들은 도마가 예수님의 신성을 부정했다

"믿음은 합리적인 신뢰입니다. 하나님의 신실하심에 대해 깊이 생각하고 확신하는 신뢰입니다."[11]
_존 스토트

심화 주석 고대 작가들은 종종 사람의 '부류'를 설명하기 위해 성격 묘사를 하곤 했습니다. 니고데모는 더디게 믿는 사람이었지만(요 3:2. 참조, 요 7:50), 결국 신실한 제자로 입증되었습니다(요 19:38~42). 마찬가지로 도마는 동료 제자 대부분이 확인했던 예수님의 부활 후 첫 번째 나타나심을 놓쳤습니다. … 그럼에도 불구하고 그는 온전한 기독론적인 믿음을 위한 대변인이 되었습니다(요 20:28~29). 그리고 요한에 의해 부활을 먼저 믿은 보다 더 깊은 믿음을 가진 자로 기록되었습니다.[12]
_크레이그 S. 키너

고 주장합니다. 그러나 신약학자 D. A. 카슨은 "1세기 팔레스타인의 독실한 유대인[도마]에게서 그런 신성 모독적인 발언은 발견되지 않았다"[13]라고 주장합니다.

둘째, 도마의 말은 예수님을 향한 말로 신성 모독이 아닌 신앙고백이었습니다. 단순한 놀라움이 아닌 확신의 말이었습니다.

셋째, 도마가 "나의 주님이시요 나의 하나님이시니이다"(28절)에서 "나의"를 두 번이나 사용한 것은 그의 말이 순종과 믿음의 말임을 나타냅니다. 29절에서 예수님의 반응을 보면, 도마가 믿음의 말을 했다는 것이 확실해집니다.

넷째, 도마의 말은 부활한 왕이신 예수님을 믿는 그의 믿음을 보여 줄 뿐만 아니라 예수 그리스도가 누구이신지도 드러냈습니다. 예수님은 다름 아닌 바로 하나님 자신이십니다.

> Leader

구약에서 "주님"이나 "하나님"은 흔히 여호와를 가리키는 말로 나란히 쓰였습니다. 예를 들어, 시편 35편 23~24절은 이렇게 말합니다.

"나의 하나님, 나의 주여 떨치고 깨셔서 나를 공판하시며 나의 송사를 다스리소서 여호와 나의 하나님이여 주의 공의대로 나를 판단하사 그들이 나로 말미암아 기뻐하지 못하게 하소서."

다섯째, 도마의 말은 요한복음의 절정을 나타냅니다. D. A. 카슨은 도마의 신앙고백에 관해 다음과 같이 말합니다.

"이것은 인간의 믿음이 (요한복음) 첫 장에서 '이 말씀은 곧 하나님 … 말씀이 육신이 되어'(요 1:1, 14)라고 제시한 진리에 어떻게 이르게 되는가를 보여 주는 최고의 표현이다."[14]

요한복음 1장 1절과 14절 그리고 20장 28절은 요한복음을 묶는 괄호나 북엔드처럼 그 안에 든 모든 것을 이해하는 기준을 제시해 줍니다.

Q 그리스도를 향한 신앙을 공개적으로 고백하는 것이 기독교에서 중요한 이유는 무엇입니까?

Q 교회는 분명하면서도 공개적인 신앙고백을 어떻게 축하해 줍니까?

그렇다면 우리는 29절의 예수님의 반응을 어떻게 이해해야 할까요? 예수님은 도마의 믿음을 인정하시면서도 가볍게 책망하시는 것처럼 보입니다. 정말 그러셨을까요? 예수님 말씀의 뒷부분은 흔히 '팔복'이라고 부르는 축복의 말씀입니다.

심화 주석 구원의 믿음은 구체적인 지점에서 시작됩니다. 그런 신앙은 일회적인 사건이 아닙니다. 예수님 안에서 성장하고, 머무르는 지속적인 과정입니다. 예수님을 믿는 믿음은 그분에 관한 확실한 사실을 믿는 것을 포함합니다. 예수님을 개인적인 구주로 믿는 것뿐만 아니라 주님, 하나님, 그리스도, 하나님의 아들로 믿는 것을 뜻합니다(요 20:28~31). 이런 종류의 믿음의 결과는 '생명'(요 20:31)을 얻는 것입니다. 그러나 그 생명은 분리된 것이 아닙니다. '그분의 이름 안에' 있는 생명이기 때문입니다. … 주님의 정체를 받아들이는 것은 그분에 관한 확실한 진리를 받아들이는 것이며, 인내심을 가지고 그분의 뜻에 따라 살아가는 것이며, 지속적으로 그분께 순종하는 것입니다. 그것이 바로 예수 그리스도를 믿는다는 것이 의미하는 바입니다.[15]

_티모시 폴 존스
Biblical Illustrator

"이전에는 십자가에 못 박히신 이가 하나님이심을 부인했던 사람일지라도 자기 잘못을 고백하게 합시다. 왜냐하면 거룩한 성경이 그들에게 명령하기 때문입니다. 특히 도마는 그분의 못 자국을 보고 나서 '나의 주님, 나의 하나님'이라고 외쳤기 때문입니다."[16]

_아타나시우스

> Leader ⋮.... 예수님이 말씀하신 가장 유명한 복은 마태복음 5장 3~11절에 기록된 '팔복'입니다. 요한복음에서 '복'이라는 용어는 다른 한 곳을 제외하면(요 13:17) 여기서만 나타납니다.

도마의 고백에 대해 예수님이 "너는 나를 본 고로 믿느냐"라고 하신 말씀은 "보지 못하고 믿는 자들은 복되도다"라는 축복의 말씀을 해 주시기 위한 설정으로 이해하는 것이 타당합니다.

예수님의 말씀은 도마를 책망하신 것이라기보다는 하늘로 올라가시어 육체적으로는 이 땅에 더 이상 존재하지 않으실 때를 예언하신 것입니다. 그 일이 있은 후에는 십자가에 못 박히시고 부활하신 구원자에 관한 복음의 메시지를 들은 자들만 믿게 될 것입니다(사도 바울만 유일한 예외일 것입니다. 참조, 고전 15:8).

이것은 오늘날 우리의 상황입니다. 우리는 예수님을 육체적으로는 볼 수 없고, 그럴 필요도 없습니다.

> Leader ⋮.... 베드로전서 1장 8~9절은 다음과 같이 말합니다. "예수를 너희가 보지 못하였으나 사랑하는도다 이제도 보지 못하나 믿고 말할 수 없는 영광스러운 즐거움으로 기뻐하니 믿음의 결국 곧 영혼의 구원을 받음이라."

사실 요한은 다른 것들은 의도적으로 배제한 채 한 가지 목적만을 염두에 두고, 예수님이 행하신 일들을 기록했다고 밝힙니다.

"오직 이것을 기록함은 너희로 예수께서 하나님의 아들 그리스도이심을 믿게 하려 함이요 또 너희로 믿고 그 이름을 힘입어 생명을 얻게 하려 함이니라"(요 20:31).

요한복음은 예수님이 도마에게 손과 옆구리를 살펴보라고 말씀하실 때, 도마에게 주신 것과 똑같은 '증거'를 우리에게도 주셨다고 기록하고 있습니다(요 20:27).

예수님은 의심하는 자들에게 분노하거나 실망하지 않으십니다. 오히려 의심하는 자들에게 부활의 실재에 근거한 믿음을 훈련하라고 격려해 주십니다. 그러므로 비록 예수님을 눈으로 보지는 못하더라도, 도마처럼 우리도 예수 그리스도는 나의 주님이시며 나의 하나님이시라고 고백해야 합니다. 더 나아가 예수님을 증거할 때, 예수님처럼 의심하는 자들에게 인내해야 합니다.

Q 도마에 대한 예수님의 반응을 통해 의심하는 자들(신자든 아니든)에게 반응하는 방식에 관해 배울 수 있는 점은 무엇입니까?

핵심교리 **99** **69. 믿음**

성경적인 믿음이란 구원을 위해 오직 예수 그리스도만을 믿고 신뢰하는 것입니다(요 3:16~21). 진정한 믿음은 역사적 사실들에 대한 단순한 지적 동의를 뛰어넘는 것으로 복음의 진리를 인정하고 고백함으로써 시작되며(요일 4:13~16), 그리스도를 자신의 주님과 구원자로 기쁨으로 영접하고, 그리스도만을 의지하는 데까지 이어집니다(요 1:10~13). 성경적인 믿음은 그리스도의 역사적인 삶과 죽음과 부활에 근거하고 있으므로 맹신이 아닙니다.

"그대여, 그 제자의 불신앙을 보셨을 때 주님이 보여 주신 자비로움을 생각해 보십시오. 단 한 영혼을 위해 그분이 자기 상처를 어떻게 스스로 보여 주셨는지를, 그리고 그 한 사람을 구원하기 위해 어떻게 오셨는지를 생각해 보십시오."[17]
_요한 크리소스톰

결론

의심의 해결책은 믿음을 가지라고 하신 예수님의 명령에 주목하는 것입니다. 이런 믿음은 맹목적인 신앙이 아닙니다. 오히려 실재에 근거합니다. 도마는 부활하신 왕을 만나는 복을 받았습니다. 그는 부활하셔서 영광스럽게 빛나는 예수님의 몸도, 자기 백성을 향한 그리스도의 변함없는 사랑의 흔적인 손의 못 자국도 보았습니다.

오늘날에도 보지 않고 믿으면 복됩니다. 이것은 맹목적인 신앙이 아닙니다. 왜냐하면 복음서 저자들과 서신서를 쓴 사도들 같은 목격자들의 증언이 있기 때문입니다. 소망의 대상이 실재하기에 믿음은 참됩니다. 부활한 왕이신 예수 그리스도는 실재하십니다.

그리스도와의 연결

도마는 다른 제자들의 증언을 의심했음에도 불구하고, 부활하신 예수님을 만나는 복을 받았습니다. 그는 부활하셔서 영광스럽게 빛나는 예수님의 몸도, 자기 백성을 향한 그리스도의 변함없는 사랑의 흔적인 손의 못 자국도 보았습니다. 비록 예수님을 눈으로 보지 못할지라도 우리도 도마처럼 예수 그리스도는 나의 주님이시며 나의 하나님이시라고 고백해야 합니다.

하나님의 계획 우리의 사명

선교적 적용 하나님은 예수님을 증거할 때, 예수님처럼 의심하는 자들에게 인내하라고 말씀하십니다.

1. 도마가 내건 믿음의 조건처럼 그리스도를 믿는 믿음의 조건을 말하는 이들을 본 적이 있습니까? 그 조건들에 진리와 인내로 답변한다면 어떻게 하겠습니까?
2. 교회에 다니지 않는 비그리스도인에게 성경적인 믿음을 어떻게 설명해 주겠습니까?
3. 부활하신 왕에 대해 의심하는 사람들을 도울 수 있도록 하나님께 지혜와 인내를 구하는 기도문을 써 보십시오.

금주의 성경 읽기
학 1~2장;
슥 1~7장

부활하신 왕께서 용서하시고 회복하시다

10

Summary and Goal

이 세션에서는 예수님이 부활하신 후 제자들에게 세 번째로 나타나신 장면을 볼 것입니다. 이날 아침 식사 자리에서 예수님은 회복하시는 능력을 실제로 보여 주셨습니다. 예수님은 사람들을 죄에서 구원하시려는 하나님의 계획을 성취하셨기에 제자들의 죄와 실패를 용서하실 수 있었고, 주님을 따르는 사명을 다시 위임하실 수 있었습니다. 예수님을 따르는 자로서 우리는 죄와 실패를 넘어서 주님의 이름으로 위대한 일을 성취할 수 있도록 회복시키시는 주님의 능력을 믿어야 합니다.

- **성경 본문**
  요한복음 21:1~23

- **세션 포인트**
  1. 예수님은 능력과 예비하심으로 자신을 계시하십니다(요 21:1~14)
  2. 예수님은 회개하는 이들을 다시 인정해 주시고, 재위임해 주십니다 (요 21:15~19)
  3. 예수님은 주님을 따르는 일에 다시 집중하라고 하십니다(요 21:20~23)

- **신학적 주제**
  죄를 용서받아야 예수님을 따를 수 있습니다.

- **그리스도와의 연결**
  예수님은 제자들과 아침 식사를 하시면서 회복하시는 능력을 실제로 보여 주셨습니다. 예수님은 사람들을 죄에서 구원하시려는 하나님의 계획을 성취하셨기에 제자들의 죄와 실패를 용서하실 수 있었고, 그래서 주님을 따르는 사명을 다시 위임하실 수 있었습니다.

- **선교적 적용**
  하나님은 우리에게 믿음의 여정이 어떠하든지, 다른 믿는 사람들에게 무슨 일이 일어나든지 상관없이 예수님을 따름으로써 주님을 향한 사랑을 보이라고 말씀하십니다.

Session Plan

도입

예수님의 사명에서 물러나 움츠러들게 하는 두 가지 요인, 즉 '자격 없음'과 '희생'에 관한 질문을 던지면서 이 세션을 시작하십시오.

'자격 없음'과 '희생' 중에 어느 것이 예수님의 사명을 감당하는 데 더 큰 어려움이 될까요? 그 이유는 무엇입니까?

예수님의 사명에 동참하기 위해서는 주님의 용서와 회복과 주권에 관한 확신을 가져야 한다는 것을 다루는 이 세션의 내용을 요약해 주십시오.

전개

1 예수님은 능력과 예비하심으로 자신을 계시하십니다 (요 21:1~14)

마태복음 4장 18~22절에서 고기를 잡는 그물을 버려두고 떠났던 제자들이 요한복음 21장에서는 고기를 잡기 위해 다시 돌아왔다는 것을 언급해 주십시오. 그러고 나서 요한복음 21장 1~14절을 읽으십시오. '낯선 이'의 충고를 듣고 나서야 비로소 그들은 바닷가에 서 계신 분이 예수님이심을 알아봤다는 것을 강조해 주십시오. 이때 베드로는 예수님과 함께하기 위해 곧바로 행동했습니다.

예수님이 능력과 예비하심을 통해 당신에게 자신을 드러내신 적이 있습니까?

'주님이시다!'라고 말할 수 있는 상황을 경험해 보았습니까?

본문에서 예수님이 나타나셔서 가장 먼저 하신 일이 제자들에게 아침상을 차려 주시는 것이었음을 강조해 주십시오.

마음에 안심을 주시는 예수님의 임재를 경험한 적이 있습니까?

예수님이 당신과 함께하시며 당신의 필요를 돌보신다는 것을 어떻게 상기시켜 주셨습니까?

2 예수님은 회개하는 이들을 다시 인정해 주시고, 재위임해 주십니다 (요 21:15~19)

요한복음 21장 15~19절을 읽으십시오. 예수님이 베드로의 '세 번의 부인'에 맞춰 어떻게 '세 번의 위임'을 해 주셨는지 가르쳐 주십시오. 예수님이 베드로에게 예수님을 따르는 자들을 돌볼 것을 위임하셨다는 점에 주목하게 해 주십시오.

예수님은 어떤 방식으로 자기 백성에게 목자로 계십니까?

베드로는 결국 예수님처럼 양들을 위해 자기 목숨을 버리게 될 것이라는 사실을 가르쳐 주십시오. 베드로를 '재위임'하시는 예수님의 마지막 말씀은 "나를 따르라"

(요 21:19)였다는 것을 강조해 주십시오. 이를 통해 과거의 실패로 삶의 궤적을 정의할 필요가 없다는 것을 알게 해 주십시오.

교회/공동체가 "나를 따르라"는 예수님의 부르심에 성실하게 임하고 있다는 것을 어떻게 알 수 있습니까?

그리스도인이 세상에서 예수님을 섬기기 위해 일반적인 영역이나 특정한 영역에서 치러야 하는 대가는 무엇입니까?

3 예수님은 주님을 따르는 일에 다시 집중하라고 하십니다 (요 21:20~23)

자원자에게 요한복음 21장 20~23절을 읽게 하십시오. "예수님이 사랑하시는 제자"는 아마도 요한이었을 것이라고 말해 주십시오. "이 사람은 어떻게 되겠사옵나이까"라는 베드로의 질문과 공정성에 관한 우리의 질문을 비교해 주십시오. 예수님의 답변과 23절의 말씀을 통해 우리의 주의를 다른 사람에게 돌리기보다는 예수님을 따르는 것에 다시 집중하게 해 주십시오.

그리스도 안에 있는 형제자매에게 경쟁심을 느껴 본 적이 있습니까? 그 이유는 무엇입니까?

하나님이 다른 사람에게 가지고 계신 계획을 궁금해하는 이유는 무엇일까요?

베드로는 훗날 심한 고난을 겪을 때에도 어떻게 하면 예수님을 따르며 섬길 수 있는지에 관해 기록했다는 것을 알려 주십시오.

큰 희생과 엄청난 고통이 따를 때 예수님을 따르고 섬기는 데 집중하려면 어떻게 해야 할까요?

결론

하나님은 주님이 어디로 이끄시든지, 예수님을 따르는 다른 사람들과 비교해 자신에게 어떤 일이 벌어지든지 상관없이 순종하라고 말씀하십니다. 예수님을 따름으로써 우리의 사랑을 보여 줄 것을 요구하십니다. 그 요구를 받아들일 수 있도록 격려해 주십시오. 베드로전서 5장 10~11절의 베드로의 기도로 마무리해 주십시오. 이 세션에서 배운 진리를 '하나님의 계획, 우리의 사명'에서 적용해 보십시오.

Session Content

10. 부활하신 왕께서 용서하시고 회복하시다

"이 이야기의 중심 주제는 예수님의 은혜로운 회복과 베드로의 지도력 회복입니다. … 그는 하나님의 백성에 대한 책임감 있고 충성스러운 목자로서의 역할을 훌륭히 완수했습니다."[3]
_프라타프 C. 진 & 제이콥 체리안

도입

예수님을 따르는 우리를 종종 주님이 주신 사명에서 물러나 움츠려 들게 만드는 두 가지 문제가 있습니다. 하나는 우리의 '자격 없음'이고, 다른 하나는 '희생'입니다. 우리를 보내신 주님께 불성실해질 때가 있기에 자격 없음과 씨름합니다. 치러야 할 큰 대가 때문에 희생과도 씨름합니다.

> Leader

종교개혁자 마르틴 루터는 수도사 시절 성찬식을 인도하다가 자신의 자격 없음을 깨달았습니다. 그는 "신성한 왕을 향해 눈을 들어 두 손을 치켜들고 있는 나는 누구인가? 나는 먼지요 재이며 죄로 가득할 뿐이지 않은가"라고 생각했습니다.[1] 디트리히 본회퍼는 희생에 관해 아주 잘 알고 있었습니다. 1939년 본회퍼는 미국의 안식처에 머물기를 거절하고, 히틀러 치하에 있는 모국 독일로 돌아갔습니다. 그는 이렇게 말했습니다. "내가 만일 이 시대의 시련을 내 백성과 공유하지 않는다면, 전쟁 후에 독일에서 그리스도인의 삶의 재건에 참여할 권리가 없을 것입니다."[2]

Q '자격 없음'과 '희생' 중에 어느 것이 예수님의 사명을 감당하는 데 더 큰 어려움이 될까요? 그 이유는 무엇입니까?

예수님의 사명에 참여하기 위해서는 주님의 용서와 주님의 회복을 확신해야 합니다. 그리고 자신의 삶의 방향에 관한 주님의 주권도 확신해야 합니다. 설령 부르심 때문에 고난을 받게 된다고 해도 말입니다.

Session Summary

이 세션에서는 예수님이 부활하신 후 제자들에게 세 번째로 나타나신 장면을 볼 것입니다. 이날 아침 식사 자리에서 예수님은 회복하시는 능력을 실제로 보여 주셨습니다. 예수님은 사람들을 죄에서 구원하시려는 하나님의 계획을 성취하셨기에 제자들의 죄와 실패를 용서하실 수 있었고, 주님을 따르는 사명을 다시 위임하실 수 있었습니다. 예수님을 따르는 자로서 우리는 죄와 실패를 넘어서 주님의 이름으로 위대한 일을 성취할 수 있도록 회복시키시는 주님의 능력을 믿어야 합니다.

전개

1. 예수님은 능력과 예비하심으로 자신을 계시하십니다
(요 21:1~14)

> Leader

마태복음 4장 18~22절에서 베드로와 다른 세 어부는 예수님을 따르기 위해 자기 그물을 버리고 떠났습니다. 그런데 요한복음 21장에서는 제자들이 물고기를 잡기 위해 되돌아간 것을 볼 수 있습니다. 요한복음은 그 이유를 설명해 주지 않습니다. 그런 결정이 부적절하다고 말하지도 않습니다. 그러나 예수님이 사명을 주어 보내신 제자들에게 기대할 수 있는 일은 아닌 것 같습니다(참조, 요 20:21). 부활하신 왕의 임재 앞에서 그들은 다시금 자신의 사명을 깨닫게 됩니다.

1그 후에 예수께서 디베랴 호수에서 또 제자들에게 자기를 나타내셨으니 나타
내신 일은 이러하니라 2시몬 베드로와 디두모라 하는 도마와 갈릴리 가나 사람
나다나엘과 세베대의 아들들과 또 다른 제자 둘이 함께 있더니 3시몬 베드로가
나는 물고기 잡으러 가노라 하니 그들이 우리도 함께 가겠다 하고 나가서 배에
올랐으나 그날 밤에 아무것도 잡지 못하였더니 4날이 새어갈 때에 예수께서 바
닷가에 서셨으나 제자들이 예수이신 줄 알지 못하는지라 5예수께서 이르시되
얘들아 너희에게 고기가 있느냐 대답하되 없나이다 6이르시되 그물을 배 오른
편에 던지라 그리하면 잡으리라 하시니 이에 던졌더니 물고기가 많아 그물을 들
수 없더라 7예수께서 사랑하시는 그 제자가 베드로에게 이르되 주님이시라 하
니 시몬 베드로가 벗고 있다가 주님이라 하는 말을 듣고 겉옷을 두른 후에 바다
로 뛰어내리더라 8다른 제자들은 육지에서 거리가 불과 한 오십 칸쯤 되므로 작

심화 주석 물고기를 잡기에 최적의 때는 일출 전 이른 시간입니다. … 일반적으로 가족이 둘씩 짝지어 일했고(참조, 눅 5:2), 두 배는 대개 복합그물(삼중 망)을 사용했으며, 그물 한쪽 끝에는 코르크로 된 부유물들을 매달고 다른 쪽 끝에는 금속 봉돌들을 매달아 수직으로 세워 물고기 떼를 둘러쌌습니다. 물고기 떼가 포위되면 배들이 그물을 팽팽하게 잡아당기고, 사람들은 방심하고 있는 물고기들 위로 납 봉돌을 매단 투망들을 약 3미터 정도 가로질러 던졌습니다. 물고기가 가득한 그물은 수영하는 사람이 비우거나 배 안으로 끌어올렸습니다. 물고기를 둘러싼 그물 벽에도 물고기가 많이 걸렸습니다. 베드로의 배는 해안에서 약 1킬로미터 떨어진 얕은 물에서 그물을 내렸습니다(요 21:8). 그들은 투망을 확인하러 바다로 뛰어들었을 것입니다.[4]

_게리 M. 버지

> "주님의 임재에 경의를 표하며 베드로가 바다에 몸을 던졌습니다. … 그리스도의 사랑은 물불을 가리지 않고 사람들을 끌어당깁니다."[5]
> _존 웨슬리

은 배를 타고 물고기 든 그물을 끌고 와서
9 육지에 올라보니 숯불이 있는데 그
위에 생선이 놓였고 떡도 있더라
10 예수께서 이르시되 지금 잡은 생선을 좀 가져
오라 하시니
11 시몬 베드로가 올라가서 그물을 육지에 끌어 올리니 가득히 찬 큰 물고기가 백쉰세 마리라 이같이 많으나 그물이 찢어지지 아니하였더라
12 예수께서 이르시되 와서 조반을 먹으라 하시니 제자들이 주님이신 줄 아는 고로 당신이 누구냐 감히 묻는 자가 없더라
13 예수께서 가셔서 떡을 가져다가 그들에게 주시고 생선도 그와 같이 하시니라
14 이것은 예수께서 죽은 자 가운데서 살아나신 후에 세 번째로 제자들에게 나타나신 것이라

> Leader

밤에 물고기를 잡으러 간 이유는 두 가지로 추측해 볼 수 있습니다. 첫째, 갈릴리 바다에서는 낮보다 밤에 고기가 잘 잡히기 때문입니다. 둘째, 밤에 고기를 잡아야 아침에 팔 수 있기 때문입니다. 즉 더 나은 경쟁력을 갖기 위해서입니다.

요한은 밤에 고기를 잡는 것에 관해 자세히 설명함으로써 요한복음에서 줄곧 보여 온 '빛과 어둠'의 주제에 관한 관심을 다시 한 번 드러냅니다. 심지어 예수님의 부활 후에도 여전히 어느 정도 어둠의 흔적이 남아 있었는데, 이것은 제자들의 오해가 여전히 남아 있었다는 뜻입니다. 다음 장면에서 예수님이 물고기를 잡으려는 제자들의 헛된 시도를 그만두게 하시고, 그들에게 성공을 안겨 주신 데서(요 21:4~7) 그 오해의 실마리를 볼 수 있습니다.

아직 날이 어두운 이른 새벽이었기 때문인지, 해안에서 멀리 있었기 때문인지 그 이유는 정확히 알 수 없지만(참조, 눅 24:16, 37) 제자들은 예수님을 눈으로도 귀로도 알아보지 못했습니다. 배 오른편에 그물을 던지라는 '낯선 이'의 충고 덕분에 놀라운 성공을 거두고 나서야 그들은 예수님을 알아봤습니다. 예수님을 알아보고 "주님이시라"(요 21:7)라고 처음 말한 사람은 예수님이 사랑하시던 제자였습니다(아마도 사도 요한일 것입니다).

그 말이 베드로로 하여금 즉각적으로 행동하게 했습니다. 해변에 서 계신 예수님을 향한 베드로의 간절함은 비록 제자들이 그들의 사명에 대한 확신을 잃었더라도, 예수님에게서 도망치거나 등을 돌리지 않았다는 것을 확인해 줍니다.

Q 예수님이 능력과 예비하심을 통해 당신에게 자신을 드러내신 적이 있습니까?

Q '주님이시다!'라고 말할 수 있는 상황을 경험해 보았습니까?

요한복음 21장 9~14절은 베드로가 예수님과 결정적인 대화를 나누는 만남을 위한 설정인 셈입니다. 곧 이 만남을 보게 될 것입니다.

> Leader
요한복음 21장 9절의 "숯불"은 18장 18절에서 베드로가 예수님을 부인했던 이야기와 연관되어 있습니다. 예수님을 부인할 때, 베드로는 불을 쬐며 서 있었습니다. 또한 많은 수를 특별히 "153"이라는 특정 숫자로 강조한 것은 예수님이 베드로에게 사람을 취하리라고 명령하셨던 때를 회상케 합니다(눅 5:10).

때가 되면 예수님이 베드로와 이야기를 나누실 것입니다. 그러나 예수님이 제일 먼저 하신 일은 제자들에게 아침상을 차려 주는 것이었습니다. 이것은 매우 의미 있는 행동이었습니다. 그들에게 아침을 먹임으로써 예수님은 자신의 임재를 확인시켜 주셨고, 그들의 육체적 필요를 채워 주셨으며, 십자가로 향하시기 전에 하셨던 것처럼 제자들을 섬기셨습니다.

Q 마음에 안심을 주시는 예수님의 임재를 경험한 적이 있습니까?

Q 예수님이 당신과 함께하시며 당신의 필요를 돌보신다는 것을 어떻게 상기시켜 주셨습니까?

2. 예수님은 회개하는 이들을 다시 인정해 주시고, 재위임해 주십니다(요 21:15~19)

> Leader
예수님이 십자가에 못 박히시기도 전에 예수님을 세 번이나 부인했던 베드로에게 예수님이 회복의 능력을 보여 주십니다. 요한복음 21장 15~19절은 예수님과 베드로 사이의 놀랍고도 가슴 설레는 대화를 기록하고 있습니다.

15 그들이 조반 먹은 후에 예수께서 시몬
베드로에게 이르시되 요한의 아들 시몬
아 네가 이 사람들보다 나를 더 사랑하느
냐 하시니 이르되 주님 그러하나이다 내
가 주님을 사랑하는 줄 주님께서 아시나
이다 이르시되 내 어린양을 먹이라 하시
고 16 또 두 번째 이르시되 요한의 아들 시
몬아 네가 나를 사랑하느냐 하시니 이르되 주님 그러하나이다 내가 주님을 사
랑하는 줄 주님께서 아시나이다 이르시되 내 양을 치라 하시고 17 세 번째 이르시
되 요한의 아들 시몬아 네가 나를 사랑하느냐 하시니 주께서 세 번째 네가 나를

심화 주석 과거의 몇몇 목사와 성경 교사들은 예수님과 베드로의 대화에서 쓰인 '사랑'의 헬라어 단어의 차이에 지나치게 집중했습니다. 신약학자 D. A. 카슨은 요한복음 21장 15~17절에 사용된 사랑, 즉 '아가파오'와 '필레오'의 헬라어 사용의 차이는 의미의 차이라기보다는 문체의 차이로 이해해야 한다며, 그 이유를 몇 가지 제시했습니다. 여기서는 그중 가장 중요한 세 가지 의미를 살펴보겠습니다.
(1) 두 동사는 요한복음에서 상호 교환적으로 사용되었습니다. 예를 들면, 두 동사 모두 아들을 위한 아버지의 사랑(요 3:35; 5:20)과 나사로를 위한 예수님의 사랑(요 11:5, 36)을 나타내는 데 사용되었습니다.
(2) 70인역(예수님이 오시기 전에 헬라어로 번역된 구약)은 두 동사를 구분하지 않았습니다. 두 동사는 요셉을 위한 야곱의 편애를 표현하는 데 사용되었고(창 37:3~4), 암논이 누이 다말을 겁탈한 근친상간을 언급할 때도 사용되었습니다(삼하 13장). 더 나아가 잠언 8장 17절에서도 70인역은 사랑을 '아가파오'와 '필레오' 모두로 번역했습니다.
(3) 신약에서 '아가파오'(고차원적인 사랑의 형태, 또는 신적인 사랑으로 해석됨)는 선하지 않은 것을 가리키기도 합니다. 디모데후서 4장 10절에서 데마는 불행히도 이 세상을 '사랑'했습니다.[6]

"예수님이 베드로를 그의 옛 이름인 '시몬'으로 부르십니다. 바위라는 뜻의 이름을 가진 베드로는 실은 모래와 같았기 때문입니다. 예수님은 그를 이전에 만나셨던 장소에서 이전의 이름으로 부르십니다."[7]
_레슬리 뉴비긴

사랑하느냐 하시므로 베드로가 근심하여 이르되 주님 모든 것을 아시오매 내가 주님을 사랑하는 줄을 주님께서 아시나이다 예수께서 이르시되 내 양을 먹이라
18내가 진실로 진실로 네게 이르노니 네가 젊어서는 스스로 띠 띠고 원하는 곳으로 다녔거니와 늙어서는 네 팔을 벌리리니 남이 네게 띠 띠우고 원하지 아니하는 곳으로 데려가리라 19이 말씀을 하심은 베드로가 어떠한 죽음으로 하나님께 영광을 돌릴 것을 가리키심이러라 이 말씀을 하시고 베드로에게 이르시되 나를 따르라 하시니

15~17절에서 예수님은 베드로의 '세 번의 부인'에 맞추어 '세 번의 위임'을 주심으로써 그를 회복시키셨습니다(참조, 요 18:15~27). 예수님은 베드로에게 세 번이나 "네가 나를 사랑하느냐?"(15절) 하고 물으셨습니다. 처음에는 "이 사람들보다"를 덧붙이셨는데, 아마도 그가 다른 제자들보다 예수님을 더 사랑하는지를 물으신 것일 겁니다. 여기서 우리는 베드로가 조금은 우쭐대는 사람이었다는 것을 알 수 있습니다. 베드로가 주님을 세 번 부인하기 바로 몇 시간 전에 주님을 위해 자기 목숨을 버리겠다고 했던 것을 기억해 보십시오(요 13:37).

예수님이 회개한 베드로에게 당부하신 것은 목자가 자기 양을 돌보듯이 예수님을 따르는 자들을 돌보라는 것이었습니다. 엄청난 위임입니다. 양을 돌보는 선한 목자(요 10:11~16)이신 예수님이 이제 베드로에게 그 책임을 맡기신 것입니다. 베드로는 예수님을 따르는 자들을 돌봄으로써 예수님을 향한 자신의 사랑을 보여 줄 것입니다.

> Leader

"나는 선한 목자라 선한 목자는 양들을 위하여 목숨을 버리거니와 삯꾼은 목자가 아니요 양도 제 양이 아니라 이리가 오는 것을 보면 양을 버리고 달아나나니 이리가 양을 물어 가고 또 헤치느니라 달아나는 것은 그가 삯꾼인 까닭에 양을 돌보지 아니함이나 나는 선한 목자라 나는 내 양을 알고 양도 나를 아는 것이 아버지께서 나를 아시고 내가 아버지를 아는 것 같으니 나는 양을 위하여 목숨을 버리노라 또 이 우리에 들지 아니한 다른 양들이 내게 있어 내가 인도하여야 할 터이니 그들도 내 음성을 듣고 한 무리가 되어 한 목자에게 있으리라"(요 10:11~16).

Q 예수님은 어떤 방식으로 자기 백성에게 목자로 계십니까?

결국 베드로는 예수님처럼 양들을 위해 자기 목숨을 버릴 것입니다 (참조, 요 10:11, 15).

> Leader

18~19절에서 예수님은 베드로에게 예수님의 '작은 목자'로서 그가 맡게 될 사역에는 죽음도 포함되어 있음을 알려 주셨습니다. 그렇습니다. 누군가가 그의 팔을 벌리고 묶어서 데려가리라는 언급은 단순히 베드로가 연약하게 될 것이라는 뜻이 아니라, 그가 노년에 경험하게 될 훨씬 더 극단적인 어떤 것에 관한 것이었습니다. 즉 이 언급은 처형장으로 향하는 십자가에 팔을 벌린 채 묶여 있는 죄수를 묘사한 것이었습니다. 이것은 19절의 설명에서 더욱 확실해집니다. 전승에 따르면 베드로는 겸손하게 주님과 같은 방법으로 죽기를 원하지 않았고, 그래서 십자가에 거꾸로 매달려 죽었다고 합니다.

하나님을 영화롭게 하는 것은 인생에서 가장 큰 소명입니다. 예수님을 따르는 어떤 이들에게 그것은 그리스도를 위한 죽음, 곧 순교자의 죽음을 의미합니다. 예수님의 십자가 죽음처럼, 베드로의 십자가 죽음도 패배가 아닌 승리가 될 것입니다. 십자가의 죽음은 하나님을 영화롭게 하는 수단이 될 것입니다(19절). 죽음에 이르는 신실한 순종으로 하나님께 영광을 돌리니, 이 얼마나 대단한 일입니까.

베드로를 '재위임'하시는 예수님의 마지막 말씀은 "나를 따르라"(19절)였습니다. 여기에는 죽을 때까지 제자도를 견지하라는 요구가 포함되어 있습니다. 그리고 이것은 주님의 은혜로운 용서와 회복으로만 가능한 일입니다. 베드로는 예수님이 재판받으실 때 예수님을 알지 못한다고 극구 부인했는데도, 주님은 여전히 그를 사랑하셨고 다시 한 번 순종할 기회를 주셨습니다. "나를 따르라"는 것은 예수님이 마태복음 4장 18~19절에서 베드로에게 처음 주셨던 부름이었습니다.

과거의 실패로 삶의 궤적을 정의할 필요는 없습니다. 그리스도를 부인하는 무시무시함에서 돌이켜 다시 헌신적으로 예수님을 사랑할 때, 주님은 우리를 용서하시며 우리에게 주셨던 그 사명을 재위임해 주십니다.

Q 교회/공동체가 "나를 따르라"는 예수님의 부르심에 성실하게 임하고 있다는 것을 어떻게 알 수 있습니까?

Q 그리스도인이 세상에서 예수님을 섬기기 위해 일반적인 영역이나 특정한 영역에서 치러야 하는 대가는 무엇입니까?

핵심교리 99 **74. 죄의 전가**

하나님이 십자가에서 죄인들을 용서하셨을 때, 우리 죄는 우리를 대신해 죄가 되신 그리스도께 전가되었습니다. 우리 죄는 그리스도께, 그리스도의 의는 우리에게 전가되었습니다(고전 1:30; 롬 5:17). 하나님 아버지께서는 그리스도를 믿는 사람들을 보실 때, 그들의 죄를 보시는 것이 아니라, 이제 그들의 것이 된 그리스도의 의를 보십니다(롬 4:6).

3. 예수님은 주님을 따르는 일에 다시 집중하라고 하십니다

(요 21:20~23)

> Leader
> 베드로는 "나를 따르라"는 예수님의 부르심에 대해 질문을 제기합니다. 그것은 부활하신 왕을 따르고 섬길 때 직면하게 될 어려움을 생각하면 당연히 할 수 있는 질문입니다. 바로 "이 사람은 어떻게 되겠습니까?"라는 질문입니다.

*[20]베드로가 돌이켜 예수께서 사랑하시는 그 제자가 따르는 것을 보니 그는 만
찬석에서 예수의 품에 의지하여 주님 주님을 파는 자가 누구오니이까 묻던 자
더라 [21]이에 베드로가 그를 보고 예수께 여짜오되 주님 이 사람은 어떻게 되겠
사옵나이까 [22]예수께서 이르시되 내가 올 때까지 그를 머물게 하고자 할지라도
네게 무슨 상관이냐 너는 나를 따르라 하시더라 [23]이 말씀이 형제들에게 나가서
그 제자는 죽지 아니하겠다 하였으나 예수의 말씀은 그가 죽지 않겠다 하신 것
이 아니라 내가 올 때까지 그를 머물게 하고자 할지라도 네게 무슨 상관이냐 하
신 것이러라*

"예수께서 사랑하시는 그 제자"(20절)는 아마도 요한일 것입니다. 요한은 겸손함으로 또는 예수님께 사랑받는 것에 대한 놀라움으로 그렇게 표현한 것일지도 모릅니다. "이 사람은 어떻게 되겠사옵나이까"(21절)라는 베드로의 질문은 어느 정도 경쟁심에서 비롯된 말인 듯합니다. 베드로는 자신이 앞으로 부딪히게 될 일을 요한도 똑같이 부딪혀야 한다고 생각했는지도 모릅니다. 그래서 이것은 종종 우리의 질문이 되기도 합니다. 다른 사람들보다 더 견디기 힘든 십자가를 짊어지고 있는 게 아닌가 하는 의심이 들 때마다 공정함에 관해 예민해지기 때문입니다.

예수님의 대답은 짧고도 무뚝뚝했습니다. "요한에게 무슨 일이 일어나든지 네 알 바 아니다. 너와는 상관없는 일이니, 너는 나를 따르라."

> Leader
> D. A. 카슨은 이렇게 말합니다.
> "이것은 어느 제자도 과소평가한 것이 아닙니다. 그들 가운데 한 사람은 전략적인 목회 사역(요 21:15~17)으로 순교의 면류관을 쓸 것이고(18~19절), 나머지 한 사람은 오래 살면서(22절) 기록 형식의 전략적인 역사적·신학적 증언을 위해(24절) 부름받았을 수 있습니다."[8]

23절은 이 이야기에서 두 가지 기능을 합니다.

첫째, 소문을 말끔히 정리해 버립니다. 예수님은 베드로에게 요한이

심화 주석 예수님이 사랑하시는 제자의 운명은 베드로가 관여할 바가 아닙니다. 베드로는 폭력으로 죽음을 맞이하지만, 그 사랑하시는 제자는 예수님이 다시 오실 때까지 살 수도 있습니다(참조, 요 14:3). 요한복음에서 영생에 관한 현재적 체험과 오실 보혜사의 강조에도 불구하고, 예수님의 다시 오심에 관한 희망은 여전히 상정되어 있다는 것에 주목할 필요가 있습니다(참조, 요일 2:28; 3:2).
베드로에 대한 예수님의 이런 말씀은 예수님을 따르던 일부 제자들에게 오해를 불러일으켰습니다. 왜냐하면 "이 말씀이 형제들에게 나가서 그 제자는 죽지 아니하겠다"는 것으로 알려졌기 때문입니다. 사람들은 예수님이 그 사랑하시는 제자가 살아 있는 동안 다시 오실 것이라고 믿었습니다. 그것은 예수님이 사랑하시는 제자의 죽음이 그들 가운데 믿음의 위기였음을 보여 줍니다. 그래서 요한복음의 최종 편집자(들)는 "예수님의 말씀은 그가 죽지 않겠다고 하신 것이 아니라 내가 올 때까지 그를 머물게 하고자 할지라도 네게 무슨 상관이냐 하신 것"이라고 설명합니다. 이 설명은 "그를 머물게 하고자 할지라도"라는 예수님의 말씀이 앞에 있다는 것을 강조하면서 오해를 바로잡고자 합니다. 예수님의 말씀은 사랑하시는 제자가 죽지 않을 것이라는 예언이 아니었습니다. 이 오해를 다루면서 편집자(들)는 그것이 가져온 신앙의 위기를 다루었습니다.[9]
_콜린 G. 크루즈

죽지 않을 것이라고 말씀하지 않으셨습니다.

둘째, 어쩌면 오늘날 우리에게 더 의미가 있을지도 모르는데, 베드로에게 주셨던 부르심을 반복하심으로써 주님을 따르라는 것과 요한의 운명이 어떠하든지 상관없이 주어진 부르심에 순종할 것을 강조하십니다.

예수님을 따르는 사람들 중에는 자신이 왜 다른 사람보다 더 큰 고난을 당하는지 궁금해하는 사람들이 있습니다. 하나님이 말씀해 주시지 않기 때문입니다.

> Leader

예를 들면, 사도행전 12장 1~2절은 이렇게 말합니다. "그때에 헤롯왕이 손을 들어 교회 중에서 몇 사람을 해하려 하여 요한의 형제 야고보를 칼로 죽이니." 몇 구절 뒤에 "이에 베드로는 옥에 갇혔고 교회는 그를 위하여 간절히 하나님께 기도하더라"(행 12:5)라는 말씀이 이어집니다. 주님의 천사는 베드로를 구해 주었고, 베드로는 사역을 계속했습니다(행 12:6~19). 왜 하나님은 베드로를 위해서는 예비하시면서 야고보를 위해서는 그렇게 하지 않으셨을까요?

그 해답은 베드로가 질문했던 것처럼 '왜 요한은 노년에 평화롭게 죽고, 베드로는 순교해야 하는가?'라는 질문의 답과 같습니다. 두 경우 모두 대답은 '우리는 알 수 없다'입니다. 하나님이 말씀해 주시지 않기 때문입니다.

예수님은 주님을 따르는 일에 다시 집중하라고 말씀하십니다. 그것이 진짜로 중요하기 때문입니다!

Q 그리스도 안에 있는 형제자매에게 경쟁심을 느껴 본 적이 있습니까? 그 이유는 무엇입니까?

Q 하나님이 다른 사람에게 가지고 계신 계획을 궁금해하는 이유는 무엇일까요?

몇 년 후 사도 베드로는 극심한 고난의 시기에도 어떻게 예수님을 따르고 섬길 수 있는지에 관해 썼습니다. 첫 번째 서신에서 그는 예수님의 인도하심을 따르고, 의롭게 심판하시는 하나님께 자신을 의탁해야 한다고 믿는 사람들에게 도전합니다(벧전 2:21~25). 신뢰가 모든 차이를 만듭니다. 신실하신 창조주께 자신을 맡길 때, 계속해서 선을 행할 수 있습니다(벧전 4:19). 심지어 그리스도를 위해 고난에 부딪혔을 때도 그럴 수 있습니다.

Q 큰 희생과 엄청난 고통이 따를 때 예수님을 따르고 섬기는 데 집중하려면 어떻게 해야 할까요?

"주 예수 그리스도는 그의 피로 사신 양들을 종에게 위임하고 계십니다. 그분은 종에게 피를 흘리기까지의 고통을 수용할 것을 요구하십니다. 그것은 '나의 양을 먹이라. 너에게 내 양을 맡긴다'라고 말씀하신 것과 같습니다. 어떤 양입니까? 예수님의 말씀은 '바로 내 피로 산 사람들이다. 내가 그들을 위해 죽었다. 네가 나를 사랑하느냐? 그들을 위해 죽을 준비를 해라'라는 것입니다. 베드로는 양을 지키기 위해 자기 피를 값으로 지불했습니다."[10]

_어거스틴

심화토론

- 하나님이 나와 함께하심에 만족하는 데 도움이 되는 하나님의 속성과 성품은 무엇입니까?

"'내가 올 때까지 그를 머물게 하고자 할지라도 네게 무슨 상관이냐.' 이 말씀은 우리에게 참을성 없는 자가 되지 말고, 주님께 선함으로 여겨질 만한 것을 넘어서는 호기심을 갖지 말라고 가르칩니다. 베드로는 성격이 불같아서 이런 질문을 돌발적으로 던진 것입니다. 그래서 주님은 그의 열정을 누그러뜨리기 위해, 그리고 더 이상 그런 질문을 하지 않도록 가르치기 위해 이렇게 말씀하신 것입니다."[11]
_요한 크리소스톰

결론

하나님은 예수님을 따름으로써 우리의 사랑을 보여 줄 것을 요구하십니다. 주님이 어디로 이끄시든지, 예수님을 따르는 다른 사람과 비교해 자신에게 어떤 일이 벌어지든지 상관없이 순종하라고 말씀하십니다. 우리는 하나님의 용서와 은혜를 받았기 때문에 그렇게 할 수 있습니다.

미래가 어떠하든지 상관없이 주님을 따르라는 예수님의 부르심에 순종할 수 있도록 준비하면서 베드로의 첫 번째 서신 마지막 부분의 기도와 찬양에 귀를 기울이십시오.

"모든 은혜의 하나님 곧 그리스도 안에서 너희를 부르사 자기의 영원한 영광에 들어가게 하신 이가 잠깐 고난을 당한 너희를 친히 온전하게 하시며 굳건하게 하시며 강하게 하시며 터를 견고하게 하시리라"(벧전 5:10).

그리스도와의 연결
예수님은 제자들과 아침 식사를 하시면서 회복하시는 능력을 실제로 보여 주셨습니다. 예수님은 사람들을 죄에서 구원하시려는 하나님의 계획을 성취하셨기에 제자들의 죄와 실패를 용서하실 수 있었고, 그래서 주님을 따르는 사명을 다시 위임하실 수 있었습니다.

하나님의 계획 우리의 사명

선교적 적용 하나님은 우리에게 믿음의 여정이 어떠하든지, 다른 믿는 사람들에게 무슨 일이 일어나든지 상관없이 예수님을 따름으로써 주님을 향한 사랑을 보이라고 말씀하십니다.

1. 예수님이 나를 위해 예비하시고 능력으로 나와 함께하신다는 것을 알면, 복음을 위해 얼마나 담대하게 행동할 수 있을까요?
2. 믿음을 위해 분투하거나 고난당하는 예수님의 제자들은 "내 양을 먹이라"고 하신 예수님의 말씀을 어떻게 실행해야 할까요?
3. 어떻게 하면 다른 사람들과 자신을 비교하는 것을 멈추고 예수님과 동행하도록 서로 격려할 수 있을까요?

금주의 성경 읽기
슥 8~14장;
에 1~5장

Summary and Goal

우리는 부활하신 왕의 권세로 열방을 향해 나아가야 합니다. 왜냐하면 예수님만이 구원할 능력이 있으시고, 우리가 행할 사명을 위한 능력을 가지고 계시기 때문입니다. 우리는 부활하신 왕을 선포함으로써 사람들을 제자로 삼아야 합니다. 우리는 하나님이 시작하신 선한 일을 예수님이 완성하실 것이며, 결코 우리를 버리지 않으실 것임을 압니다. 그러므로 우리는 사람들에게 그리스도께서 명령하신 모든 것을 가르쳐 지키게 해야 합니다.

부활하신 왕께서 명령하시다

11

- **성경 본문**
  마태복음 28:16~20

- **세션 포인트**
  1. 부활하신 왕의 권능으로 열방을 향해 가라(마 28:16~18)
  2. 부활하신 왕을 선포하며 제자로 삼으라(마 28:19)
  3. 부활하신 왕께서 명령하신 모든 것을 가르쳐 지키게 하라(마 28:20)

- **신학적 주제**
  교회의 사명은 사람들을 예수 그리스도의 제자로 삼는 것입니다.

- **그리스도와의 연결**
  예수님은 성부 하나님께로 승천하시기 전에 제자들에게 "가서 모든 민족을 제자로 삼으라"고 말씀하셨습니다. 예수님의 권세 아래서 우리는 사람들에게 아버지와 아들과 성령의 이름으로 세례를 주고, 그리스도께서 우리에게 분부하신 모든 것을 가르쳐 제자로 삼아야 합니다. 세상으로 나아갈 때, 우리는 그리스도의 임재를 신뢰해야 합니다. 그분은 사명 가운데 우리와 함께하신다고 약속하셨습니다.

- **선교적 적용**
  하나님은 우리에게 복음의 진리를 말로 선포하고, 주님의 사랑을 행동으로 증명함으로써 모든 민족을 제자로 삼으라고 명령하십니다.

장례를 위한 기름 부음	예루살렘 입성	최후의 만찬	체포	십자가 죽음	부활

Session Plan

도입

하나님은 대개 사람을 통해 사람들을 부르신다는 것을 강조해 주십시오. 하나님의 백성에게는 주어진 사명이 있습니다.

당신의 사명은 무엇입니까? 누가 그것을 주었습니까? 그 사명의 목표는 무엇입니까?

사명을 기쁘게 감당하는 것과 힘들어하면서 감당하는 것은 어떤 차이가 있습니까?

부활하신 왕의 권능과 모든 민족을 향한 우리의 사명에 관해 다루는 이 세션의 내용을 요약해 주십시오.

전개

1 부활하신 왕의 권능으로 열방을 향해 가라 (마 28:16~18)

마태복음 28장 16~18절을 읽으십시오. 제자들이 예수님이 갈릴리로 먼저 가 계실 것을 알고 있었다는 점에 주목하게 해 주십시오. 그들은 예수님을 만나 경배했지만, 그들 중에 여전히 의심하는 사람들이 있었다는 것을 강조해 주십시오.

왜 부활하신 예수님을 보고도 의심하는 사람들이 있었을까요?

이 사건 속 의심은 우리가 의심을 떨쳐보려고 눈에 보이는 증거들을 바라는 것과 관련해 무엇을 시사합니까?

예수님은 불신앙 때문에 흔들리지 않으셨다는 것을 분명히 말해 주십시오. 예수님은 제자들에게 자신의 죽음과 부활에 관해 알려 주셨지만, 제자들은 예수님이 하신 모든 말씀을 믿기 위해 애써야 했습니다. 우리는 우리 왕께서 모든 권능을 가지고 계심을 믿어야 합니다.

예수님이 주신 사명에 순종하지 못하도록 하는 두려움은 무엇입니까?

하늘과 땅을 다스리시는 예수님의 권위의 실재는 그 두려움을 어떻게 극복하게 해 줍니까?

2 부활하신 왕을 선포하며 제자로 삼으라 (마 28:19)

자원자에게 마태복음 28장 19절을 읽게 하십시오. 예수님의 탁월함과 보편성과 영원하신 권세를 이해하는 것이 제자들과 우리에게 중요하다는 것을 설명해 주십시오(부록 4: '예수님의 높아지심'을 참고해도 좋습니다). 그러고 나서 우리에게 세상 속으로 가라고 명령하신 예수님의 교훈의 본질에 관해 말해 주십시오.

복음을 전하고 제자로 삼기 위해 갔던 곳은 어디입니까?

예수님의 복음을 전하러 가려고 마음에 둔 곳은 어디입니까?

교회/공동체는 "가서 모든 민족을 제자로 삼으라"는 사명을 감당하기 위해 서로 어떻게 격려할 수 있을까요?

구원은 주님께 속해 있으며 오직 주님만이 구원해 주실 수 있지만, 우리는 복음을 전함으로써 구원 사역의 놀라운 역할을 감당한다는 것을 강조해 주십시오. 그러므로 우리의 확신은 우리 자신 안에 있는 것이 아니라, 부활하신 왕과 그분의 메시지 안에 있습니다.

복음을 전하면서 의도치 않게 예수님 대신 자기 자신에 관해 전하게 되는 때는 언제인가요?

예수님은 예수님을 믿게 된 사람들에게 세례를 베풀라고 명령하신다는 것을 알려 주십시오. 세례는 구원을 주는 것은 아니지만, 세상을 향해 예수 그리스도의 복음을 공개적으로 선포한다는 점에서 중요함을 강조해 주십시오.

의도치 않게 지상 명령의 일부인 세례의 중요성을 간과할 때는 언제인가요?

3 부활하신 왕께서 명령하신 모든 것을 가르쳐 지키게 하라 (마 28:20)

마태복음 28장 20절을 읽으십시오. 예수님은 제자들에게 자신이 명령한 모든 것을 믿는 자들에게 가르쳐 지키게 하라고 말씀하셨다는 것을 강조해 주십시오. 지상 명령은 복음 전도에 국한되지 않습니다. 그것은 제자도에 관한 것입니다. 이 사명을 감당함에 있어 우리는 혼자가 아니라는 예수님의 말씀을 강조해 주십시오.

누군가에게 제자 훈련을 받아 본 적이 있습니까?

결론

바쁜 일상에도 불구하고 우리의 궁극적인 사명은 예수님의 복음을 다른 사람들과 공유하며 그들을 제자로 삼는 것임을 말하면서 마무리해 주십시오. 이 세션에서 배운 진리를 '하나님의 계획, 우리의 사명'에서 적용해 보십시오.

Session Content

11. 부활하신 왕께서 명령하시다

> "모든 그리스도인은 …
> 선교사이거나 사기꾼입니다."[1]
> _찰스 스펄전

도입

저는 그날 일을 어제 일처럼 생생히 기억합니다. 긴 머리를 하나로 묶은 명랑하고 쾌활한 성격의 그녀가 저를 보았을 때, 저는 제 인생에서 무엇인가 놓친 것이 있다는 것을 알았습니다. 그녀는 제게 없는 것을 가지고 있었습니다. 그녀는 그리스도인이었고, 저는 아니었습니다. 우리는 함께 앉아서 생명에 관한 이야기를 나누었습니다. 그녀는 가장 좋은, 유일한 소식을 전해 주었습니다. 그것은 그날 제가 꼭 들어야만 했던 이야기였습니다. 그녀는 사명을 가진 젊은 여성이었고, 예수님의 용기와 담대함을 알고 있었습니다. 주권적으로 세심하게 계획된 상호 작용이 제 삶을 변화시키고, 저를 구원자께로 인도했습니다.

복음을 처음 듣고 믿었던 때를 기억합니까? 아마도 주일학교에서 예수님에 관해 들었을 때나, 설교를 통해서 말씀을 들었을 때나, 어려움에 빠졌을 때 신실한 부모님 또는 친구에게서 복음을 들었을 때였을 것입니다. 주님이 사람들을 부르시는 방법은 여러 가지입니다. 그러나 다른 사람의 개입 없이는 거의 불가능합니다. 하나님은 주님의 사명과 그분의 나라를 위해 사람들을 사용하십니다.

> Leader

우리는 주님의 선교에 참여합니다. 그것은 지극히 높으신 대제사장으로부터 오는 권능으로 충만한 사명입니다. 부활하신 왕께서 우리에게 부활의 능력을 주셔서 모든 민족에게 복음을 선포하고 주님이 명령하신 모든 것을 가르쳐 지키게 하십니다. 두려움과 분주함은 우리로 하여금 위대한 지상 명령을 수행하지 못하게 합니다. 우리는 다른 사람이 어떻게 생각할까를 두려워합니다. 그리고 우리는 복음을 전하기 위해 멈추기에는 너무 바쁩니다. 그럼에도 불구하고 선교는 우리의 사명이며, 우리는 그것을 기쁘게 받아들여야 합니다.

Q 당신의 사명은 무엇입니까? 누가 그것을 주었습니까? 그 사명의 목표는 무엇입니까?

Q 사명을 기쁘게 감당하는 것과 힘들어하면서 감당하는 것은 어떤 차이가 있습니까?

Session Summary

우리는 부활하신 왕의 권세로 열방을 향해 나아가야 합니다. 왜냐하면 예수님만이 구원할 능력이 있으시고, 우리가 행할 사명을 위한 능력을 가지고 계시기 때문입니다. 우리는 부활하신 왕을 선포함으로써 사람들을 제자로 삼아야 합니다. 우리는 하나님이 시작하신 선한 일을 예수님이 완성하실 것이며, 결코 우리를 버리지 않으실 것임을 압니다. 그러므로 우리는 사람들에게 그리스도께서 명령하신 모든 것을 가르쳐 지키게 해야 합니다.

전개

1. 부활하신 왕의 권능으로 열방을 향해 가라(마 28:16~18)

16열한 제자가 갈릴리에 가서 예수께서 지시하신 산에 이르러 17예수를 뵈옵고 경배하나 아직도 의심하는 사람들이 있더라 18예수께서 나아와 말씀하여 이르시되 하늘과 땅의 모든 권세를 내게 주셨으니

왕께서 무덤에서 부활하심으로써 죽음이 정복되었습니다. 이로써 주님은 제자들에게 명령할 준비가 되셨습니다. 제자들은 예수님이 갈릴리로 가신다는 소식을 들었습니다(요 21:7). 그래서 그들은 자신들이 기다려 왔던, 그리고 얼마 전에는 영원히 잃어버렸다고 생각했던 그분을 만나기 위해 갈릴리로 갔습니다. 그들은 예수님을 만나 경배했지만, 그들 중에는 여전히 의심하는 사람들이 있었습니다.

심화 주석

아마도 이것이 결론으로 가장 적합할 것입니다. 특별히 '어떤' 사람들이 열한 제자가 아닌 다른 제자들을 언급한 것이라면, 불신앙과 두려움에서 믿음과 기쁨으로 나아가는 것이 그들에게는 '망설여지는' 것이었을 것입니다. 열한 제자는 … 예수님이 다시 나타나셨을 때 곧바로 경배했지만, 어떤(다른) 사람들은 망설였습니다. 그들의 믿음이나 의심에 관한 추가적인 설명은 없습니다. 어쩌면 마태는 예수님의 부활이 그분을 따르는 자들 사이에서 단지 열정과 속임수로 지지자를 얻기 위해 미리 생각해 둔 이야기가 아니라는 사실을 강조하고자 역사적인 회상을 사용한 것일 수도 있습니다. 어쨌든 그들은 여전히 주저했습니다. 그들은 예수님의 반복된 예언을 이해하는 것에 실패했고, 예수님이 십자가에 못 박히신 후 깊은 절망에 빠졌으며, 온전한 믿음에 이르기까지 얼마간 계속해서 망설였습니다.[2]

_D. A. 카슨

"나는 의심과 투쟁해 본 적이 없는 그리스도인은, 적어도 어느 수준에서는 자기 믿음에 관해 (진실을 말하지 않거나) 충분히 깊이 사고하지 않은 죄를 범한 것이라고 생각합니다. 그러나 진실로 그리스도 안에 있는 사람들에게는, 우리 믿음의 대상이신 예수 그리스도께서 모든 의심에 대항하고 모든 의심을 패배시키는 확실한 토대이십니다(그러나 의심은 때때로 일어날 것입니다)."[3]
_존 닐슨

"이 권세는 십자가에 못 박혀, 무덤에 묻히시고, 죽은 자와 함께 누웠다가 다시 살아나신 분이 주신 것입니다. 하늘과 땅의 권세가 그분께 주어졌으니, 하늘에서 통치하셨던 이가 믿는 자들의 믿음을 통해 땅에서도 통치하십니다."[4]
_히에로니무스

> Leader

제자들은 부활하신 예수님을 만나러 가긴 했지만, 예수님이 예언하신 대로 죽으시고 죽은 자들 가운데서 살아나셨다는 것을 이해하기는 힘들었을 것입니다. 사도 요한은 혼란스러워하는 무리에게 예수님이 자신의 죽음과 부활을 어떻게 설명하셨는지를 기록했습니다(요 16:16~24). 그들은 주님의 말씀을 이해하지 못했습니다. 그러나 예수님은 해산의 고통을 견뎌 낸 어머니처럼 그들을 위해 다시 오시리라고 약속하셨습니다. 아기를 낳은 후에는 아이를 보는 즐거움 때문에 그 고통을 다시 기억하지 않게 됩니다(요 16:21). 예수님은 말씀하셨습니다.

"지금은 너희가 근심하나 내가 다시 너희를 보리니 너희 마음이 기쁠 것이요 너희 기쁨을 빼앗을 자가 없으리라"(요 16:22).

열한 제자 가운데 누가 의심했는지, 또는 갈릴리로 가는 제자들을 따라간 무리가 있었는지는 명확하지 않습니다. 그러나 분명한 것은 그 순간 마음에 의심과 굳어짐이 있었다는 것입니다.

Q 왜 부활하신 예수님을 보고도 의심하는 사람들이 있었을까요?

Q 이 사건 속 의심은 우리가 의심을 떨쳐보려고 눈에 보이는 증거들을 바라는 것과 관련해 무엇을 시사합니까?

예수님은 그들의 믿음 없음에도 흔들리거나 낙담하지 않으셨습니다. 예수님은 자신의 사명에 단호하셨습니다. 그분은 부활한 왕이십니다. 그리고 감사하게도 우리에게도 그 사명을 주셨습니다. 예수님은 제자들에게 사명을 위임하시기 전에 자신의 능력을 견고히 하셨습니다. 하나님 아버지에게서 완전한 권위와 권능을 받으신 것입니다.

> Leader

사도 바울은 그의 서신들에서 다음과 같이 말합니다.

"이를 위하여 그리스도께서 죽었다가 다시 살아나셨으니 곧 죽은 자와 산 자의 주가 되려 하심이라"(롬 14:9).

"만물을 그의 발 아래에 두셨다 하셨으니 만물을 아래에 둔다 말씀하실 때에 만물을 그의 아래에 두신 이가 그중에 들지 아니한 것이 분명하도다"(고전 15:27).

"그 뜻의 비밀을 우리에게 알리신 것이요 그의 기뻐하심을 따라 그리스도 안에서 때가 찬 경륜을 위하여 예정하신 것이니 하늘에 있는 것이나 땅에 있는 것이 다 그리스도 안에서 통일되게 하려 하심이라"(엡 1:9~10).

"이러므로 하나님이 그를 지극히 높여 모든 이름 위에 뛰어난 이름을 주사 하늘에 있는 자들과 땅에 있는 자들과 땅 아래에 있는 자들로 모든 무릎을 예수의 이름에 꿇게 하시고"(빌 2:9~10).

"그 안에는 신성의 모든 충만이 육체로 거하시고 너희도 그 안에서 충만하여졌으니 그는 모든 통치자와 권세의 머리시라"(골 2:9~10).

예수님께는 최고 권세가 있으십니다. 하나님은 예수님을 높이셨고, 부활로 예수님의 권위와 능력이 더욱 분명히 증명되었습니다. 그리스도는 만물의 머리이십니다. 마태복음의 마지막에 이르러, 예수님은 제자들에게 주님의 권세로 세상으로 가라고 명령하십니다. 그들은 세상을 향해 나아갔고, 우리 역시 자기 능력이나 권세가 아닌 부활하신 왕의 권세로 그리고 그 권세에 의해 나아갑니다.

예수님은 제자들에게 죽으실 것과 그 사흘 뒤에 부활하실 것을 반복해서 알려 주셨습니다. 그들은 근 3년간 예수님을 직접 보고 경험했는데도, 예수님이 말씀하신 모든 것을 믿기 위해 애써야 했습니다. 그러나 우리는 보는 것이 아닌 믿음으로 삽니다(고후 5:7). 모든 민족에게 복음을 선포하기 위해 믿음으로 나아갈 때, 우리는 보이지 않는 주님을 믿어야 합니다. 성경의 모든 말씀이 우리 왕께서 죽음을 이기시고 권좌에 앉으실 순간을 가리키고 있기에 믿을 수 있습니다. 바로 이 권세를 가지고 나아가야 합니다.

예수님이 주신 사명에 순종하지 못하도록 하는 두려움은 무엇입니까?

하늘과 땅을 다스리시는 예수님의 권위의 실재는 그 두려움을 어떻게 극복하게 해 줍니까?

심화토론

- 예수님께 경배드리는 몇몇 제자들에 관한 마태복음의 세부적인 언급은 부활하신 예수님을 믿는 마태의 믿음에 관해 무엇을 말해 줍니까?
- 1세기 유대인들에게 이 세부적인 언급이 왜 충격적이었을까요?
- 우리는 복음서에서 이렇게 의미 있는 세부적인 이야기들을 왜 간과하게 될까요?

심화 주석 마태복음 28장 18~20절은 마태복음의 절정이자 결론입니다. 예수님은 제자들에게 사명을 주시고, 미래의 사명을 위해 육신적으로가 아닌 영적으로 그들과 영원히 함께하실 것을 약속해 주셨습니다. 예수님이 "하늘과 땅의 모든 권세를 내게 주셨으니"(18절)라고 말씀하실 수 있는 것은, 자신이 완전한 하나님이시며 온 우주가 그분께 위임된 권세 안에 있기 때문입니다. 그럼에도 불구하고 주님은 여전히 어떤 면에서 하나님 아버지와 완전히 다른 위격이십니다. 그래서 마태는 그 권세가 예수님께 주어졌다고 기술하는 신적인 수동태를 사용하고 있습니다. 여기서 다니엘서 7장 13~14절에 등장하는 하늘의 '인자 같은 이'에 관한 분명한 암시가 나타납니다. 부활의 결과로 그리스도가 높아지신 것은, 언젠가 사람들이 하나님 백성의 한 부분이 되어 자발적으로 하든지 그렇지 않다고 해도 "모든 무릎이 예수의 이름에 꿇고 모든 입이 예수 그리스도를 주라 시인하게 될 것"이란 의미입니다(빌 2:9~11). 이 권세로 말미암아 예수님에게는 따르는 사람들에게 '행군 명령'을 내리실 수 있는 권한이 주어졌는데, 이 명령을 행하는 사람들을 도울 능력도 가지고 계십니다.[5]

_크렉 L. 블롬버그

"복음은 제시간에 그곳에 있을 때, 비로소 좋은 소식입니다."[6]

_찰리 F. H. 헨리

2. 부활하신 왕을 선포하며 제자로 삼으라(마 28:19)

19 그러므로 너희는 가서 모든 민족을 제자로 삼아 아버지와 아들과 성령의 이름으로 세례를 베풀고

예수님은 온 땅을 다스리는 완전한 권위를 가지고 계십니다.

> Leader
> 성령님의 감동으로 바울은 에베소 사람들에게 보낸 서신에서 믿는 사람들이 예수님의 주권적 권위의 축복을 온전히 이해하기를 기도했습니다.
> "그의 능력이 그리스도 안에서 역사하사 죽은 자들 가운데서 다시 살리시고 하늘에서 자기의 오른편에 앉히사 모든 통치와 권세와 능력과 주권과 이 세상뿐 아니라 오는 세상에 일컫는 모든 이름 위에 뛰어나게 하시고 또 만물을 그의 발 아래에 복종하게 하시고 그를 만물 위에 교회의 머리로 삼으셨느니라"(엡 1:20~22).
> - 예수님은 죽음을 이기셨고, 부활하신 왕이 되셨습니다.
> - 예수님은 하나님 아버지의 오른편에 앉으셨습니다. 마땅히 앉으셔야 할 자리, 즉 은혜의 보좌에서 중보하며 권세로 다스리십니다.
> - 예수님은 시편 8편 6절의 성취이시며, 모든 피조물을 다스리시는 통치자이십니다.
> - 예수님은 교회의 머리이시며, 땅의 모든 통치자의 권세를 넘어서는 권세를 가지고 계십니다.
>
> 오늘날 우리와 마찬가지로 예수님의 제자들에게는 만물을 다스리시는 예수님의 뛰어난 권세를 이해하는 것이 중요했습니다.

예수님의 능력과 권위의 실재는 주님의 부활과 승천으로 끝나지 않습니다. 그의 나라와 권세는 영원하십니다. 예수님은 자신의 권세에 관해 말씀하시고, 그들에게 위임하시며 "그러므로 너희는 가서"(19절)라고 말씀하셨습니다. 이것은 예수님을 죽은 자 가운데서 살리시고 은혜의 보좌에 앉히신 것과 똑같은 능력에 힘입어, 우리도 가서 모든 민족을 제자로 삼으라고 하신 소명을 끝까지 감당하며 살아갈 수 있다는 뜻입니다.

제자들은 "가라"라는 지시를 받았습니다. 이것은 제안이 아니었습니다. 예수님은 그들이 갈 수 있거나 짬을 낼 수 있다면 가라고 말씀하신 것이 아닙니다. 예수님은 반드시 지키고 순종해야 할 명령으로 말씀하신 것입니다. 부활의 왕이신 예수님이 그들에게 가라고 명령하셨습니다.

> Leader
> 본문에서 "가라"는 단기 여행이나 장기 여행을 의미하는 동사입니다. 제자들은 이 명령에 순종해야 합니다. 그들에게 그랬던 것처럼 우리에게도 유혹이 찾아올

것입니다. 그러나 예수님은 "지금 너희가 심지어 죽음까지도 이겨 낸 나의 권능을 들었고, 내 권세를 보았으니 세상으로 가라. 그리고 죄 용서의 좋은 소식을 사람들에게 알리라"고 말씀하십니다.

그렇다면, 우리는 어디로 가야 할까요? 예수님은 온 세상을 다스릴 권세를 가지고 계시기에 제자들에게 모든 민족에게 가라고 명령하셨습니다. 그들이 지금은 예수님께 순종하지 않을지라도 모든 부족, 모든 언어, 모든 나라가 예수님의 권위 아래 있습니다. 어쨌든 우리는 언젠가 모든 무릎이 예수님 이름 앞에 꿇게 되고, 모든 입이 예수님을 주라 시인하게 될 것이라는 말씀을 들었습니다. 그러니 가야 합니다.

> Leader

"하늘에 있는 자들과 땅에 있는 자들과 땅 아래에 있는 자들로 모든 무릎을 예수의 이름 앞에 꿇게 하시고 모든 입으로 예수 그리스도를 주라 시인하여 하나님 아버지께 영광을 돌리게 하셨느니라"(빌 2:10~11).

제자들에게 "가라"는 말씀은 세상 사람들과 민족 사이로 흩어지라는 뜻인데, 이것은 우리에게도 같은 의미입니다. 여기서의 '부르심'은 고향과 친척을 떠나 잘 알려지지 않은 낯선 외국으로 떠나는 다민족 및 다문화 선교에 초점이 맞추어져 있습니다. 그러나 예수님은 어디로 가야 하는지 정확히 말씀해 주시지 않았습니다. 모두 자기 집을 떠나라고 명령하시지도 않았습니다. 단순히 "가서 모든 민족을 제자로 삼으라"라고만 말씀하셨습니다.

우리는 외국 땅으로 가야 할까요? 아니면 길 건너편에 있는 이웃에게로 가야 할까요? 예수님은 이것에 대해 구체적으로 말씀해 주시지 않았습니다. 그러나 우리는 "제자로 삼으라"는 부르심이 곧 행동을 촉구하는 것임을 압니다. 그리고 예수님이 "모든 민족"이라고 말씀하신 것은 실수가 아닙니다. "모든"이란 그야말로 땅 위의 모든 곳을 아울러 말한 것입니다. 예수님은 모든 땅이 그분의 이름을 듣기를 원하셨고. 그래서 모든 수단을 다 동원하길 원하셨습니다. 주님의 소원은 땅끝까지 복음이 선포되는 것입니다.

> Leader

"하나님은 모든 사람이 구원을 받으며 진리를 아는 데에 이르기를 원하시느니라 하나님은 한 분이시요 또 하나님과 사람 사이에 중보자도 한 분이시니 곧 사람이신 그리스도 예수라 그가 모든 사람을 위하여 자기를 대속물로 주셨으니 기약이 이르러 주신 증거니라"(딤전 2:4~6).

핵심교리 **99**

85. 교회의 사명

교회는 십자가에 못 박히셨다가 부활하신 왕 예수님에 대한 복음 선포를 믿음으로써 연합된 백성을 말하며, 하나님 나라의 표시이자 도구입니다. 교회의 사명은 성령님의 권능으로 세상에 가서 제자 삼는 것입니다. 이를 위해 교회는 이 복음을 선포하고, 계속되는 회개와 믿음의 반응으로 사람들을 초대하고, 그리스도의 주권에 순복하여 하나님의 영광과 세상의 선을 위해 삶으로써 복음의 능력과 진리를 나타내야 합니다.

"하나님은 이 세상에서 하실 일이 있습니다. 고난과 복잡한 관계 때문에 그것을 포기한다면, 주님의 권위를 던져 버리는 셈입니다. 공정하고 의롭게 살며 하나님과 경건하게 동행하는 것만으로는 부족합니다. 우리는 다윗이 죽기 전에 그랬던 것처럼 우리 세대를 섬겨야 합니다. 하나님은 하실 일이 있습니다. 주님을 돕지 않는 것은 곧 주님을 반대하는 것입니다."[7]

_존 오웬

"예수님은 교회에 사명을 주어 보내셨습니다. 교회가 사명을 가진 것이 아니라 오히려 사명이 교회를 가진 것입니다. 우리는 주님의 사명으로 예수님과 함께합니다."[8]
_에드 스테처

복음을 전하고 제자로 삼기 위해 갔던 곳은 어디입니까?	예수님의 복음을 전하러 가려고 마음에 둔 곳은 어디입니까?

교회/공동체는 "가서 모든 민족을 제자로 삼으라"는 사명을 감당하기 위해 서로 어떻게 격려할 수 있을까요?

> Leader

제자들은 "가서 모든 민족을 제자로 삼으라"는 명령을 받았습니다. 성경에 의하면, 제자는 예수님을 따르는, 예수님처럼 살기 위해서 예수님께 배우는 사람입니다. 그러므로 예수님을 따르는 사람은 가서 예수님을 따를 다른 사람들을 찾아야 합니다.

중요한 것은 구원은 주님께 속해 있으며, 오로지 주님만이 구원하실 수 있다는 것을 기억하는 것입니다. 그러나 우리는 복음을 전함으로써 놀라운 구원 사역을 감당합니다. 성경은 이렇게 말합니다.

"그러므로 믿음은 들음에서 나며 들음은 그리스도의 말씀으로 말미암았느니라"(롬 10:17).

예수님의 제자로서 우리는 부활하신 왕에 관한 복음을 다른 사람들에게 선포함으로써 더 많은 사람을 예수님의 제자로 삼아야 합니다.

확신은 우리 안에 없으며, 메시지 역시 우리에 관한 것이 아닙니다. 그러나 우리는 부활하신 왕을 선포할 때 확신을 가지고 나아갈 수 있습니다. 주님의 권세로, 그 권세에 힘입어 나아가기 때문입니다.

> Leader

복음을 전하지 않으려는 유혹은 종종 두려움에서 비롯됩니다. 무엇을 말해야 할까요? 사람들이 받아들일까요? 폭력적인 반응에 부딪히면 어떻게 해야 할까요? 예수님과 그분의 메시지에 초점을 맞추면, 두려움에서 벗어날 수 있습니다. 왜냐하면 "몸은 죽여도 영혼은 능히 죽이지 못하는 자들을 두려워하지 말고 오직 몸과 영혼을 능히 지옥에 멸하실 수 있는 이를 두려워하라"(마 10:28)라는 예수님의 말씀처럼, 사람들을 두려워할 필요가 없기 때문입니다. 우리가 두려워해야 할 그분은 하늘과 땅의 모든 권세를 예수님에게 주셨으며, 그분을 믿음으로써 우리는 지옥에서 천국으로 옮겨지는 구원을 받았습니다. 이렇게 우리의 마지막이 보장되어 있는데, 두려워할 게 무엇이 있겠습니까?

"제자로 삼는 것은 프로그램 이상의 일입니다. 그것은 우리 삶의 사명입니다. 그것이 우리를 정의합니다. 제자는 다른 사람을 제자로 삼는 사람입니다."[9]
_프랜시스 챈

Q 복음을 전하면서 의도치 않게 예수님 대신 자기 자신에 관해 전하게 되는 때는 언제인가요?

예수님은 우리가 모든 민족에게 복음을 전해 그들이 예수님이 십자가에서 완성하신 일을 믿고 신뢰하게 되면, 그 새로운 제자들에게 아버지와 아들과 성령의 이름으로 세례를 베풀라고 명령하십니다.

> Leader

사도행전에 기록된 대로 베드로는 주님의 명령에 순종했습니다. 예루살렘에서 무리에게 복음을 전할 때, 베드로는 이렇게 말했습니다.

"너희가 회개하여 각각 예수 그리스도의 이름으로 세례를 받고 죄 사함을 받으라 그리하면 성령의 선물을 받으리니"(행 2:38).

세례는 회개하고 믿은 다음의 일입니다. 세례는 예수님의 구원 사역을 믿는다는 표시입니다. 믿는 사람들의 마음에 행하신 주님의 일에 관한 선언이며, 믿지 않는 세상을 향해 희망이 왔음을 외치는 것입니다. 세례는 믿는 자의 내면의 변화를 밖으로 드러내 보여 주는 것이며, (죄의) 죽음에서 (예수님 안의) 생명으로 옮기는 것입니다.

세례는 전도나 제자 삼는 것과 마찬가지로 선교를 위한 부르심의 한 부분입니다.

> Leader

세례는 죄를 씻어 내지는 못합니다. 죄는 오로지 예수 그리스도의 피로만 씻어 낼 수 있습니다.

세례가 구원을 주는 것은 아니지만, 세상을 향해 예수 그리스도의 복음을 공개적으로 선포하는 것이라는 점에서 중요한 의미가 있습니다.

Q 의도치 않게 지상 명령의 일부인 세례의 중요성을 간과할 때는 언제인가요?

> **심화 주석** 예수님은 우리에게 내용을 가르칠 뿐만 아니라, 사람들이 순종할 수 있도록 훈련시키라고 명령하셨습니다. "내가 너희에게 분부한 모든 것을 가르쳐 지키게 하라"(마 28:20). 마태복음에 기록된 예수님의 가르침은 우리가 새로운 제자들에게 전달할 실재적인 가르침의 본질입니다. 마태복음뿐 아니라, 성경에는 교회에 필요한 가르침이 아주 많습니다. 그러나 마태복음에 기록된 예수님의 가르침은 강력한 기초를 제공합니다. 위대한 지상 명령의 가르침을 성취함으로써, 우리는 믿는 자들이 영적 성숙의 각 단계에서 성장을 이룰 수 있도록 안내합니다. 이 단계는 새신자인 유아기에서부터 성숙한 신자인 성인기에 이르기까지 다양합니다. 모든 믿는 자는 그리스도의 장성한 분량이 충만한 데까지 이르러야 합니다(엡 4:11~16). 영원에 미치지 못할 자는 아무도 없습니다. 그러므로 우리는 자기 자신을 교사이자 배우는 자로 여겨야 합니다. 성숙한 신자는 집안의 가장 어린 사람에게서도 듣고 배울 준비가 되어 있습니다.[10]
>
> _스튜어트 K. 웨버

3. 부활하신 왕께서 명령하신 모든 것을 가르쳐 지키게 하라

(마 28:20)

[20]내가 너희에게 분부한 모든 것을 가르쳐 지키게 하라 볼지어다 내가 세상 끝 날까지 너희와 항상 함께 있으리라 하시니라

예수님은 제자들에게 가서 모든 민족에게 복음을 전하고, 삼위일체 하나님의 이름으로 믿는 자들에게 세례를 주라고 말씀하셨습니다. 그런데 마태복음 28장 20절을 보면, 이것이 사역의 끝이 아님을 알게 됩니다. 이번에도 예수님은 "모든"이라는 표현을 쓰는 데 주저하지 않으셨습니다. 제자들에게 자신이 명령한 모든 것을 믿는 자들에게 가르쳐 지키게 하라고 말씀하셨습니다. 그래서 그들이 그들의 구원자께 순종할 수 있도록 하라는 말씀입니다. 이것은 제자들의 힘만으로는 벅찬 일입니다. 하지만 우리는 예수님이 권위와 권능으로 제자들에게 가르침을 주셨다는 사실을 압니다. 예수님의 제자들에게 그랬던 것처럼 그것은 나와 당신에게도 벅찬 일이지만, 하나님은 그분의 권위 있는 말씀을 우리에게 주셨습니다.

> Leader
> 세례는 믿는 사람의 삶 속에 예수님이 완성하신 사역을 충만한 믿음으로 선포하는 것이며, 순종은 그 증거입니다. 예수님은 "너희가 나를 사랑하면 나의 계명을 지키리라"(요 14:15)라고 말씀하셨습니다. 구원은 오직 은혜와 믿음으로만 가능하며, 필연적으로 구원자께 순종하도록 인도합니다.

지상 명령은 전도에만 국한되지 않습니다. 제자도도 마찬가지입니다. 하나님은 그분이 시작하신 선한 일을 이룰 것이라고 약속하셨습니다(빌 1:6). 그리고 주님에 관해 배우고, 주님께 순종하는 것을 통해 그 사역에 동참하라고 말씀하십니다. 더 나아가 그리스도인은 제자 훈련을 해야 합니다. 마태복음 28장에서 볼 수 있듯이, 다른 사람을 가르치는 일에 예외란 없습니다. 우리는 모두 가서 그리스도 안에서 믿는 자들을 훈련하도록 부름받았기 때문입니다.

예수님은 가르침과 명령을 마치시고, 홀로 사명을 감당하게 하지는 않을 것이라고 제자들을(그리고 우리를) 격려해 주십니다.

"볼지어다 내가 세상 끝 날까지 너희와 항상 함께 있으리라"(마 28:20).

주님의 권능과 권위의 선언으로 시작된 말씀이 주님이 세상 끝 날까지 그리고 영원히 신실하게 함께하시겠다는 선언으로 끝이 납니다.

> Leader

사명에는 '영원'이라는 의미가 담겨 있습니다. 왜냐하면 위대하고 영원한 결과와 보상이 있기 때문입니다. 부활하신 예수님은 지금도 우리를 중보하고 계십니다. 주님의 얼굴을 보게 될 그날, 우리는 우리가 복음을 전해 믿게 된 자들, 그리고 한 번도 만난 적이 없는 믿는 자들과 함께하게 될 것입니다. 모든 부족과 모든 언어와 모든 민족이 함께 모여 우리를 결코 떠나지 않고 버리지 않으실 왕께 경배하며 함께 기뻐할 것입니다.

Q 누군가에게 제자 훈련을 받아 본 적이 있습니까?

결론

우리는 이런저런 일들로 바쁘게 살아갑니다. 그래서 궁극적인 사명을 잠시 잊을 때도 있습니다. 그러나 우리에게는 복음 속에 담긴 위대한 보물이 있습니다. 복음은 이 세상이 필요로 하는 최고의 소식이자 유일한 소식입니다. 우리는 또한 우리와 항상 함께하신다는 예수님의 약속의 성취이신 성령님을 통해 하나님의 은혜로 복음을 전할 권능을 부여받았습니다. 하나님께 가서 모든 민족을 제자로 삼을 기회를 주시길 기도합시다. 그리고 예수 그리스도, 즉 부활하신 왕에 관해 전할 때 신실하고 담대할 수 있도록 기도합시다.

"전도와 제자도는 같은 배에 달린 두 개의 노입니다. 노를 딱 한 개만 저으면, 배는 제자리를 돌게 됩니다. 목적지에 도달하려면, 두 개의 노로 똑바로 항해해 가야 합니다. 전도도 필요하고, 지상 명령을 수행할 제자도도 필요합니다. 복음은 전도를 통해 전해지고, 이후 제자도를 진행하면서 실행에 옮겨집니다."[11]
_로비 갤러티

"그리스도의 제자들이여, 힘을 내십시오. 이 사명은 우리가 누구이며, 무엇을 할 수 있는가에 달려 있지 않습니다. 이 사명은 성령님을 통한 그리스도의 임재를 근거로 확인됩니다. … 이 사명은 우리가 무엇을 할 수 있는가에 근거하기보다는 예수님이 누구이시며, 우리 삶 속에서 그리고 우리 삶을 통해 무엇을 하실 수 있는가에 근거합니다."[12]
_데이비드 플랫

그리스도와의 연결

예수님은 성부 하나님께로 승천하시기 전에 제자들에게 "가서 모든 민족을 제자로 삼으라"고 말씀하셨습니다. 예수님의 권세 아래서 우리는 사람들에게 아버지와 아들과 성령의 이름으로 세례를 주고, 그리스도께서 우리에게 분부하신 모든 것을 가르쳐 제자로 삼아야 합니다. 세상으로 나아갈 때, 우리는 그리스도의 임재를 신뢰해야 합니다. 그분은 사명 가운데 우리와 함께하신다고 약속하셨습니다.

하나님의 계획 우리의 사명

선교적 적용 하나님은 우리에게 복음의 진리를 말로 선포하고, 주님의 사랑을 행동으로 증명함으로써 모든 민족을 제자로 삼으라고 명령하십니다.

1. 어떻게 하면 공동체/교회가 지역사회나 세계의 열방에 복음을 전할 수 있을까요?
2. 부활하신 왕을 선포해 제자로 삼기 위해 사람들과 교감해 본 적이 있습니까? 어떻게 하면 이런 기회를 만들 수 있을까요?
3. 사람들에게 예수님의 명령을 가르치고, 그들이 순종할 수 있도록 격려하는 방법에는 어떤 것들이 있을까요?

금주의 성경 읽기
에 6~10장;
말 1~4장;
시 50편

부활하신 왕께서 승천하시다

12

Summary and Goal

예수님이 죽은 자 가운데서 부활하신 지 40일이 지났습니다. 이제 예수님이 하늘로 오르시어 천국에 들어가 하나님 아버지의 오른편 보좌에 앉으실 때가 되었습니다. 예수님은 제자들에게 이미 지상 명령을 주셨고, 이제 다시 오실 때까지 이 땅에서 마지막이 될 말씀을 주실 것입니다. 예수님은 제자들에게 그들의 사명을 수행할 능력을 주실 성령님을 보내시겠다고 약속하셨고, 제자들이 땅끝까지 이르러 복음을 전할 때 취할 사명의 단계를 미리 말씀해 주셨습니다. 그리고 마침내 예수님은 아버지께로 올라가셨습니다. 예수님은 지금도 모든 피조물을 다스리시며, 다시 오실 때까지 자기 백성을 위해 중보하십니다.

- **성경 본문**
  사도행전 1:4~14

- **세션 포인트**
  1. 예수님은 제자들에게 성령님을 보내시겠다고 약속하셨습니다(행 1:4~5)
  2. 예수님은 온 땅에 복음이 전파되리라고 예언하셨습니다(행 1:6~8)
  3. 예수님은 하늘로 올라가셔서 모든 권세를 행하십니다(행 1:9~14)

- **신학적 주제**
  예수님은 하나님 아버지의 오른편에 앉으셔서 거룩한 권세를 행사하고 계십니다.

- **그리스도와의 연결**
  예수님의 승천은 시편 110편의 성취이며, 하나님이 예수님을 온 우주의 주로 나타내셨다는 표징입니다. 하나님의 우편에 앉으신 예수님은 그분의 백성을 중보하시며, 우리를 아버지께로 나아갈 수 있게 하시고, 인간으로 하여금 온 세상을 다스리게 하신 본래 의도를 성취하십니다. 우리는 예수님이 떠나셨을 때와 똑같은 방식으로 이 세상에 다시 오실 날을 기다립니다.

- **선교적 적용**
  하나님은 도시와 나라와 땅끝까지 예수님의 이름과 복음의 메시지를 전하는 주님의 사명에 참여하라고 우리를 부르십니다.

장례를 위한 기름 부음 | 예루살렘 입성 | 최후의 만찬 | 체포 | 십자가 죽음 | 부활

Session Plan

도입

합당한 자격을 갖춘 사람에게서 법적 변호를 받아야 한다는 도입부 이야기로 이 세션을 시작하십시오. 법정에서 스스로 변호해야 하는 상황의 스트레스와 비교해 주십시오.

변호사에게서 변호를 받는 대신 스스로 변호하기로 한 사람의 이야기를 들으면 어떤 인상을 받게 됩니까?

법정에서 변호사를 선임해서 얻는 유익은 무엇입니까?

예수님 덕분에 우리는 자신을 스스로 변호할 필요가 없다는 좋은 소식을 상기시켜 주십시오. 그리스도의 승천에 관해 다루는 이 세션의 내용을 요약해 주십시오.

전개

1 예수님은 제자들에게 성령님을 보내시겠다고 약속하셨습니다 (행 1:4~5)

사도행전 1장 4~5절을 읽으십시오. 예수님이 승천하시기 전에 '제자들이 성령으로 세례를 받을 것'이라는 하나님 아버지의 약속이 곧 이루어지리라고 말씀하신 것과 제자들을 어떻게 준비시키셨는지에 관해 말해 주십시오.

약속에 관한 세속적인 관점은 하나님의 약속을 바라보는 관점에 어떤 영향을 미칩니까?

약속을 신실하게 지키시는 하나님에 대한 믿음을 방해하는 것들은 무엇입니까?

삼위일체의 세 번째 위격이신 성령님의 선물이 '예수님을 따르는 자'라는 제자들의 정체성을 영원히 규정한다는 것을 강조해 주십시오.

왜 우리는 이 선물을 소중히 여기지 않고, 성령님에 대한 약속을 간과하곤 할까요?

2 예수님은 온 땅에 복음이 전파되리라고 예언하셨습니다 (행 1:6~8)

자원자에게 사도행전 1장 6~8절을 읽게 하십시오. 하나님 나라가 어떻게 표현되었는지 설명해 주십시오. 그런 다음 제자들이 왜 더 많은 정보를 원했는지 가르쳐 주십시오.

'하나님의 계획'이나 '하나님의 일하시는 법'과 같은 삶의 신비를 어떻게 받아들입니까?

제자들의 질문에 대한 예수님의 대답은 인생에서 겪는 알 수 없는 일들에 대한 관점에 어떤 영향을 줍니까?

성령님이 그리스도인들을 돕는 몇 가지 방법들, 특히 복음을 이야기하고 담대히 선

포하는 것을 가능하게 하는 능력에 주목하게 해 주십시오. 사도행전 1장에서 예수님이 제자들을 위해 자신의 사명을 얼마나 자세히 설명해 주셨는지 알려 주십시오.

성경에서 볼 수 있는 성령님의 권능의 예에는 어떤 것들이 있습니까?

3 예수님은 하늘로 올라가셔서 모든 권세를 행하십니다 (행 1:9~14)

사도행전 1장 9~14절을 읽으십시오. 예수님이 구름 속으로 올라가신 것을 하나님의 임재와 연결해 주십시오. 부록 2: '예수님의 고난 주간'을 참고해 다니엘의 이상과 구름에 가려진 예수님의 승천을 연결해 주십시오.

예수님이 하늘로 올라가시면서 구름에 가려 보이지 않게 되었다는 것은 무엇을 의미합니까?

천사의 말은 예수님이 육신으로 승천하셨으므로 완전한 하나님이자 완전한 사람으로 영원히 계실 것이라는 사실을 암시한다는 것을 강조해 주십시오. 모든 권세를 가지신 분이 자기 제자들을 위해 중보하십니다. 부록 4: '예수님의 높아지심'을 참고해 최종 단계는 아니지만 지금까지와는 다른 단계로서 예수님의 승천을 강조해 주십시오.

우리를 대신해 죽으시고 부활하셔서 하늘로 올라가 하나님 아버지께 중보하시는 왕을 향한 믿음을 개인 기도문과 공동 기도문으로 표현해 보십시오.

결론

하나님은 우리를 세상을 향한 선교 사명에 홀로 참여하도록 부르지 않으셨다는 말로 격려하면서 이 세션을 마무리해 주십시오. 하나님은 예수님이 십자가 위에서 완성하신 사역에 희망을 두는 우리 모두에게 성령님을 보내 주셨습니다. 이 세션에서 배운 진리를 '하나님의 계획, 우리의 사명'에서 적용해 보십시오.

Session Content

12. 부활하신 왕께서 승천하시다

"그리스도의 영은 선교의 영입니다. 그분께 가까워질수록 더욱 열정적인 선교사가 됩니다."[1]
_헨리 마틴

도입

최근에 우스꽝스러운 영화를 본 적이 있는데, 등장인물 중 한 사람이 그의 친구를 변호하기 위해 법정에 난입하는 장면이 있었습니다. 그는 판사에게 가까이 가도 되는지를 묻고는 변호사 자격증을 제출했습니다. 그러나 그는 변호사가 아니었습니다. 친구를 변호하기 위해 가짜 자격증을 컴퓨터로 출력해 온 것이었습니다. 그는 사기꾼이었습니다. 판사는 바보가 아니었고, 그의 속임수에 넘어가지 않았습니다. 판사는 위조된 변호사 자격증을 손에 쥐고, 웃으며 이렇게 말했습니다.

"좋습니다. 이것이 무엇이든지 간에 당신이 왜 여기에 있는지를 변호해 보십시오."

진짜 법정에서는 이런 일이 일어날 수 없습니다. 법정에서는 변호사 자격증이 없으면, 자신을 제외하고는 누구도 변호할 수 없기 때문입니다. 만약 합법적인 자격증이 없는 사람이 누군가를 변호해야 한다면 엄청난 스트레스를 받을 것입니다.

Q 변호사에게서 변호를 받는 대신 스스로 변호하기로 한 사람의 이야기를 들으면 어떤 인상을 받게 됩니까?

Q 법정에서 변호사를 선임해서 얻는 유익은 무엇입니까?

이 상황에 그리스도인의 삶을 대입하면, 즉 하나님이 재판관이시라면, 자기 자신을 변호하지 않아도 되니 얼마나 기쁩니까? 그리고 홀로 남겨지지 않아도 되니 얼마나 기쁩니까? 우리를 변호해 줄 자격을 갖춘 이는 예수님 말고는 아무도 없습니다. 우리에게 그보다 나은 변호사는 없습니다. 예수님이 우리를 위해 하나님 아버지께 탄원하는 변호사처럼 활동하고 계시다는 것을 안다면, 힘을 얻을 수 있습니다.

> Leader
> 부활한 왕이신 예수님은 우리에게 사명을 주셨습니다. 그러나 그 사명을 우리 홀로 수행해야 하는 것은 아닙니다. 주님은 성령님을 보내셔서 우리가 법정을 벗어난 곳에서도 증인이 되도록 인도하시고 능력을 주십니다.

Session Summary

예수님이 죽은 자 가운데서 부활하신 지 40일이 지났습니다. 이제 예수님이 하늘로 오르시어 천국에 들어가 하나님 아버지의 오른편 보좌에 앉으실 때가 되었습니다. 예수님은 제자들에게 이미 지상 명령을 주셨고, 이제 다시 오실 때까지 이 땅에서 마지막이 될 말씀을 주실 것입니다. 예수님은 제자들에게 그들의 사명을 수행할 능력을 주실 성령님을 보내시겠다고 약속하셨고, 제자들이 땅끝까지 이르러 복음을 전할 때 취할 사명의 단계를 미리 말씀해 주셨습니다. 그리고 마침내 예수님은 아버지께로 올라가셨습니다. 예수님은 지금도 모든 피조물을 다스리시며, 다시 오실 때까지 자기 백성을 위해 중보하십니다.

전개

1. 예수님은 제자들에게 성령님을 보내시겠다고 약속하셨습니다(행 1:4~5)

4 사도와 함께 모이사 그들에게 분부하여 이르시되 예루살렘을 떠나지 말고 내게서 들은 바 아버지께서 약속하신 것을 기다리라 5 요한은 물로 세례를 베풀었으나 너희는 몇 날이 못 되어 성령으로 세례를 받으리라 하셨느니라

부활하신 후 승천하시기 전에 예수님은 그분의 이름으로 사역할 제자들을 준비시키셨습니다. 예수님은 그들에게 예루살렘에 곧 임하게 될 하나님 아버지의 약속을 기다리라고 명령하셨습니다(행 1:4).

그 약속이란 무엇일까요? 예수님은 죄를 위한 완벽한 제물로서 십자가에 못 박히셨다가 죽은 자 가운데서 부활하셔서 죄를 없애셨습니다. 게다가 이미 몇 차례의 현현과 대화로 자신을 따르는 이들에게 사역을 위임

심화 주석 사도행전 1장 5절의 성령님에 대한 약속은 복음서에서 세례 요한에게 귀속되었던 전승에 대한 상기로 명시되었습니다. "그는 성령과 불로 너희에게 세례를 베푸실 것이요"(눅 3:16. 참조, 막 1:8; 마 3:11; 요 1:33). 이것은 성령님이 불처럼 제자들에게 임했던, 독특하면서도 다시 일어나지 않을 오순절 사건에 관한 언급입니다(행 2:3).
세례 요한의 세례는 회개의 세례였습니다. 교회는 믿는 자들의 공동체에 들어가기 위해 예수님의 이름으로 신앙을 고백하는 행위로서, 외형적으로는 요한의 물세례를 계속해서 사용할 것입니다(행 2:38 상). 그러나 요한의 세례와 달리 회심자들은 성령님의 임재와 권능을 받게 될 것입니다(행 2:38 하). 사도행전 전체에서 새로운 회심자들은 회개와 세례와 성령을 선물로 받았음을 볼 수 있습니다.[2]
_존 B. 폴힐

"제힘으로 주님의 사역을 감당하려고 노력하면, 모든 일 가운데 가장 혼란스럽고 지치고 지루한 일이 됩니다. 그러나 성령님으로 충만해지면, 당신에게서 예수님의 사역이 흘러나오게 됩니다."[3]
_코리 텐 붐

하시고 이를 잘 수행할 수 있도록 격려해 주셨습니다. 그런데도 아직 남아 있는 하나님 아버지의 약속은 무엇일까요?

사도행전 1장 5절에서 예수님은 제자들에게 '성령으로 세례를 받을 것'이라는 하나님 아버지의 약속을 말씀해 주셨습니다. 그것은 세례 요한이 앞서 예언했던 내용입니다(참조, 눅 3:15~17).

> Leader "백성들이 바라고 기다리므로 모든 사람들이 요한을 혹 그리스도신가 심중에 생각하니 요한이 모든 사람에게 대답하여 이르되 나는 물로 너희에게 세례를 베풀거니와 나보다 능력이 많으신 이가 오시나니 나는 그의 신발 끈을 풀기도 감당하지 못하겠노라 그는 성령과 불로 너희에게 세례를 베푸실 것이요 손에 키를 들고 자기의 타작마당을 정하게 하사 알곡은 모아 곳간에 들이고 쭉정이는 꺼지지 않는 불에 태우시리라"(눅 3:15~17).

제자들은 약속의 성취를 확신하며 기다릴 수 있었습니다. 왜냐하면 하나님의 말씀은 진실하고, 순전하며, 확실하기 때문입니다. 하나님이 그렇게 하겠다고 말씀하시면, 반드시 그렇게 하시기 때문입니다.

> Leader 하나님의 약속은 우리의 약속과 같지 않습니다. 우리는 어떤 것을 할 것이며 어디로 갈 것이라고 약속할 수 있지만, 다른 것을 하거나 다른 곳으로 가기 위해 그 약속을 깨뜨리기도 합니다. 물론 우리의 약속이 항상 고의로 또는 악의적으로 깨지는 것은 아닙니다. 상황이 그렇게 만들 때도 있습니다. 그러나 하나님은 상황의 통제를 받지 않으십니다. 주님은 외부 상황에 영향을 받지 않으십니다. 하나님은 약속하신 것을 반드시 성취하십니다. 어떤 것에 방해받지 않으십니다. 이전에 예수님은 죽은 자 가운데서 다시 사실 것을 약속하셨고, 그 약속은 이미 성취되었습니다. 그래서 제자들은 기다리라는 명령을 받았을 때, 기다려야 한다는 것과 약속된 것을 받으리라는 것을 알았습니다.

Q **약속에 관한 세속적인 관점은 하나님의 약속을 바라보는 관점에 어떤 영향을 미칩니까?**

Q **약속을 신실하게 지키시는 하나님에 대한 믿음을 방해하는 것들은 무엇입니까?**

> Leader 하나님 아버지는 사람이 줄 수 없는 세례를 약속하셨습니다. 누가복음 3장 15~17절에서 세례 요한은 이후에 오실 예수님의 신적인 권위와 절대적인 주권을 분명히 인식했습니다. 예수님은 한낱 사람이 아니셨으며, 자신을 초월하는 권능과 권위를 가지고 계셨습니다. 세례 요한은 심지어 자신은 예수님의 신발 끈을 푸

> **심화 주석** 선교하려는 마음은 정말로 감동적입니다. 예수님을 따르는 사람들은 복음이 땅끝까지, 그리고 그들의 공동체까지 이르기를 열망합니다. 전도받지 못한 이웃에 대한 부담감이 없다면, 멀리 있는 전도받지 못한 사람들에 대한 부담감 역시 없을 것입니다. 그리스도인들은 그들의 십자가 사역이 나라와 인종을 넘어선다는 것을 압니다. 그리스도께서는 세상을 품으라고 말씀하십니다. … 교회를 향한 예수님의 마지막 말씀은 광활한 마음을 요구합니다.[4]
>
> _R. 켄트 휴스

는 것도 감당하지 못한다고 여겼습니다. 즉 그는 자신이 예수님의 신발 끈을 푸는 노예의 일을 감당할 만한 사람도 못 된다고 생각했던 것입니다.

지금 예수님이 제자들과 함께하고 계신 것은 자신의 약속들 가운데 하나를 성취하신 것입니다. 그분은 그들이 머지않아 삼위일체의 세 번째 위격이신 성령님을 선물로 받을 것이라고 알리십니다. 이것은 하나님 아버지의 놀라운 약속이며, 예수님을 따르는 자의 정체성을 영원히 규정하게 될 것입니다.

> Leader
'성령으로 세례를 받으리라'는 약속은 사도행전 2장에서 일어난 오순절 사건에 관한 예언이었습니다. 그때 믿는 사람들은 성령 충만함으로 담대하게 복음을 선포할 권능을 받게 될 것입니다. 그들은 유월절을 지내려고 다양한 곳에서 온 많은 유대인과 이방인들의 유익을 위해 다양한 언어로 말하게 되는 초자연적인 선물을 받게 될 것입니다(행 2:1~11). 그것은 주님이 약속하셨던 능력이자, 그들이 기다리던 선물이었습니다. 바로 지상 명령에 순종하라고 부어 주신 성령님이셨습니다.

Q **왜 우리는 이 선물을 소중히 여기지 않고, 성령님에 대한 약속을 간과하곤 할까요?**

2. 예수님은 온 땅에 복음이 전파되리라고 예언하셨습니다

(행 1:6~8)

6 그들이 모였을 때에 예수께 여쭈어 이르되 주께서 이스라엘 나라를 회복하심
이 이때니이까 하니 7 이르시되 때와 시기는 아버지께서 자기의 권한에 두셨으
니 너희가 알 바 아니요 8 오직 성령이 너희에게 임하시면 너희가 권능을 받고 예
루살렘과 온 유대와 사마리아와 땅끝까지 이르러 내 증인이 되리라 하시니라

예수님이 아버지의 약속에 관해 말씀해 주시자, 제자들은 예수님이 이스라엘 왕국을 회복하실 때가 된 것인지 궁금해졌습니다.

> Leader
예수님에게는 익숙한 질문이었습니다. 누가는 바리새인들이 다가올 하나님 나라에 관해 질문했던 것을 기록하고 있습니다. 예수님은 이렇게 말씀하셨습니다. "바리새인들이 하나님의 나라가 어느 때에 임하나이까 묻거늘 예수께서 대답하여 이르시되 하나님의 나라는 볼 수 있게 임하는 것이 아니요 또 여기 있다 저기 있다고도 못하리니 하나님의 나라는 너희 안에 있느니라"(눅 17:20~21).

"나는 나의 구원자로 온전한 그리스도를, 나의 책으로 온전한 성경을, 나의 동지로 온전한 교회를, 나의 선교지로 온 세상을 원합니다."[5]
_존 웨슬리

"죄의 힘은 우리 삶 속에서 깨어졌습니다. 우리는 성령님의 보증을 받았습니다. 우리는 한때 죄를 선택했지만, 지금은 의를 선택할 힘을 가지고 있고 의를 선택하기를 점점 더 열망합니다. 우리는 한때 죄의 능력의 종이었으나, 지금은 하나님을 섬기기 위해 자유로워졌습니다. … 우리는 여전히 죄를 저지르지만, 시간이 지남에 따라 거룩함을 선택하는 것을 배워 갑니다. 성경이 기록된 후부터 하나님의 명령에 순종하며 나아가기 위해 죄 대신 의를 선택하는 것을 배워 가는 것처럼, 우리의 모든 삶은 '구원을 이루는' 데 헌신되었습니다."[6]
_젠 윌킨

하나님 나라는 예수님과 관련이 있습니다(참조, 눅 17:20~21). 그러므로 그 나라는 제자들과 함께 있어 왔고, 세상 끝 날까지 계속해서 함께할 것입니다(마 28:20). 그러나 오직 하나님 아버지만이 예수님의 재림의 때와 날을 아십니다. 그때 하나님 나라가 완전해지고, 하나님의 백성과 모든 피조물이 완전히 회복될 것입니다.

제자들은 종말을 소망했을 것입니다. 그들은 박해의 시대를 살아가고 있었습니다. 그들의 친구이자 구원자이신 예수님은 바로 몇 주 전에 십자가에 못 박히셨지만, 약속하신 대로 무덤에서 살아나셨습니다. 이제 그들은 성전이 있는 하나님의 거룩한 도시이자 왕의 보좌가 있어야 할 예루살렘 밖에서 부활하신 왕을 만나고 있습니다. 그리고 그들은 다시 한 번 기다리라는 말씀을 듣습니다. 또한 세세한 것은 염려하지 말라는 말씀도 듣습니다. 그것은 하나님의 특권이기 때문입니다.

Q '하나님의 계획'이나 '하나님의 일하시는 법'과 같은 삶의 신비를 어떻게 받아들입니까?

Q 제자들의 질문에 대한 예수님의 대답은 인생에서 겪는 알 수 없는 일들에 대한 관점에 어떤 영향을 줍니까?

> Leader

예수님은 제자들에게 성령님이 그들에게 임하시면 권능을 받게 될 것이라고 말씀하셨습니다. 이것은 단순히 어떤 권력이 아니라, 하나님의 권능이요 삼위일체의 세 번째 위격의 권능입니다. 성령님은 성부 하나님께 순종하심으로써 예수님의 지상 사역에 권능을 주셨으며, 예수님을 무덤에서 살아나게 하셨습니다. 마찬가지로 성령님은 그리스도인들이 예수님의 사역을 감당하기 위해 순종하며 거룩하고 신실하게 살기 위해 노력할 때, 그들을 도우십니다. 무엇보다 담대히 복음을 선포할 수 있게 하십니다.

누가복음 24장에서 예수님은 이와 유사한 말씀을 하십니다.

"볼지어다 내가 내 아버지께서 약속하신 것을 너희에게 보내리니 너희는 위로부터 능력으로 입혀질 때까지 이 성에 머물라 하시니라"(눅 24:49).

제자들이 며칠 전에 받았던 지상 명령을 완수할 권능을 받게 될 것이라는 말씀을 듣고, 얼마나 힘을 얻었겠습니까. 그들은 가서 자기 힘으로, 자기 능력으로, 자기 지혜로 모든 민족을 제자로 삼을 필요가 없다는 것을 알고 틀림없이 기뻐했을 것입니다. 제자들은 성령님의 인도하심을 받고, 권능을 받게 될 것입니다. 성령님은 위대한 사명을 위해 필요한 위로와 용기와 힘을 그들에게 주실 것입니다.

예수님은 제자들이 알 길 없는 하나님 나라의 세세한 것들에 관심을 두게 하지 않으시고, 당면한 일에 관심을 돌리게 하셨습니다. 사명을 감당할 때이기 때문입니다. 예수님은 마태복음 28장에서 제자들에게 "가서 모든 민족을 제자로 삼으라"(19절)는 사명의 구체적인 내용을 제시한 바 있으십니다. 사도행전 1장에서는 그 사역에 관해 좀 더 자세히 설명해 주십니다.

예수님의 제자들은 유대에서만 복음을 선포하지 않을 것입니다. 예루살렘과 유대와 사마리아, 나아가 "땅끝까지"(행 1:8) 가서 예수님을 전할 것입니다. 초대 교회 시대의 제자들이 제힘으로는 감당할 수 없는 사명이었습니다. 그들에게 그 사명을 홀로 감당하지 않아도 된다는 사실을 아는 것이 얼마나 큰 위로가 되었을지 생각해 보십시오. 예수님은 그들과 함께하겠다고 약속하셨습니다. 예수님은 육체가 아닌 하나님 아버지의 약속을 통해 영으로 그들과 함께하셨습니다. 그들은 성령님과 함께 성령님의 권능으로 나아갔습니다. 우리 역시 예수님의 복음을 전하는 사명을 홀로 감당하지 않아도 된다는 사실을 알면, 위로가 되지 않겠습니까?

심화 주석 구름이 상징하는 것은 의심할 여지없이 하나님의 임재와 영광을 가시적으로 명백히 하는 '세키나'입니다. 하나님의 영광이 성막 안에 거하신다는 가시적 표시로, 구름은 광야에서 성막 위에 머물렀습니다(참조, 출 40:34). 하나님의 현현과 그분의 아들에 대한 승인의 가시적 표시로, 구름은 변화산 위에서 예수님과 세 명의 제자들을 에워쌌습니다(참조, 막 9:7, 11). 여기서도 매우 유사한 어떤 것이 나타납니다. 승천하시는 예수님이 하나님의 현현과 영광과 승인의 가시적 표시인 세키나를 나타내는 구름에 둘러싸이셨습니다.[7]

_리처드 N. 롱게네커

Q 성경에서 볼 수 있는 성령님의 권능의 예에는 어떤 것들이 있습니까?

3. 예수님은 하늘로 올라가셔서 모든 권세를 행하십니다

(행 1:9~14)

*9이 말씀을 마치시고 그들이 보는데
올려져 가시니 구름이 그를 가리어 보
이지 않게 하더라 10올라가실 때에 제
자들이 자세히 하늘을 쳐다보고 있는
데 흰옷 입은 두 사람이 그들 곁에 서
서 11이르되 갈릴리 사람들아 어찌하
여 서서 하늘을 쳐다보느냐 너희 가운
데서 하늘로 올려지신 이 예수는 하늘
로 가심을 본 그대로 오시리라 하였느니라 12제자들이 감람원이라 하는 산으로
부터 예루살렘에 돌아오니 이 산은 예루살렘에서 가까워 안식일에 가기 알맞은
길이라 13들어가 그들이 유하는 다락방으로 올라가니 베드로, 요한, 야고보, 안
드레와 빌립, 도마와 바돌로매, 마태와 및 알패오의 아들 야고보, 셀롯인 시몬,*

야고보의 아들 유다가 다 거기 있어 [14]여자들과 예수의 어머니 마리아와 예수의 아우들과 더불어 마음을 같이하여 오로지 기도에 힘쓰더라

예수님은 제자들에게 하나님 아버지께서 약속하신 선물을 기다리라고 권면하신 후, 땅끝까지 복음을 전파하는 것에 관해 예언하시고, 하늘로 올라가셨습니다. 예수님이 하늘로 올라가시는 것을 지켜볼 수 있는 특권이 제자들에게 주어졌습니다. 또한 그들은 하나님의 은혜로 하나님이 그들과 함께하시며, 그분의 약속은 참되며, 예수님이 떠날 때 모습 그대로 다시 오시리라는 것을 알 수 있었습니다. 주님은 구름 속으로 올라가셨는데, 하늘나라의 구름을 타고 다시 오실 것입니다.

성경에서 '구름'은 본문에서처럼, 종종 하나님의 현현과 관련되어 등장합니다(출 13:21; 19:9; 사 19:1; 마 17:5; 24:30; 살전 4:17; 계 1:7).

> Leader

"여호와께서 그들 앞에서 가시며 낮에는 구름 기둥으로 그들의 길을 인도하시고 밤에는 불기둥을 그들에게 비추사 낮이나 밤이나 진행하게 하시니"(출 13:21).

"여호와께서 모세에게 이르시되 내가 빽빽한 구름 가운데서 네게 임함은 내가 너와 말하는 것을 백성들이 듣게 하며 또한 너를 영영히 믿게 하려 함이니라 모세가 백성의 말을 여호와께 아뢰었으므로"(출 19:9).

"애굽에 관한 경고라 보라 여호와께서 빠른 구름을 타고 애굽에 임하시리니 애굽의 우상들이 그 앞에서 떨겠고 애굽인의 마음이 그 속에서 녹으리로다"(사 19:1).

"말할 때에 홀연히 빛난 구름이 그들을 덮으며 구름 속에서 소리가 나서 이르시되 이는 내 사랑하는 아들이요 내 기뻐하는 자니 너희는 그의 말을 들으라 하시는지라"(마 17:5).

"그때에 인자의 징조가 하늘에서 보이겠고 그때에 땅의 모든 족속들이 통곡하며 그들이 인자가 구름을 타고 능력과 큰 영광으로 오는 것을 보리라"(마 24:30).

"그 후에 우리 살아남은 자들도 그들과 함께 구름 속으로 끌어 올려 공중에서 주를 영접하게 하시리니 그리하여 우리가 항상 주와 함께 있으리라"(살전 4:17).

"볼지어다 그가 구름을 타고 오시리라 각 사람의 눈이 그를 보겠고 그를 찌른 자들도 볼 것이요 땅에 있는 모든 족속이 그로 말미암아 애곡하리니 그러하리라 아멘"(계 1:7).

Q 예수님이 하늘로 올라가시면서 구름에 가려 보이지 않게 되었다는 것은 무엇을 의미합니까?

심화 주석 예수님이 승천하신 정확한 장소는 알려져 있지 않습니다. 누가에 따르면, 베다니와 가까운 감람산이 가장 유력합니다. 그곳에서 예수님은 제자들과 우리에게 "예루살렘과 온 유대와 사마리아와 땅끝까지"(행 1:8) 이르러 증인이 되라고 촉구하며 축복해 주십니다(눅 24:50).[8]

_린 O. 테일러
Biblical Illustrator

핵심교리 99 **54. 그리스도의 높아지심**

그리스도의 죽음이 낮아지심의 궁극적인 예였다면, 그리스도의 부활은 높아지심의 첫째가는 영광스러운 예입니다. 하나님은 그리스도를 죽은 자 가운데서 살리시고, 아버지의 우편으로 올라오게 하심으로써 그분을 높여 주셨습니다. 그리스도께서 다시 오실 때, 모든 피조물이 그분을 높일 것입니다. 이 모든 것이 합쳐져서 그리스도의 영광과 존귀를 더 크게 할 것이며, 죄인들을 구하신 그리스도의 은혜의 영광을 찬양하게 될 것입니다.

제자들을 위로하는 천사들의 말은 예수님이 하늘로 올라가신 모습을 암시합니다. 주님은 상처가 있는 육신 그대로 하늘로 올라가셨고, 신랑이 신부에게 오듯이 교회를 위해 다시 오실 것입니다.

예수 그리스도는 영원히 완전한 하나님이신 동시에 완전한 사람이십니다. 예수님은 하늘로 돌아가실 때 부활하신 몸 그대로셨습니다. 예수님은 하나님의 오른편에서 우리를 위해 중보하실 때조차 한 명의 사람으로 계십니다. 여기서 '하나님의 오른편'이라는 표현은 공간의 개념이 아닙니다. 하나님은 영이시므로 오른편 왼편이 없으십니다. 이 표현은 예수 그리스도께서 하나님과 동등한 권세를 가지셨음을 뜻합니다. 그렇게 하늘에 오르신 예수 그리스도께서는 영화로운 상태에서 계속 우리와 관계를 가지십니다. 주님은 육신을 벗어 버릴 권세가 있으심에도 우리를 향한 위대한 사랑으로 죄를 뺀 나머지 모든 면에서 영원히 우리와 같이 되기로 결정하셨습니다(히 2:17~18; 4:15). 예수님이 승천하신 후 천사들이 제자들에게 예수님은 다시 오실 텐데, 같은 모습으로 오실 것이라고 확언해 주었습니다.

> Leader

우리는 예수님이 하늘로 다시 돌아가신 것이 사실이라는 것을 압니다. 주님은 하나님 아버지의 우편에서 예나 지금이나 영원토록 권세를 행사하실 것입니다. 바울은 골로새서의 시적인 찬양으로 예수님의 권세를 선포하기도 했습니다.

"그는 보이지 아니하는 하나님의 형상이시요 모든 피조물보다 먼저 나신 이시니 만물이 그에게서 창조되되 하늘과 땅에서 보이는 것들과 보이지 않는 것들과 혹은 왕권들이나 주권들이나 통치자들이나 권세들이나 만물이 다 그로 말미암고 그를 위하여 창조되었고 또한 그가 만물보다 먼저 계시고 만물이 그 안에 함께 섰느니라 그는 몸인 교회의 머리시라 그가 근본이시요 죽은 자들 가운데서 먼저 나신 이시니 이는 친히 만물의 으뜸이 되려 하심이요 아버지께서는 모든 충만으로 예수 안에 거하게 하시고 그의 십자가의 피로 화평을 이루사 만물 곧 땅에 있는 것들이나 하늘에 있는 것들이 그로 말미암아 자기와 화목하게 되기를 기뻐하심이라"(골 1:15~20).

제자들의 연약함과 나약함을 온전히 아시며, 하나님 아버지의 우편에 앉아 그들을 위해 중보하시는 분은 바로 그리스도이십니다. 그리스도는 완전한 하나님이요 완전한 인간으로서 완전한 권세를 가지고 계십니다. 그리고 영원토록 모든 권세를 가지십니다. 또한 죄인인 인간과 거룩하신 하나님 사이에 설 수 있는 유일한 분이십니다. 주님은 자신을 통해 하나님 아버지께 나아오는 자들을 구원할 수 있는 분이십니다. 지금도 그렇고, 영원히 그러하십니다(히 7:25). 그래서 우리는 주님이 지금도 다스리고 계시며, 여전

"피조물은 어디에서나 창조주께 순종하며 섬깁니다. 별은 그분의 탄생을 가리켰고, 구름은 그분이 고난당하실 때 그분을 덮었고 승천하실 때 그분을 맞았습니다. 그분이 심판하러 다시 오실 때는 구름이 그분과 동행할 것입니다."[9]
_비드

"보내시기도 전에 달려가 봐야 아무 소용없습니다. 하나님의 권능 없이는 하나님의 일을 하려는 시도조차 아무 소용없습니다. 열정 없이 일하는 사람, 기름 부음을 받지 않고 일하는 사람, 성령님의 인 치심 없이 일하는 사람은 결국 시간을 잃고 있는 셈입니다."[10]
_D. L. 무디

히 믿는 자들을 구원하신다는 온전한 확신을 가지고 구원자요 왕이신 예수님의 복음을 전할 수 있습니다.

예수님이 눈앞에서 보이시지 않게 되자, 제자들은 집으로 돌아와 다른 사람들과 함께 모여 한마음으로 기다리며 기도했습니다. 그들은 서로에게 헌신하며 일어날 일에 관해 기도했습니다. 그들은 하나님의 약속이 참되다는 것을 알았기에 염려하지 않았습니다.

> Leader

제자들은 곧바로 계획을 세우려고 하지 않았습니다. 그들은 일정표를 꺼내지 않았습니다. 더 많은 질문을 하지도 않았습니다. 종종 우리의 준비는 바쁘고, 치열하며, 심지어 정신없기까지 합니다. 그러나 예수님의 제자들은 그러지 않았습니다. 그들은 성령님을 고대하며 앉아서 다가올 일을 위해 기도했습니다. 그들은 믿음과 단호한 결심과 사랑으로 하나가 되었습니다.

그들은 복음을 전해야 할 사명을 받았습니다. 놀라운 선물이신 성령님이 그들을 통해서 또 우리를 통해서 사명을 이루기 위해 강력하게 일하실 것입니다.

Q 우리를 대신해 죽으시고 부활하셔서 하늘로 올라가 하나님 아버지께 중보하시는 왕을 향한 믿음을 개인 기도문과 공동 기도문으로 표현해 보십시오.

결론

하나님은 도시와 나라와 땅끝까지 예수님의 이름과 복음의 메시지를 전하는, 주님의 사명에 참여하라고 우리를 부르십니다. 그러나 우리는 그 일을 홀로 하지 않습니다. 우리 힘과 지혜로는 성취할 수 없는 일이기 때문입니다.

하나님은 예수님이 십자가 위에서 완성하신 사역에 희망을 두는 우리 모두에게 성령님을 보내 주셨고, 이를 통해 우리는 성령님의 권능에 접근할 수 있게 되었습니다. 온 세상에 구원자의 명성과 이름을 전해야 하는 지상 명령을 수행하고자 하면 할수록 주님께 더욱 의지하십시오. 하늘에서 통치하시는 왕께서 지금도 이 땅에 우리와 함께 계십니다.

그리스도와의 연결

예수님의 승천은 시편 110편의 성취이며, 하나님이 예수님을 온 우주의 주로 나타내셨다는 표징입니다. 하나님의 우편에 앉으신 예수님은 그분의 백성을 중보하시며, 우리를 아버지께로 나아갈 수 있게 하시고, 인간으로 하여금 온 세상을 다스리게 하신 본래 의도를 성취하십니다. 우리는 예수님이 떠나셨을 때와 똑같은 방식으로 이 세상에 다시 오실 날을 기다립니다.

하나님의 계획 우리의 사명

선교적 적용 하나님은 도시와 나라와 땅끝까지 예수님의 이름과 복음의 메시지를 전하는 주님의 사명에 참여하라고 우리를 부르십니다.

1. 사명을 감당하며 살아갈 때, 어떻게 하면 개인이나 공동체가 교회로서 성령님의 권능과 지혜와 인도하심에 더욱더 의존할 수 있을까요?
2. 성령님의 능력을 받았다는 사실을 아는 것은 이번 주에 지상 명령을 수행하는 데 어떤 영향을 미치게 될까요?
3. 하늘 보좌에 앉으신 부활하신 왕을 영화롭게 하기 위해 교회/공동체가 사명과 한마음으로 연합하기를 기원하는 기도문을 써 보십시오.

금주의 성경 읽기
스 7~10장;
느 1~10장

appendix

부록 1

신약성경에 나타난 구약성경의 말씀

다윗의 주 하나님의 오른편에 앉으라는 요청을 받으심 (시 110:1)	**부활하신 왕**(하늘로 올려지심) 하나님의 우편에 앉으심(행 2:34~36)
오실 왕 공의로우시며 구원을 베푸시며 겸손하셔서 나귀를 타심(슥 9:9)	**예언된 왕** 나귀를 타고 예루살렘으로 들어가시는 예수님 (마 21:1~11)
주님 구원과 복의 근원이심(시 118:25~26)	**다윗의 자손** 구원과 복을 가져오시는 분(마 21:9)
시편 기자 주님의 집을 위하는 열성 때문에 고난을 받음 (시 69:9)	**구원자** 아버지의 집을 위한 열심으로 성전을 깨끗하게 하심 (요 2:13~22)
유월절 어린양의 피가 이스라엘 백성들의 출입문에 바르기 위해 흘려짐(출 11~13장)	**주의 만찬** 예수님의 피가 백성의 죄를 덮기 위해 흘려짐 (마 26:26~29)
시편 기자 악인들의 손에 당하는 고난을 노래함 (시 22:1~18)	**예수님** 십자가에서 당하는 고난 때문에 부르짖으심 (마 27:35~46)
시편 기자 진리의 하나님이신 주님을 신뢰하는 노래(시 31:5)	**예수님** 큰 소리로 아버지의 손에 자기 영혼을 부탁하심 (눅 23:46)
시편 기자 의인의 뼈를 보호하시는 주님을 노래함 (시 34:19~20)	**예수님** 뼈 하나 부러지지 않으심(요 19:31~33, 36)
주님 그들이 찔러 죽인 주님을 보게 될 것임(슥 12:10)	**예수님** 군인이 창으로 옆구리를 찔러 예수님의 죽으심을 확인함(요 19:33~34, 37)
요나 불순종 때문에 물고기 배 속에서 밤낮 삼 일을 보냄 (욘 1:17)	**예수님** 우리 구원을 위해 땅속에서 밤낮 사흘 동안 계심 (마 12:40)
인자 같은 이 하늘 구름을 타고 와서 옛적부터 항상 계신 분께 나아감(단 7:13~14)	**인자** 승천하셨다가 구름을 타고 다시 오심 (행 1:9~11; 마 26:64)

부록
2

예수님의 고난 주간

토요일

• 베다니에서 마리아에게서 기름 부음을 받으심 (요 12:1~8; 참조, 마 26:6~13)

일요일

• 나귀를 타시고 예루살렘으로 '승리의 입성'을 하심 (마 21:1~11; 막 11:1~11; 눅 19:28~40; 요 12:12~18)
  - 예루살렘성을 보고 우심(눅 19:41~44)

월요일

• 동전 바꾸는 자들과 비둘기를 파는 자들을 성전에서 내쫓으심(마 21:12~13; 막 11:15~17; 눅 19:45~46; 참조, 요 2:13~22)

화요일

• 성전에서 가르치심(마 21:23~23:39; 막 11:27~12:44; 눅 20:1~21:4).
  - 성전에서 유대교 지도자들이 책잡으려고 던진 질문에 지혜롭게 답하심
  - 하나님의 뜻을 거부한 예루살렘에 대해 한탄하심
• 성전이 무너질 것을 예언하신 후 감람산 위에서 제자들에게 세상 끝에 일어날 징조에 관해 가르치심 (마 24:1~25:46; 막 13:1~37; 눅 21:5~36)

목요일

• 제자들과 함께 유월절 식사를 하심(마 26:20~35; 막 14:17~26; 눅 22:14~38)
  - 제자들의 발을 씻기심(요 13:1~20)
  - 유월절을 주의 만찬으로 새롭게 제정하시고, 자신의 희생적 죽음을 선언하심
  - 다락방에서 제자들을 가르치시고 기도하심 (요 13:31~17:26)
• 베드로가 예수님을 부인할 것과 제자들이 예수님을 떠날 것을 예언하심(마 26:31~35; 막 14:27~31; 눅 22:31~34)
• 겟세마네에서 하나님의 진노의 잔이 자신에게서 지나가길 기도하시며 몹시 괴로워하시면서도, 아버지의 뜻에 자신을 맡기심(마 26:36~46; 막 14:32~42; 눅 22:39~46)
• 유다에게 배반당하시고 체포되심(마 26:47~56; 막 14:43~52; 눅 22:47~53; 요 18:1~12).

금요일

• 대제사장 안나스와 가야바와 공회 앞에서 재판을 받으심(마 26:57~75; 막 14:53~72; 눅 22:54~71; 요 18:13~27)
  - 베드로가 예수님을 모른다고 세 번 부인함
• 빌라도 앞에서 재판을 받으심(마 27:1~2, 11~14; 막 15:1~5; 눅 23:1~5; 요 18:28~38)
  - 유다가 목을 매고 죽음(마 27:3~10)
• 헤롯 앞에 서심(눅 23:6~12)
• 빌라도 앞에 다시 서심(마 27:15~26; 막 15:6~15; 눅 23:13~25; 요 18:38~19:16)
  - 바라바가 풀려남
• 왕으로 조롱받으시고 '유대인의 왕'으로 십자가에 못 박히심(마 27:27~56; 막 15:16~41; 눅 23:26~49; 요 19:16~37)
  - 큰소리로 외치시고, 아버지께 버림받았다 느끼심
  - 큰소리로 외치시고, 아버지께 자기 영을 부탁하심
• 세마포에 싸여 무덤에 놓이심(마 27:57~66; 막 15:42~47; 눅 23:50~56; 요 19:38~42)

일요일

• 죽은 자들 가운데서 부활하시고, 몇몇 제자들에게 나타나심(마 28:1~10; 막 16:1~8; 눅 24:1~49; 요 20:1~23)
  - 빈 무덤을 확인하고 떠나는 여인들에게 나타나심 (마 28:9~10; 참조, 요 20:11~18)
  - 시몬 베드로에게 나타나심(눅 24:34)
  - 엠마오로 가던 두 제자에게 나타나심(눅 24:13~31)
  - 예루살렘 경내 문을 닫고 방에 있는 제자들에게 나타나심(눅 24:36~49; 요 20:19~23)

부록 3

예수님의 고난과 제자의 길

구약의 모세와 모든 선지자에 따르면, 메시아는 고난을 받고 자기 영광에 들어가야 합니다(눅 24:26).

예수님의 고난	구약의 유형과 예언들	예수님을 따르는 자들의 고난	예수님의 본과 명령을 따름
• 시험을 받으심 (마 4:1~11; 히 2:18)	• 첫 아담이 시험을 받음 (창 3:1~7) • 이스라엘이 광야에서 시험을 받음(민~신)	• 온 인류는 공통적으로 외부에서도 내면에서도 시험을 받음 (고전 10:1~13; 약 1:14~15)	• 하나님이 신실하셔서 감당 못할 시험을 허락하지 않으시고 시험을 피할 길을 내사 감당하게 하신다는 것을 믿고, 우상 숭배를 피함(고전 10:13~14) • 상황에 맞게 성경을 인용함(마 4:4, 7, 10)
• 배반을 당하심 (마 26:14~16, 47~50; 눅 24:7; 요 13:18; 행 1:16)	• 친구에게서 배반을 당함 (시 41:9) • 그들이 은 삼십을 품삯으로 삼음 (슥 11:12~13)	• 예수님의 이름 때문에 많은 사람이 가족과 친구로부터 배반을 당함 (눅 21:16~17)	• 그리스도의 고난에 참여하는 것을 기뻐하고, 선을 행하는 동안 신실하신 창조주께 의탁함 (벧전 4:13~19)
• 하나님의 진노의 잔 무게를 절실히 느끼심 (마 26:36~44)	• 모든 악인을 위한 진노의 잔(시 75:8) • 주님의 분노의 잔(사 51:17~20) • 열방을 위한 진노의 술잔(렘 25:15~29)	- 〔그리스도 예수 안에 있는 자들에게는 정죄함이 없음(롬 8:1)〕	-
• 제자들에게 버림을 받으시고, 베드로에게 부인을 당하심(마 26:31, 56; 69~75)	• 목자를 치면 양이 흩어짐(슥 13:7)	• 그리스도 안에 있는 형제자매들이 서로에게 죄를 지을 수 있음(마 18:15)	• 회개, 화해, 회복과 용서를 구함 (마 18:15~22; 요 21:15~19)
• 조롱과 매질을 당하시고, 거짓 혐의로 고소를 당하심 (마 26:57~68; 27:27~31, 39~44)	• 멸시와 거절과 억압과 고통을 겪는 고난당하는 종(사 53:3, 7) • 조롱받고 거절당하고 비웃음거리가 되는 시편 기자(시 22:6~8)	• 예수님의 이름 때문에 세상으로부터 고난과 박해를 당함 (마 5:10~11; 요 15:20~21; 16:33)	• 기뻐하고 즐거워하며 용기를 가짐 (마 5:12; 요 16:33) • 맞대어 욕하지 않고, 위협하지 않으며, 공의로 심판하시는 분께 맡김 (벧전 2:21~23)
• 십자가에 못 박히시고, 우리 대신 하나님의 진노의 잔을 마시심 (마 27:33~50; 요 19:16~37)	• 유월절(출 11~13장) : '주의 만찬'-새 언약의 떡(주님의 상한 몸)과 잔(주님이 흘리신 피)으로 새롭게 제정됨 • 하나님께 버림을 받는 시편 기자(시 22:1) • 악한 무리에 찔린 수족(시 22:14~18) • 다른 사람의 죄악 때문에 상하고 채찍에 맞는 고난받는 종(사 53:5) • 상하고 질고를 당하여 그 영혼을 속건제물로 드려 주님을 만족하시게 함(사 53:10) • 그들이 찌른 자를 바라봄(슥 12:10)	- 〔하나님이 죄가 없으신 분을 우리를 대신해 죄로 삼으셔서 우리로 하여금 그 분 안에서 하나님의 의가 되게 하심(고후 5:21)〕.	

부록 4

예수님의 높아지심과 제자의 사명

예수님의 높아지심	구약의 유형과 예언들	믿음의 반응	예배와 사명의 반응
• 인자가 십자가에서 들리심(요 12:32~33)	• 메시아께서 고난을 받고, 자기 영광에 들어가실 것을 모세와 모든 선지자가 예언함(눅 24:25~27)	• 주님을 믿는 모든 사람은 멸망하지 않고, 영생을 얻을 것임(요 3:14~16)	• 하나님의 권능과 지혜이시며, 십자가에 못 박히신 그리스도를 전함(고전 1:23~24)
• 메시아께서 죽은 자 가운데서 부활하심(마 28:5~6)	• 다윗은 거룩하신 주님의 육신이 썩음을 당하지 아니하시리라고 예언함(시 16:8~11. 참조, 행 2:24~32) • 고난받는 종이 다른 사람의 죄를 위해서 죽을 것이며, 그의 날은 길 것이라고 이사야가 예언함(사 53:10~12)	• 예수님의 부활을 믿는 자들, 심지어 보지 못하고 믿는 자들에게 복이 있음(요 20:27, 29)	• "나의 주님이시요 나의 하나님"을 찬양함(요 20:28) • 예수님의 부활은 그분이 세상을 공의로 심판하실 날을 증거하기 때문에 사람들을 불러 회개하라고 함(행 17:30~31)
• 부활하신 왕께서 하늘과 땅의 모든 권세를 받으심(마 28:18)	• 인자 같은 이가 모든 광대한 왕국을 영원히 통치할 권세를 부여받으실 것임(단 7:13~14)	• 입으로 예수님을 주로 시인하며 하나님이 죽은 자 가운데서 예수님을 살리신 것을 믿으면, 구원을 얻을 것임(롬 10:9)	• 가서 모든 민족을 제자로 삼아 아버지와 아들과 성령의 이름으로 세례를 베풀고, 주님이 분부하신 모든 것을 가르쳐 지키게 함(마 28:19~20)
• 부활하신 왕께서 구름에 가려서 하늘로 올라가시고, 하나님 오른편에 앉으심. 거기서 믿는 자들에게 성령님을 부어주심(행 1:9~11; 2:33~36)	• 인자 같은 이가 하늘 구름을 타고 와서 옛적부터 항상 계신 이 앞으로 인도되며, 통치할 권세와 영광과 나라를 받으실 것임(단 7:13~14) • 여호와께서 다윗의 주에게 그의 원수들을 모두 항복시킬 때까지, 자기 오른편에 앉아 있으라고 말씀하심(시 110:1)	• 회개하고, 예수님의 이름으로 세례를 받고 죄 사함을 받으면 성령을 선물로 받을 것임(행 2:38)	• 땅의 것이 아닌 위의 것에 마음을 둠. 왜냐하면 그곳에 그리스도께서 앉아 계시기 때문임(골 3:1~17) • 다른 사람을 섬기기 위해, 예수님이 성령님을 통해 주시는 은사를 사용함. 그러면 하나님이 모든 일에서 예수 그리스도를 통해 영광받으심(벧전 4:10~11)
• 예수님은 마지막 '주의 날'에 다시 오실 것임. 그때 제자들의 정당성을 입증하시고, 모든 대적을 정복하심으로써 예수님의 이름 앞에 모든 무릎을 꿇게 하시고, 모든 입으로 예수 그리스도를 주라 시인하게 하실 것임(빌 2:9~11; 계 19~22장)	• 하나님은 우리의 구원이심(사 12:1~6) • 주님은 대적들을 부끄럽게 하시고 자기 백성을 의롭게 하심으로써, 모든 무릎을 꿇게 하시고 모든 혀가 주께 맹세하게 하실 것임(사 45:21~25)	• 하나님께 나아가며, 주님이 계시다는 것과 주님이 그분을 찾는 자들에게 상 주시는 분이라는 것을 믿어야 함(히 11:6) • 선을 행하는 가운데, 스스로 신실하신 창조주와 구원자를 신뢰해야 함(벧전 4:17~19)	• 그리스도께서 나타나실 것을 고대하면서 복음을 선포하고 고난을 인내하며 전도자의 일을 행함. 그러면 어느 날 주님에게서 의의 면류관을 받을 것임(딤후 4:1~8)

부록
5

왕 예수 그리스도

하나님은 백성을 위해 공의를 행하고 백성을 의의 길로 이끌도록 왕을 세우셨습니다. 왕은 주의 율법에 헌신하며, 세상과 백성을 향해 부어 주시는 하나님의 복의 진리를 증거해야 합니다(신 17:15~20; 시 1~2편; 요 18:36~37).

구약성경에서 왕은 어떤 사람입니까?	
준수 사항	**금지 사항**
• 주님의 선택에 따라 임명되어야 함(신 17:15) • 이스라엘 백성 가운데서 세워져야 함(신 17:15)	• 타국인은 왕이 될 수 없음(신 17:15) • 비이스라엘인은 왕이 될 수 없음(신 17:15)
• 율법서의 등사본을 레위 사람 제사장 앞에서 책에 기록해야 함(신 17:18) • 평생 자기 옆에 두고 읽어 하나님 경외하기를 배우며 이 율법의 모든 말과 이 규례를 지켜 행해야 함(신 17:19)	• 자신을 위해 많은 말을 두어서는 안 됨(신 17:16) • 자신을 위해 많은 아내를 얻어 마음이 미혹되게 해서는 안 됨(신 17:17) • 자신을 위해 많은 은과 금을 쌓아 두어서는 안 됨(신 17:17) • 형제 위에 교만해서는 안 됨(신 17:20) • 주님의 명령에서 떠나면 안 됨(신 17:20)

왕에게는 어떤 책임이 있었습니까?

• 주님께 예배하고 순종하도록 사람들을 이끌어야 함(삿 21:25)
• 사람들을 재판하고, 전쟁에서는 앞서 나가 싸워야 함(삼상 8:20)

주님이 왕으로 삼으신 자들은 누구의 후손입니까?

• 왕들은 사라를 통해 아브라함에게서 나옴(창 17:6, 16)
• 왕들은 야곱에게서 나옴(창 35:11)
• 왕들은 유다에게서 나옴(창 49:10)
• 왕들은 다윗에게서 나옴(삼하 7:11~16)

다윗 언약	다윗의 아들 솔로몬
주님은 다윗을 위해 집을, 즉 왕조를 세우시고, 왕좌에 앉을 후손을 일으키실 것임(삼하 7:11~12)	다윗왕의 노새를 타고, 왕으로 기름 부음을 받고, 다윗의 왕좌에 앉음(왕상 1:32~40)
다윗의 후손은 주님의 이름을 위해 집, 곧 성전을 지을 것임(삼하 7:13)	주님의 이름을 위한 성전을 세움. 그 성전에 주님의 영광이 가득함(왕상 5~8)
주님은 다윗의 후손에게 아버지가 되실 것이고, 그는 주님의 아들이 될 것임(삼하 7:14)	주님은 솔로몬을 택해 아들로 삼으시고, 그의 아버지가 되심(대상 28:6)
주님은 다윗의 후손을 징계하시지만, 그들에게서 하나님의 신실하신 사랑을 거두지는 않으실 것임(삼하 7:14~15)	많은 이방인 아내가 다른 신을 따르도록 그의 마음을 돌이키고, 그 결과 주님은 적들을 보내 솔로몬을 대적하게 하시고, 그의 아들에게서 왕국을 빼앗으심. 이때 주님은 다윗을 위해 한 지파를 남겨 그에게 주심(왕상 11장)
다윗의 집과 왕국은 영원히 보전되고, 그의 왕좌는 영원히 견고할 것임(삼하 7:16)	솔로몬은 인내하며 주님의 명령을 지키는 것에 실패하고, 그 결과 그의 왕국은 영원히 견고하게 되지 못함(대상 28:7)

다윗	솔로몬
• 왕으로서 하나님의 백성을 보호하고, 백성을 위해 정의와 공의를 시행하는(삼하 8:15) 하나님의 마음에 맞는 사람임(삼상 13:14; 16:7; 행 13:22) • 간음과 살인을 저질렀지만, 회개하고 용서를 구함(삼하 11~12장) • 주님의 성전을 건축하기 위해 충분한 준비를 해 둠(대상 22장; 29장)	• 왕으로서 하나님의 백성을 위해 정의와 공의를 행할 수 있도록 주님께 지혜를 구하고, 주님의 성전을 세움(왕상 3~8) • 하나님의 왕국의 절정에서 모든 민족과 평화를 누리고(왕상 4:24) 온 세상이 그에게 지혜를 구하며 공물을 가져옴(왕상 4:34; 10장) • 그러나 이방인 아내들의 신들을 위해 산당을 짓는 주님의 눈앞에서의 악을 행함(왕상 11:1~13)

예수님은 어떻게 해서 왕이셨습니까?			
예수님은 누구의 후손이셨습니까?			
아브라함 (마 1:1~2, 17; 눅 3:34)	야곱 (마 1:2; 눅 3:34).	유다 (마 1:2~3; 눅 3:33)	다윗 (마 1:1, 6, 17; 눅 3:31)

준수 사항	
왕은 …	**예수님은 …**
율법서의 등사본을 레위 사람 제사장 앞에서 책에 기록해야 함(신 17:18)	권위로 가르치시고, 율법을 완전하게 하시며 율법과 예언들을 성취하심(마 5~7장)
평생 자기 옆에 두고 읽어 하나님 경외하기를 배우며 이 율법의 모든 말과 이 규례를 지켜 행해야 함(신 17:19)	마음에 율법을 새기시고, 율법 인용으로 마귀의 유혹을 이기심(마 4:1~11)
금지 사항	
왕은 …	**예수님은 …**
자신을 위해 많은 말을 두어서는 안 됨(신 17:16)	예루살렘으로의 '승리의 입성'을 위해 나귀와 어린 나귀 새끼를 빌리심(마 21:1~11)
자신을 위해 많은 아내를 얻어 마음이 미혹되게 해서는 안 됨(신 17:17)	교회를 신부로 삼으심(계 21장)
자신을 위해 많은 은과 금을 쌓아 두어서는 안 됨(신 17:17)	머리를 둘 곳이 없으심(마 8:20)
형제 위에 교만해서는 안 됨(신 17:20)	섬김의 본으로 제자들의 발을 씻기심(요 13:1~17)
주님의 명령에서 떠나면 안 됨(신 17:20)	우리와 마찬가지로 모든 면에서 유혹을 받으셨지만 죄가 없으심(히 4:15)

예수님은 어떻게 해서 영원한 왕이십니까?	
다윗 언약	**다윗의 자손이신 예수님**
주님은 다윗을 위해 집 곧 왕조를 세우시고, 왕좌에 앉을 후손을 일으키실 것임(삼하 7:11~12)	약속된 다윗의 자손이요, 메시아요, 왕이심(마 1:1~17)
다윗의 후손은 주님의 이름을 위해 집 곧 성전을 지을 것임(삼하 7:13)	주님의 거룩을 위한 열심으로 성전을 깨끗하게 하심. 자기 자신을 삼 일 만에 일으킬 하나님의 성전으로 선포하심(요 2:13~22)
주님은 다윗의 후손에게 아버지가 되실 것이고, 그는 주님의 아들이 될 것임(삼하 7:14)	하나님의 사랑하는 아들이심(마 3:16~17; 17:5; 눅 1:30~33; 히 1:5)
주님은 다윗의 후손을 징계하시지만, 그들에게서 하나님의 신실하신 사랑을 거두지는 않으실 것임(삼하 7:14~15)	자기 양들을 위해 목숨을 버리는 선한 목자이시며, 죄로부터 그들을 구원하심. 그러므로 그들은 결코 하나님의 신실하신 사랑을 잃지 않을 것임(마 26:26~29; 요 10:11~18, 27~30)
다윗의 집과 왕국은 영원히 보전되고, 그의 왕좌는 영원히 견고할 것임(삼하 7:16)	예수님은 하늘과 땅의 모든 권세를 받으셨으며, 세상 끝 날까지 제자들과 항상 함께하심(마 28:18~20; 눅 1:32~33)

태초부터 하나님은 자신의 형상을 지닌 피조물인 인간이 창조 질서를 다스리기를 기대하셨습니다. 그러나 그들은 죄로 인해 에덴동산에서 추방되었고, 세상을 다스리시는 만왕의 왕으로부터 분리되어 고통과 고난과 불의를 겪게 되었습니다. 하나님이 아브라함과 다윗에게 약속하신 것처럼, 언젠가 거룩하고 의로운 왕이신 예수님이 모든 것을 바로잡으러 오실 것입니다. 초림 때 하나님 아들의 완벽한 순종과 희생적 죽음은 부활로 입증되었으며, 주님은 하늘과 땅의 모든 권세를 받으셨습니다. 하나님 아버지의 오른편 보좌에서 대적들이 그의 발판이 되기까지(시 110:1), 주님은 하나님 나라의 복음을 선포하기 위해 자신의 대사들에게 성령님을 부어 주십니다. 십자가에 못 박히시고 부활하신 왕께서는 죄와 죽음에서 승리를 얻으셨습니다. 그러므로 예수님의 평화가 그분을 따르는 자들을 다스리며, 예수님의 재림 때 예수님의 평화가 모든 피조물 위에 머무를 것입니다.

부록
6

세족 역사

긴장이 번졌고 토론이 가열되었습니다. 제자들은 그들 가운데 누가 가장 중요한지에 관해 논쟁하고 있었습니다. 그 상황에서 예수님이 예기치 않게 대야와 수건을 가지고 오셨고, 겸손하게 종을 자처해 제자들의 발을 씻기셨습니다(요 13:1~7). 이렇게 하심으로써 제자들로 하여금 다른 사람들을 섬기지 못하게 하는 '자만심'이라는 죄에 도전하게 하셨습니다. 예수님이 유월절에 예루살렘의 다락방에서 열두 제자와 함께 마지막 만찬을 하실 때 일어난 일입니다(눅 22:12~24).

고대의 관습으로서

세족에 관한 성경의 첫 번째 언급은 아브라함에게 온 세 명의 손님에 관한 묘사에서 나타납니다. 그들이 족장의 장막에 왔을 때, 아브라함이 달려가서 그들을 기쁘게 맞이하고, "물을 조금 가져오게 하사 당신들의 발을 씻으시고 나무 아래에서 쉬소서"(창 18:4)라고 말했습니다.

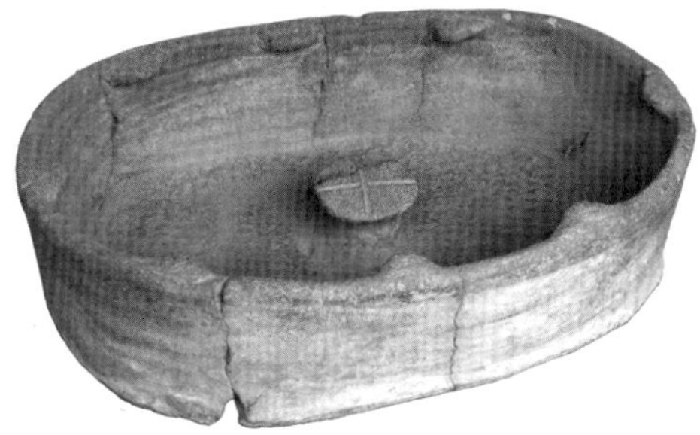

기원전 8~7세기경 것으로 추정되는 사람의 발을 씻는 데 사용된 대야. 대야에 물을 가득 채우고, 가운데 있는 대에 발을 올려놓는다.

AD 1세기, 손님의 발을 씻기는 환대는 중동 지역에서 일반적인 문화적 관습이었습니다. 사실 손님에게 이런 환대를 제공하지 않는 것은 모욕이었습니다. 주인은 손님이 자기 발을 씻을 수 있도록 문 앞에 물그릇과 수건을 놓아두었습니다. 때로는 손님의 발을 씻기고 닦아 주기 위해 한두 명의 종을 두기도 했습니다. 특별한 손님은 주인의 아내가 발을 씻어 주기도 했습니다.

예수님이 (바리새인) 시몬의 집에서 저녁을 드실 때의 장면은 1세기 사회에서 손님의 발을 씻어 주는 것의 중요성을 잘 보여 줍니다(눅 7:36~50). 그때 죄인인 한 여인은 눈물로 예수님의 발을 적시고, 머리털로 닦고, 그 발에 입을 맞추고, 향유를 부었습니다. 시몬은 죄인이란 평가를 받는 여인의 행동을 받아주신 예수님을 우려했습니다. 하지만 예수님은 그 여인이 아닌 그 집의 주인인 시몬을 비난하셨습니다. "그 여자를 돌아보시며 시몬에게 이르시되 이 여자를 보느냐 내가 네 집에 들어올 때 너는 내게 발 씻을 물도 주지 아니하였으되 이 여자는 눈물로 내 발을 적시고 그 머리털로 닦았으며 너는 내게 입 맞추지 아니하였으되 그는 내가 들어올 때로부터 내 발에 입 맞추기를 그치지 아니하였으며 너는 내 머리에 감람유도 붓지 아니하였으되 그는 향유를 내 발에 부었느니라"(눅 7:44~46). 예수님은 시몬이 당시 일반적으로 행해지던 환대를 하지 않았다는 것을 알고 계셨습니다. 시몬이 발 씻을 물을 제공하지 않은 것은 예수님을 거부한 것이며, 예수님에게 공개적으로 굴욕감을 주기 위한 것이었습니다.[1] 예수님은 시몬이 자신의 주인을 업신여기고 모욕했다는 것을 깨닫고 이해하기를 바라셨습니다. 예수님이 보시기에 이 여인은 적어도 시몬이 한 것과 같은 부적절한 행동은 하지 않았습니다.

또한 바울은 환대의 표현으로 누군가의 발을 씻어 주는 것의 중요성을 설명했습니다. 그는 에베소 교회의 젊은 목회자 디모데에게 보낸 서신에서 교회가 존대해야 할 과부의 자격에 관해 설명합니다. "선한 행실의 증거가 있어 혹은 자녀를 양육하며 혹은 나그네를 대접하며 혹은 성도들의 발을 씻으며 혹은 환난당한 자들을 구제하며 혹

1. Kenneth E. Bailey, *Jesus Through Middle Eastern Eyes: Cultural Studies in the Gospels* (Downers Grove: IVP Academic, 2008), 247.

은 모든 선한 일을 행한 자"(딤전 5:10)여야 합니다. 성도들의 발을 씻어 주는 것에 관한 요구는 과부들이 예배에 참여하는 것에 대한 것이 아니라, 환대를 입증하는 것에 대한 언급입니다. 이런 역사적 배경을 고려할 때, 다른 사람의 발을 씻기는 것을 예배 행위로 간주할 수 있을까요?

▲ 로마 시대 연회 장면이 묘사된 부조. 가운데에 음식이 놓인 다리가 셋 달린 테이블이 놓여 있으며, 두 명의 종이 연회를 거들고 있다.

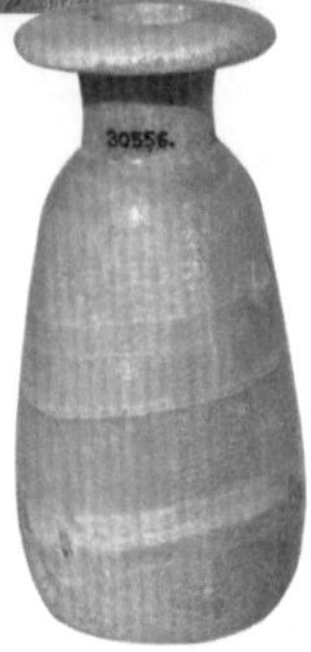

▶ 이집트의 26대 왕조 때(BC 664~525) 것으로 추정되는 옥합. 마리아가 예수님의 발에 부은 기름이 이런 옥합에 담겨 있었다.

다락방에서

요한이 1세기 말 즈음에 요한복음을 기록할 때까지, 전승은 다른 사도들이 그들의 믿음을 위해 순교했다는 것을 보여 줍니다. 몇 년에 걸쳐 성령님에 이끌렸던 요한은 예수님의 삶과 사역에 관해 구체적으로 기록했습니다. 그가 기억하고 있는 사건들에는 사도들을 긍정적인 관점에서 묘사하고 있다고 볼 수 없는 세족식 같은 것이 포함되어 있었습니다.

예수님은 교만하여 논쟁하는 사도들의 발을 씻겨 주시고, 그들과 함께 유월절 식사에 참여하시고, 우리가 '주의 만찬'으로 부르는 것을 제정하셨습니다. 베드로의 반응으로 판단해 보건대, 제자들은 예수님이 그들의 발을 씻기신 것에 관해 분명하게 이해하지 못했던 것 같습니다. 베드로의 발이 먼지투성이였음에도 불구하고, 예수님의 수고에 대한 베드로의 반응은 예수님이 결코 자기 발을 씻길 수 없다는 것이었습니다(요 13:8). 예수님이 베드로에게 자신의 몸이 깨끗해지도록 허락하지 않는 한 하나님 나라에 속할 수 없다고 말씀하시자, 베드로는 "주여 내 발뿐 아니라 손과 머리도 씻어 주옵소서"(요 13:9)라고 극단적으로 말했습니다. 그러자 예수님은 온몸을 씻은 자는 여행으로 인해 더러워진 발만 씻으면 된다고 설명해 주셨습니다. 예수님은 그들 가운데 모두가 깨끗한 것은 아니라고 말씀하셨습니다. 이것은 그들 가운데 하나가 예수님을 배반할 것이라는 말씀이었습니다. 그러고 나서 계속해서 제자들의 발을 씻겨 주셨습니다.

초기 교회에서

오늘날 몇몇 교회에서 예배 의식처럼 발을 씻는 행위는 요한의 기록에 성서적 근거를 두고 있습니다. 그러나 1세기에 세족은 기독교 예배의 한 부분이 아니었습니다. 신약성경은 세족이 제의적 예배 행위로써 행해졌다고 기록하지 않았습니다.

터툴리안(AD 160~225년경)이 북아프리카에서 세족을 예배 의식으로 준수했던 사람들에 관해 처음으로 언급했습니다. 그러나 그는 누가, 언제 참여했는지에 관해서는 언급하지 않았습니다.[2] 밀라노의 암브로시우스와 같은 4세기 저작자들의 기록물에서 나타나는 증거들은 세족이 매우 드문 경우에만 예배 의식으로 준수되었다는 것

2. John Christopher Thomas, *Footwashing in John 13 and the Johannine Community* (Sheffield, England: Sheffoeld Academic Press, 1991), 139-41.

예루살렘 차이사의 문 근처 고딕 스타일의 아치형 입구. 땅의 파이프에서 발을 씻을 물이 나온다.

을 보여 줍니다. AD 400년경, 어거스틴에 의해 부활절 세례와 세족이 처음으로 연결된 것으로 알려져 있습니다.[3]

몇 년 후에 드문드문 행해졌던 세족이 통상적으로 목요일에 기념된 듯합니다. 서구 교회의 예배 의식으로서 세족에 관한 공식적인 최초 설명은 AD 529년경으로 추정되는 베네딕트회의 스페인 예배 의식에서 찾아볼 수 있습니다.

그럼에도 불구하고 이런 강조는 예수님이 보여 주시려고 했던 것과는 차이가 있습니다. 본문에서 예수님은 '누가 가장 큰가'에 관해 논쟁하고 있던 제자들의 발을 씻기셨습니다. 예수님은 행동으로 제자들에게 자신이 원하는 것, 즉 겸손과 섬김의 예를 보여 주신 것입니다.

주의 만찬과 세례는 그리스도의 구속 사역을 상기시키는 것이었습니다. 초기 그리스도인들은 이것들을 쉽게 공식적인 예배에 포함시켰습니다. 그러나 세족은 예수님의 속죄 사역이 아니었기 때문에 초기 신자들에게는 예배 관례가 아니었습니다. 초기 사도적 지도자들은 예수님이 세 번째 명령을 주시려고 했다고는 생각하지 않았습니다. 그 대신 그들은 예수님이 자신을 따르는 자들이 종의 역할을 받아들이고, 예수님이 보여 주신 종으로서의 본을 행하게 하시려고 했다고 이해했습니다. "그것은 의례의 제정이 아닌 … 겸손한 종의 생활 방식에 관한 것이었습니다."[4]

예수님이 대야와 수건을 취하신 것은 자신을 따르는 자들에게 삶의 본을 보여 주시기 위한 것이었습니다. 궁극적으로 예수님의 절대적 섬김의 태도는 그다음 날의 기념비적인 사건, 즉 십자가에 못 박히심을 위한 기초가 되었습니다.

*위 내용은 미국 뉴올리언즈침례신학교의 명예 교수 돈 H. 스튜어트 박사의 글 "세족 역사"(Foot Washing A History, *Biblical Illustrator*)를 번역한 것입니다.

3. Thomas, 142; Chris Church, "Footwashing" in *Holman Illustrated Bible Dictionary*, gen. ed. Chad Brand, Charles Draper, and Archie England (Nashville: Holman Bible Publiher, 2003), 592.

4. *Holman Bible Handbook*, gen. ed. David S. Dockery (Nashville: Holman Bible Publishers, 1992), 623.

주 / 1

SESSION 1

1. Herbert W. Bateman IV, "A Call to Authentic Worship," in *Authentic Worship: Hearing Scripture's Voice, Applying Its Truths*, ed. Herbert W. Bateman IV (Grand Rapids: Kregel, 2002), 48.

2. Craig L. Blomberg, Matthew, vol. 22, in *The New American Commentary* (Nashville: B&H, 2003) [WORDsearch].

3. David L. Turner, *Matthew*, in *Baker Exegetical Commentary on the New Testament* (Grand Rapids: Baker, 2008) [WORDsearch].

4. Sean Douglas O'Donnell, *Matthew: All Authority in Heaven and on Earth*, in *Preaching the Word* (Wheaton: Crossway, 2014), [WORDsearch].

5. Timothy Keller, *The Prodigal God: Recovering the Heart of the Christian Faith* (New York: Dutton, 2008), 15-16. 《팀 켈러의 탕부 하나님》(두란노, 2016), 41.

6. Craig L. Blomberg, *Matthew*, vol. 22, in *The New American Commentary* [WORDsearch].

7. Blaise Pascal, *Pascal's Pensées* (New York: Start Publishing, 2012) [eBook].

8. Jim Elliot, quoted in *Through Gates of Splendor*, by Elisabeth Elliot (Wheaton: Tyndale, 1986), 172.

9. Don Richardson, *Peace Child* (Ventura, CA: Regal, 2005), 151.

10. J. I. Packer, *Knowing God* (Downers Grove: IVP, 2011) [eBook].

11. Craig S. Keener, *Matthew*, in *The IVP New Testament Commentary Series* (Downers Grove: IVP, 2006) [WORDsearch].

12. C. S. Lewis, "The Weight of Glory," in *The Weight of Glory: And Other Addresses* (New York: HarperCollins, 2001), 26.

13. C. Mack Roark, "Judas the Traitor," *Biblical Illustrator* (Spring 2017): 70.

14. Augustine, *The Confessions, vol. 1 in The Works of Saint Augustine: A Translation for the 21st Century*, trans. Maria Boulding (Hyde Park, New York: New City Press, 1997), 157.

SESSION 2

1. Andrew Peterson, "Hosanna!" The Rabbit Room, March 24, 2013, https://rabbitroom.com/2013/03/ hosanna-a-free-song-for-palmsunday.

2. Robert C. Mounce, *Matthew, in Understanding the Bible Commentary Series* (Grand Rapids: Baker, 1991), 195.

3. Gloria Furman, *Treasuring Christ When Your Hands Are Full: Gospel Meditations for Busy Moms* (Wheaton: Crossway, 2014), 57.

4. Matthew Henry, *Matthew Henry's Commentary on the Whole Bible* [WORD search].

5. Chrysostom, *The Gospel of Matthew*, Homily 66.3, quoted in *Matthew 14-28*, ed. Manlio Simonetti, vol. Ib in *Ancient Christian Commentary on Scripture: New Testament* (Downers Grove: IVP, 2002), 128.

6. R. T. France, *The Gospel of Mark, in New International Greek Testament Commentary* (Grand Rapids: Eerdmans, 2002), 446.

7. Craig L. Blomberg, *Matthew*, vol. 22, in *The New American Commentary* (Nashville: B&H 2003) [WORDsearch].

8. Charles H. Spurgeon, *Morning by Morning* (London: Passmore and Alabaster, 1866), 39.

SESSION 3

1. Chrysostom, *The Gospel of Matthew*, Homily 82.1, quoted in *Matthew 14-28*, ed. Manlio Simonetti, vol. Ib in *Ancient Christian Commentary on Scripture: New Testament* (Downers Grove: IVP, 2001) [WORDsearch].

2. Grant R. Osborne, "The Gospel of John," in *Cornerstone Biblical Commentary*, vol. 3 (Carol Stream, IL: Tyndale, 2007), 196-97.

3. Theodore of Mopsuestia, *Commentary on John*, 6.13.3-5, quoted in *John 11-21*, ed. Joel C. Elowsky, vol. IVb in *Ancient Christian Commentary on Scripture: New Testament* (Downers Grove: IVP, 2007), 89.

4. H. B. Charles Jr., "A Community of Foot-Washers (John 13:1-17)" [online], 28 February 2015 [cited 24 March 2017]. Available from the Internet: *www.hbcharlesjr.com*.

5. Cyril of Alexandria, *Commentary on the Gospel of John*, 9, quoted in *John 11-21*, ed. Joel C. Elowsky, vol. IVb in *Ancient Christian Commentary on Scripture: New Testament*, 89.

6. George Eldon Ladd, "Matthew," in *Matthew-Revelation*, vol. 3 in *The Bible Expositor*, ed. Carl Henry (Nashville: B&H, 2016) [WORDsearch].

7. Gregory Alan Thornbury, "The Lord's Supper and Works of Love," in *The Lord's Supper: Remembering and Proclaiming Christ Until He Comes*, eds. Thomas R. Schreiner and Matthew R. Crawford (Nashville: B&H, 2010) [WORDsearch].

8. Leon Morris, *The Gospel According to Matthew*, in *Pillar New Testament Commentary* (Grand Rapids: Eerdmans, 2010) [WORDsearch].

9. Jonathan T. Pennington, "The Lord' s Last Supper in the Fourfold Witness of the Gospels," in *The Lord's Supper: Remembering and Proclaiming Christ Until He Comes*, eds. Thomas R. Schreiner and Matthew R. Crawford (Nashville: B&H, 2010), 56.

10. Billy Graham, in *Billy Graham in Quotes*, eds. Franklin Graham with Donna Lee Toney (Nashville: Thomas Nelson, 2011), 202.

주 / 2

SESSION 4

1. Chrysostom, *The Gospel of Matthew*, Homily 83.1, quoted in *Matthew 14-28*, ed. Manlio Simonetti, vol. Ib in *Ancient Christian Commentary on Scripture: New Testament* (Downers Grove: IVP, 2001) [WORDsearch].
2. David L. Turner, *Matthew*, in *Baker Exegetical Commentary on the New Testament* (Grand Rapids: Baker, 2014) [WORDsearch].
3. C. S. Lewis, *The Joyful Christian: 127 Readings* (New York: Touchstone, 1996), 98.
4. H. A. Ironside, *Matthew*, rev. ed., in *Ironside Exposition Commentary* (1948) [WORDsearch].
5. Leon Morris, *The Gospel According to Matthew*, in *Pillar New Testament Commentary* (Grand Rapids: Eerdmans, 2010) [WORDsearch].
6. Craig L. Blomberg, "Matthew," in *Commentary on the New Testament Use of the Old Testament*, eds. G. K. Beale and D. A. Carson (Grand Rapids: Baker, 2007) [WORDsearch].
7. John Wesley, "On Divine Providence," in *The Essential Works of John Wesley, ed. Alice Russie* (Uhrichsville, OH: Barbour, 2011), 732.
8. Darryl Wood, "Gethsemane," *Biblical Illustrator* (Spring 2014): 50.
9. A. B. Bruce, "The Synoptic Gospels," in *The Expositor's Greek Testament*, vol. 1, ed. W. Robertson Nicoll (New York: Dodd, Mead and Company, 1902), 316.
10. Michael J. Wilkins, *Matthew*, in *The NIV Application Commentary* (Grand Rapids: Zondervan, 2012) [WORDsearch].
11. Josh McDowell, *More Than a Carpenter* (Wheaton: Tyndale, 1977), 11.
12. Rebecca Manley Pippert, *Out of the Salt Shaker & into the World* (Downers Grove, IVP, 1999), 88.

SESSION 5

1. Maximus of Turin, *Sermons*, 57.1, quoted in *Matthew 14-28*, ed. Manlio Simonetti, vol. Ib in *Ancient Christian Commentary on Scripture: New Testament* (Downers Grove: IVP, 2001) [WORDsearch].
2. Leon Morris, *The Gospel According to Matthew*, in *The Pillar New Testament Commentary* (Grand Rapids: Eerdmans, 2010) [WORDsearch].
3. David L. Turner, *Matthew*, in *Baker Exegetical Commentary on the New Testament* (Grand Rapids: Baker, 2014) [WORDsearch].
4. R. C. Sproul, *Matthew*, in *St.Andrew's Expositional Commentary* (Wheaton: Crossway, 2014) [WORDsearch].
5. James Montgomery Boice, *The Gospel of Matthew, Volume2: The Triumph of the King (Matthew18-28)*, in *Boice Expositional Commentary* (Grand Rapids: Baker, 2007) [WORDsearch].
6. Thomas Aquinas, quoted in *St.Thomas Aquinas: Universal Doctor of the Church, c.1225-1274* (Charlotte, NC: TAN Books, 1995), endnote 1.
7. Isaac Watts, "When I Survey the Wondrous Cross," in *Baptist Hymnal* (Nashville: LifeWay Worship, 2008), 234.
8. Roger L. Hahn, *Matthew: A Bible Commentary in the Wesleyan Tradition* (Wesleyan Publishing House, 2007) [WORDsearch].
9. Andrew Murray, *The Power of the Blood of Jesus* (Jersey City, NJ: Start Publishing, 2012) [eBook].
10. Paige Patterson, "The Work of Christ," in *A Theology for the Church, Revised Edition*, ed. Daniel L. Akin (Nashville: B&H, 2014), 478.
11. Craig S. Keener, *Matthew*, in *The IVP New Testament Commentary Series* (1997) [WORDsearch].

SESSION 6

1. Nik Ripken with Gregg Lewis, *The Insanity of God: A True Story of Faith Resurrected* (Nashville: B&H, 2013), 304.
2. N. T. Wright, *Matthew for Everyone, Part2: Chapters16-28*, in *New Testament for Everyone* (Louisville, KY: Westminster John Knox Press, 2013) [WORDsearch].
3. C. H. Spurgeon, *The Gospel of the Kingdom: A Commentary on the Book of Matthew* (Georgetown, TX: WORDsearch, 2007) [WORDsearch].
4. Cyril of Alexandria, Fragment 317, quoted in *Matthew 14-28*, ed. Manlio Simonetti, vol. Ib in *Ancient Christian Commentary on Scripture: New Testament* (Downers Grove: IVP, 2001) [WORDsearch].
5. John Piper, *Fifty Reasons Why Jesus Came to Die* (Wheaton: Crossway, 2006), 26.
6. Craig L. Blomberg, *Matthew*, vol. 22 in The *New American Commentary* (Nashville: B&H, 2003) [WORDsearch].
7. A. W. Tozer, "April 7— Resurrection: A Fact," in *Mornings with Tozer: Daily Devotional Readings*, comp. Gerald B. Smith (Chicago: Moody Publishers, 2008) [eBook].
8. Jeremy R. Howard, "Women as Eyewitnesses···" *BiblicalIllustrator* (Spring 2012): 19,21.
9. Leon Morris, *The Gospel According to Matthew*, in *Pillar New Testament Commentary* (Grand Rapids: Eerdmans, 2010) [WORDsearch].
10. C. S. Lewis, *Reflections on the Psalms* (New York: Harcourt, Inc., 1986), 95.
11. Charles Wesley, "Christ the Lord Is isen Today," in *Baptist Hymnal* (Nashville: LifeWay Worship, 2008), 270.

주 / 3

SESSION **7**

1. J. R. R. Tolkien, *The Two Towers* (New York: Ballantine Books, 1982), 379.
2. Herschel H. Hobbs, *The Baptist Faith and Message* (Nashville: Convention Press, 1971), 39.
3. Richard Bauckham, *Jesus and the Eyewitnesses* (Grand Rapids: Eerdmans, 2006), 47.
4. Darrell L. Bock, *Luke, Volume2: 9:51-24:53*, in *Baker Exegetical Commentary on the New Testament* (Grand Rapids: Baker, 2014) [WORDsearch].
5. Dietrich Bonhoeffer, quoted in *Jesus: A Theography*, by Leonard Sweet and Frank Viola (Nashville: Thomas Nelson, 2012), 319.
6. N. T. Wright, *The New Testament and the People of God* (Minneapolis: Fortress Press, 1992), 217.
7. Michael Wilcock, *The Message of Luke*, in *The Bible Speaks Today* (Downers Grove: IVP, 2016) [WORDsearch].
8. Martin Luther, Sermon on Easter Monday (1521), quoted in *Luke*, ed. Beth Kreitzer, vol. III in *Reformation Commentary on Scripture* (Downers Grove: IVP, 2015), 484.
9. Adrian Rogers, in *Adrianisms: The Wit and Wisdom of Adrian Rogers*, vol. 2 (Memphis: Love Worth Finding, 2007), 33.
10. James R. Gaines, *Evening in the Palace of Reason: Bach Meets Frederick the Great in the Age of Enlightenment* (New York: HarperCollins, 2005), 12.
11. Ibid., 237.
12. Zach Myers, "Taylor University remembers case of mistaken identity 10 years later," IndyStar, April 26, 2016, http://www.indystar.com/story/news/2016/04/25/taylor-university-rememberscase-mistaken-identity-10-yearslater/83522446/index.html.
13. Leon Morris, *Luke*, vol. 3 in *Tyndale New Testament Commentaries* (Downers Grove: IVP, 2015) [WORDsearch].
14. Darrell L. Bock, *Luke, Volume2: 9:51-24:53*, in *Baker Exegetical Commentary on the New Testament* [WORDsearch].
15. Trevin Wax, *Gospel-Centered Teaching* (Nashville: B&H, 2013), 23.
16. Steven D. Mathewson, *Risen: 50Reasons Why the Resurrection Changed Everything* (Grand Rapids: Baker, 2013), 48.
17. J. C. Ryle, quoted in *Jesus: A Theography*, by Leonard Sweet and Frank Viola, 316.

SESSION **8**

1. Caesar Kalinowski, *Small Is Big, Slow Is Fast* (Grand Rapids: Zondervan, 2014), 80-81.
2. Ibid., 81.
3. Francis Dubose, "The Pilgrimage of New Life," in *The Mission of God Study Bible*, eds. Ed Stetzer and Philip Nation (Nashville: B&H, 2012), 1115.
4. Robert Speer, quoted in *The Contemporary Christian*, by John R. W. Stott (Downers Grove: IVP, 1992), 328.
5. D. A. Carson, *The Gospel According to John*, in *The Pillar New Testament Commentary* (Grand Rapids: Eerdmans, 2008) [WORDsearch].
6. Ibid.
7. Ibid.
8. Cornelius Plantinga Jr., *Not the Way It's Supposed to Be* (Grand Rapids: Eerdmans, 1995), 10.
9. Matthew Henry, *Concise Bible Commentary* (Georgetown, TX: WORDsearch, 2011) [WORDsearch].
10. Colin F. Kruse, *John*, vol. 4 in *Tyndale New Testament Commentaries* (Downers Grove: IVP, 2015) [WORDsearch].
11. Gary M. Burge, *John*, in *The NIV Application Commentary* (Grand Rapids: Zondervan, 2012) [WORDsearch].
12. Jason C Dukes, "Sent," *The Gospel Project: Adult Leader Guide* (Spring 2015): 135.
13. Cyril of Alexandria, *Commentary on the Gospel of John*, 12.1, quoted in *John 11-21*, ed. Joel C. Elowsky, vol. IVb in *Ancient Christian Commentary on Scripture: New Testament* (Downers Grove: IVP, 2014) [WORDsearch].
14. Timothy Keller, *Serve a Movement* (Grand Rapids: Zondervan, 2016) [eBook].
15. Adapted from *Center Church*, by Tim Keller (Grand Rapids: Zondervan, 2012), 271-74.《팀 켈러의 센터처치》(두란노, 2016), 568.
16. D. A. Carson, *The Gospel According to John*, in *The Pillar New Testament Commentary* [WORDsearch].
17. Bruce Milne, *The Message of John*, in *The Bible Speaks Today* (Downers Grove: IVP, 2016) [WORDsearch].
18. Erik Larson, *In the Garden of Beasts* (New York: Crown Publishing Group, 2011), 356.
19. Jason C Dukes, "Sent," *The Gospel Project: Adult Leader Guide* (Spring 2015): 134.
20. Ed Stetzer, *Finish the Mission* (Wheaton: Crossway, 2012), 114.

SESSION **9**

1. "Doubting Thomas," Wikipedia, February 23, 2017, https://en.wikipedia.org/wiki/Doubting_Thomas.
2. Oswald Chambers, in *The Quotable Oswald Chambers*, comp. and ed. David McCasland (Grand Rapids: Oswald Chambers Publications Associations,

주 / 4

2008), 94.
3. Colin F. Kruse, *John*, vol. 4 in *Tyndale New Testament Commentaries* (Downers Grove: IVP, 2015) [WORDsearch].
4. Andreas J. Köstenberger, *John*, in *Baker Exegetical Commentary on the New Testament* (Grand Rapids: Baker, 2014) [WORDsearch].
5. Gary R. Habermas, *The Thomas Factor* (Nashville: B&H, 1999), 37-57.
6. Gregory the Great, *Forty Gospel Homilies*, 26, quoted in *John11-21*, ed. Joel C. Elowsky, vol. IVb in *Ancient Christian Commentary on Scripture: New Testament* (Downers Grove: IVP, 2007), 367.
7. Bruce Milne, *The Message of John*, in *The Bible Speaks Today* (Downers Grove: IVP, 2016) [WORDsearch].
8. Mark Buchanan, "The Benefit of the Doubt," *Christianity Today*, April 3, 2000, http://www.christianitytoday.com/ct/2000/april3/3.62.html.
9. D. A. Carson, *The Gospel According to John*, in *The Pillar New Testament Commentary* (Grand Rapids: Eerdmans, 2008) [WORDsearch].
10. J. Ramsey Michaels, *The Gospel of John*, in *New International Commentary on the New Testament* (Grand Rapids: Eerdmans, 2010) [eBook].
11. John Stott, *Your Mind Matters* (Downers Grove: IVP, 2006), 52.
12. Craig S. Keener, *The Gospel of John: A Commentary*, vol. 2 (Peabody, MA: Hendrickson, 2003), 1210-11.
13. D. A. Carson, *The Gospel According to John*, in *The Pillar New Testament Commentary* [WORDsearch].
14. D. A. Carson, *The Gospel According to John*, in *The Pillar New Testament Commentary* [WORDsearch].
15. Timothy Paul Jones, "The Meaning of 'Believe,' " *Biblical Illustrator* (Summer 2001): 39.
16. Athanasius, Letter 59.10, *To Epictetus*, quoted in *John11-21*, ed. Joel C. Elowsky, vol. IVb in *Ancient Christian Commentary on Scripture: New Testament*, 372.
17. St. John Chrysostom, Homily LXXXVII, in *Homilies on the Gospel of St.John*, in *A Select Library of the Nicene and Post-Nicene Fathers of the Christian Church*, vol. XIV ed. Philip Scha (New York: The Christian Literature Company, 1898), 327.

SESSION **10**

1. Bruce L. Shelley, *Church History in Plain Language*, 4th ed. (Nashville: Thomas Nelson, 2013), 248.
2. Dietrich Bonhoeffer, *The Cost of Discipleship, ed. Greg Ligon* (Nashville: B&H, 1998), 6.
3. Pratap C. Gine and Jacob Cherian, "John," in *South Asia Bible Commentary*, gen. ed. Brian Wintle (Grand Rapids: Zondervan, 2015), 1448.
4. Gary M. Burge, *John*, in *The NIV Application Commentary* (Grand Rapids: Zondervan, 2012) [WORDsearch].
5. John Wesley, "John XXI," in *Wesley' s Notes on the Bible*, Christian Classics Ethereal Library, http://www.ccel.org/ccel/wesley/notes.i.v.xxii.html.
6. D. A. Carson, *The Gospel According to John*, in *The Pillar New Testament Commentary* (Grand Rapids: Eerdmans, 2008) [WORDsearch].
7. Lesslie Newbigin, *The Light Has Come: An Exposition of the Fourth Gospel* (Grand Rapids: Eerdmans, 1982), 278.
8. D. A. Carson, *The Gospel According to John*, in *The Pillar New Testament Commentary* [WORDsearch].
9. Colin F. Kruse, *John*, vol. 4 in *Tyndale New Testament Commentaries* (Downers Grove: IVP, 2015) [WORDsearch].
10. Augustine, Sermon 296.4, quoted in *John11-21*, ed. Joel C. Elowsky, vol. IVb in *Ancient Christian Commentary on Scripture: New Testament*, 390.
11. Saint John Chrysostom, Homily LXX.XVIII, *The Homilies of S.John Chrysostom, Archbishop of Constantinople, on the Gospel of St. John, PartII*, in *A Library of Fathers of the Holy Catholic Church*, ed. J. H. Parker (London: Oxford, 1852), 792.

SESSION **11**

1. C. H. Spurgeon, "A Sermon and a Reminiscence," in *Sword and the Trowel* (March 1873), The Spurgeon Archive, http://www.spurgeon.org/s_and_t/srmn1873.php.
2. D. A. Carson, "Matthew," in *The Expositor's Bible Commentary: Matthew, Mark, Luke*, vol. 8 (Grand Rapids: Zondervan, 2010) [WORDsearch].
3. Jon Nielson, quoted in "The Best Quotes on Belief and Doubt," Barnabas Piper: Knocking on the Side Door of Truth, June 30, 2015, http://www.barnabaspiper.com/2015/06/the-best-quoteson-belief-and-doubt.html.
4. Jerome, *Commentary on Matthew*, 4.28.18-20, quoted in *Matthew 14-28*, ed. Manlio Simonetti, vol. Ib in *Ancient Christian Commentary on Scripture: New Testament* (Downers Grove: IVP, 2002) [WORDsearch].
5. Craig L. Blomberg, *Matthew*, vol. 22 in *The New American Commentary* (Nashville: B&H, 2003) [WORDsearch].
6. Carl F. H. Henry, quoted in "The Future of the IMB and Our Collaborative Great Commission Work," by David Platt, in *The SBC and the 21st Century: Reflection, Renewal & Recommitment*, ed. Jason Allen (Nashville: B&H, 2016) [eBook].
7. John Owen, *The Golden Book of John*

주 / 5

Owen, ed. James Mo att (London: Hodder and Stoughton, 1904), 135.

8. Ed Stetzer, "God's Mission has a Church: My Interview with Tabletalk Magazine," The Exchange, January 29, 2014, http://www.christianitytoday.com/edstetzer/2014/january/my-interview-with-tabletalkmagazine.html.

9. Francis Chan with Mark Beuving, *Multiply: Disciples Making Disciples* (Colorado Springs: David C Cook, 2012), 31.

10. Stuart K. Weber, *Matthew*, in *Holman New Testament Commentary* (Nashville: B&H, 2000) [WORDsearch].

11. Robby Gallaty, *Rediscovering Discipleship* (Grand Rapids: Zondervan, 2015) [eBook].

12. David Platt, *Christ-Centered Exposition: Exalting Jesus in Matthew* (Nashville: B&H, 2014) [WORDsearch].

SESSION **12**

1. Henry Martyn, quoted in *The Bible Exposition Commentary: New Testament*, vol. 1, by Warren W. Wiersbe (Colorado Springs: David C Cook, 2001), 456.

2. John B. Polhill, *Acts*, vol. 26 in *The New American Commentary* (Nashville: B&H, 2013) [WORDsearch].

3. Corrie ten Boom with Jamie Buckingham, *Tramp for the Lord: The Story That Begins Where the Hiding Place Ends* (Fort Washington, PA: CLC Publications, 1974), 63.

4. R. Kent Hughes, *Acts: The Church Afire, in Preaching the Word* (Wheaton: Crossway, 2008) [WORDsearch].

5. John Wesley, quoted in *Building Sunday School by the Owner's Design: 100 Tools for Successful Kingdom Growth*, by Danny Von Kanel (Lima, Ohio: CSS Publishing Company, 2005), 17.

6. Jen Wilkin, "How Salvation Brings Freedom," The Village Church Resources [online], 5 March 2015 [cited 24 March 2017]. Available from the Internet: *www.tvcresources.net*.

7. Richard N. Longenecker, "Acts," in *The Expositor's Bible Commentary*, vol. 9 (Grand Rapids: Zondervan, 2010) [WORDsearch].

8. Lynn O. Traylor, "Where Jesus Ascended," *Biblical Illustrator* (Spring 2006): 81.

9. Bede, *Commentary on the Acts of the Apostles*, 1.9b, quoted in Acts, eds. Francis Martin with Evan Smith, vol. V in *Ancient Christian Commentary on Scripture: New Testament* (Downers Grove: IVP, 2001) [WORDsearch].

10. D. L. Moody, *Secret Power* (Gainesville, FL: Bridge-Logos, 2006), 75.